T0111000

Printed in the United States
By Bookmasters

إبراهيم النعمة

قضايا المرأة المسلمة

في مواجهة التحديات

بسم الـلـه الرحمن الرحيم

بين يَدَي الكتاب

الحمد لله حمداً يبلغني رضاه، والصلاة والسلام على محمد خير من اصطفاه، وعلى

آله الطيبين، وصحبه المخلصين الصادقين، وعلى من اتبع هداه إلى يوم الدين!

أما بعد....،

فإن كل مسلم يؤمن إيماناً لا ريب فيه: أن كل حكم من الأحكام الواردة في القرآن الحكيم

والصحيح من السنة النبوية قد تضمن ما فيه جلب المصلحة للإنسان ودفع المفسدة عنه، سواء

عرف العلة من ذلك أم لم يعرف. ويزداد المؤمن إيماناً حين يعرف شيئاً من تلك العلل. لذلك نجد

القرآن الحكيم يربط الحكم بعلته في عدد من الآيات، قال تعالى: (وَأَعِدُّوا لَهُم مَّا اسْتَطَعْتُم مِّن

قُوَّةٍ وَمِن رِّبَاطِ الْخَيْلِ تُرْهِبُونَ بِهِ عَدُوَّ اللهِ وَعَدُوَّكُمْ) [سورة الأنفال: 60].

(فَلَمَّا قَضَى زَيْدٌ مِّنْهَا وَطَرًا زَوَّجْنَاكَهَا لِكَيْ لَا يَكُونَ عَلَى الْمُؤْمِنِينَ حَرَجٌ فِي أَزْوَاجِ

أَدْعِيَائِهِمْ إِذَا قَضَوْا مِنْهُنَّ وَطَرًا وَكَانَ أَمْرُ اللهِ مَفْعُولًا) [سورة الأحزاب: 37].

(مَّا أَفَاءَ اللهُ عَلَى رَسُولِهِ مِنْ أَهْلِ الْقُرَى فَلِلَّهِ وَلِلرَّسُولِ وَلِذِي الْقُرْبَى وَالْيَتَامَى

وَالْمَسَاكِينِ وَابْنِ السَّبِيلِ كَيْ لَا يَكُونَ دُولَةً بَيْنَ الْأَغْنِيَاءِ مِنكُمْ) [سورة الحشر: 7].

(إِنَّمَا الْخَمْرُ وَالْمَيْسِرُ وَالْأَنصَابُ وَالْأَزْلَامُ رِجْسٌ مِّنْ عَمَلِ الشَّيْطَانِ فَاجْتَنِبُوهُ لَعَلَّكُمْ

تُفْلِحُونَ {90/5} إِنَّمَا يُرِيدُ الشَّيْطَانُ أَن يُوقِعَ بَيْنَكُمُ الْعَدَاوَةَ وَالْبَغْضَاءَ فِي الْخَمْرِ وَالْمَيْسِرِ

وَيَصُدَّكُمْ عَن ذِكْرِ اللهِ وَعَنِ الصَّلَاةِ فَهَلْ أَنتُم مُّنتَهُونَ) [سورة المائدة: 90- 91].

وهكذا جاءت السنة النبوية ذاكرة العلة في تشريع الأحكام؛ فقال النبي ﷺ: «يا معشر

الشباب، من استطاع منكم الباءة فليتزوج؛ فإنه أغض للبصر وأحصن للفرج..»[1].

---

(1) رواه مسلم في كتاب النكاح [باب: استحباب النكاح لمن تاقت نفسه إليه...] حديث1400.

وقال:

«إذا صلّى أحدكم بالناس فلْيخفف؛ فإن فيهم الضعيف والسقيم والكبير وإذا صلّى أحدكم لنفسه فليطوِّل ما شاء»[1].

ولمّا كان العالم الغربي قد أثار شبهات ليست بالقليلة عن قسم من الأحكام الإسلامية المتعلقة بالمرأة- وبخاصة ما يتعلق بميراثها وشهادتها وتعليمها وطلاقها وحجابها وحقها في العمل وتعدد الزوجات- جهلاً منهم أو حقداً على الإسلام، فإن من المفيد أن ننهج نهج القرآن والسنة في تبيان ما ظهر لنا من علة قسم من التشريعات الإسلامية؛ فقمت بكتابة أبحاث مختصرة في عدد من تلك الموضوعات، بينت فيها شيئاً من علة أحكام تلك التشريعات، وطباعة كل بحث في رسالة صغيرة في مدينة الموصل، وذلك في نهاية السبعينات وما بعدها؛ ذلك أن هذه الشبهات كان لها- آنذاك- آثارها في عقول عدد ليس بالقليل من الشباب والمثقفين الذين تأثروا بالفكر الغربي، ولا تزال بعض تلك الشبهات قائمة في نفوس ناس لم يطلعوا على شيء من حكمة التشريع في الأحكام الإسلامية..

لذلك قمت- بعد التوكل على الله- بجمع ما كتبته عن المرأة في هذا الكتاب؛ مبتهلاً إلى الله أن يجعله خالصاً له- سبحانه- وحده وينفع به! والله يقول الحق وهو يهدي السبيل!

إبراهيم النعمة

---

(1) رواه البخاري في كتاب الأذان (باب: إذا صلى لنفسه فليطوِّل ما شاء) حديث703.

المؤامرة على المرأة المسلمة
فتياتنا بين الحجاب والسفور

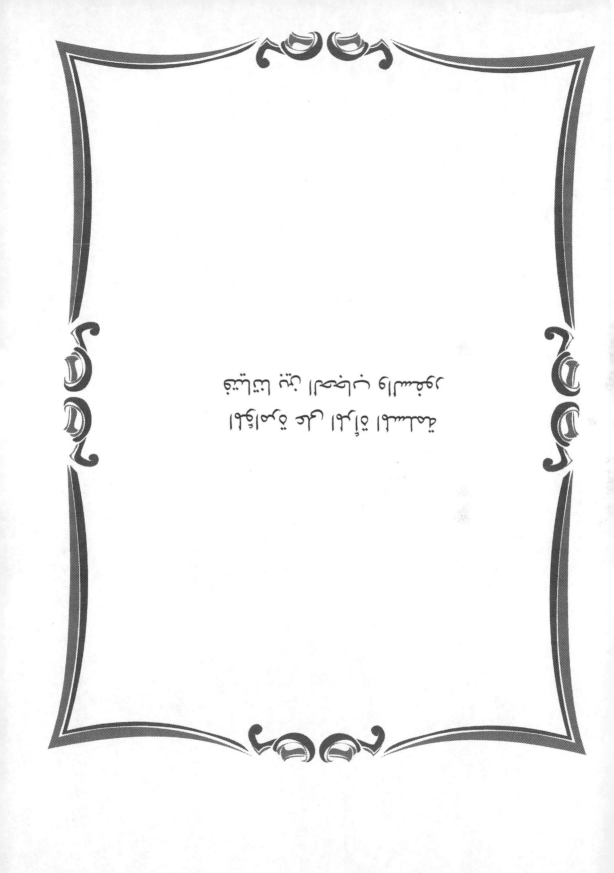

الإسلام وقضايا المرأة

مقدمة

انطلقت سهام من جهلة المستشرقين اليهود، أو الذين تربوا في أحضان الصهيونية العالمية، أو في جامعات الحقد الأوربي الأسود، زاعمين أن الإسلام أساء إلى المرأة، حيث لم يسوِّ بينها وبين الرجل في الميراث والشهادة والقوامة والتعليم والطلاق...!

وهذه الهجمة الشرسة التي شنها المستشرقون وتلامذتهم وأشباههم، منتقدين موقف الإسلام من بعض ما اختصت به المرأة، لم تكن محصورة في نطاق ضيق أو أماكن محدودة، بل كانت ومازالت كذلك ذائعة منتشرة هنا وهناك؛ إذ لم يَدَعْ هؤلاء مجالاً من مجالات الحياة يتمكنون فيها من بث سمومهم إلا فعلوه بجد ودأب، وكأن في نفوسهم حقداً ورثوه عن آبائهم وأجدادهم- الفرنج- سدَّ عليهم كل باب من أبواب الإنصاف، حتى أصبحوا لا يقر لهم قرار ولا يهدأ لهم بال، ولم يشعروا بالراحة والسكينة إلا إذا انتثلوا سهامهم وريشوها ورموا بها الإسلام! حتى منظمة - اليونسكو- التي تعنى بالتربية والعلوم والثقافة وهي تضم 120 دولة، صارت تؤلف الكتب منتقدة فيها الإسلام: كما فعلت في- موسوعة اليونسكو- حيث جاء في الفصل العاشر من المجلد الثالث في كتاب (الحضارات الكبرى في العصر الوسيط) الذي كتبه المستشرق الفرنسي (جاستون فييت) وهو من محرري دائرة المعارف الإسلامية وقد ترجم من الفرنسية إلى الإنكليزية... يزعم هذا المستشرق: (أن دور المرأة في المجتمع الإسلامي على جانب كبير من الضآلة، وأن ضآلة مرتبتها كانت

9

أمراً مسلماً به في جميع مظاهر الحياة.. حتى في مسألة الميراث لم يكن نصيبها إلا نصف نصيب الرجل)[1].

والذي قاله (جاستون فييت) قاله غيره- أيضاً- من المستشرقين والمستعمرين: كاللورد كرومر الإنكليزي الذي قال في كتابه (مصر الحديثة):

(إن الإسلام جعل المرأة في مركز منحط للغاية، وأنه يتضمن سنناً وشرائع عن علاقات الرجال والنساء مناقضة لآراء هذا العصر)[2]!

وإذا كانت هذه الشبهات قد تطايرت تطاير أوراق الشجر أمام البحوث العلمية الموضوعية التي قام بها بعض علماء الغرب المنصفين من غير المسلمين فضلاً عن المسلمين، فأشادوا بالمكانة السامية التي تبوأتها المرأة المسلمة في ظلال عقيدة وشريعة الإسلام التي لم تصلها المرأة في أي عهد سواه، وقارنوا بين الحياة البائسة والعيشة القاحلة التي عايشتها المرأة الأوربية في العصور الوسطى المظلمة، إذ كان فلاسفتهم يتناظرون في حقيقة المرأة وطبيعتها: أهي إنسان لها روح أم لا، بل وصل حال المرأة في إنكلترا- مثلاً- إلى درك سحيق؛ حتى صارت الزوجات تباع بيع الحيوانات والأشياء ما بين القرن الخامس والقرن الحادي عشر بثمن بخس، بل وصل الأمر ببعض الرجال أن باع زوجته بثلاثين شلناً[3]. وكان ذلك منتشراً في المجتمع الإنكليزي حتى سنة

---

(1) مفتريات اليونسكو على الإسلام للأستاذ محمد عبد الله السمان ص38، ط1.
(2) مفتريات اليونسكو ص38.
(3) الشلن: خمسون فلساً عراقياً على وجه التقريب في سنة 1980 في العراق.

1351 كما يقول العلامة محمد رشيد رضا ناقلاً ذلك عن الصحف الإنكليزية!

في هذا الوقت بالذات كانت المرأة المسلمة قد تبوأت أسمى المراكز وتفيأت حياة السعادة والكرامة، وما كانت المرأة الأوربية تحلم أن تنال تلك السعادة أو تتمتع بتلك الكرامة فضلاً عن أن تفكر في الوصول إليها.

ويكفينا أن نعلم عن منزلة المرأة المسلمة واحترامها ومكانتها العلمية، أن المؤرخ المشهور (ابن عساكر) المتوفى سنة 571 كان من شيوخه وأساتذته الذين تلقى عنهم علمه بضع وثمانون من النساء!

حقاً لقد كانت العصور الوسطى مظلمة كئيبة قاسية جائرة قاتمة، ولكن بالنسبة لأوربا وما سادها من عقائد وقوانين وأفكار، لا بالنسبة للمسلمين، إذ الحضارة الإسلامية في هذه العصور الوسطى كانت قد نشرت ظلالها الوارفة وضربت بجذورها في مشارق الأرض ومغاربها...

وقد خطط هؤلاء المستشرقون لإثارة هذه الشبهات والافتراءات خططاً لئيمة، وأصبحت صرخاتهم وكأنها فحيح الأفاعي التي تحمل سماً قاتلاً أينما حلت وارتحلت... كل ذلك ليخدعوا المرأة المسلمة لتتساوى بالأوربية، وتصبح المسلمة أوربية في تفكيرها، وطرائق عيشها، وبعدها عن دينها، وتسيبها من جميع القيم والمثل والفضائل والمكارم والأخلاق العالية، ولا تختلف عن الأوربية إلا بالاسم فقط!

وما كان بودي أن أتحدث عن موقف الإسلام من بعض قضايا المرأة المسلمة، إذ الحديث في هذه القضايا أصبح من نافلة القول، ومن

البديهيات التي يكون التناظر فيها مضيعة للوقت ليس إلا، ولكن كيف السبيل وقسم من شبابنا أنكر حتى البديهيات، لأنه درس في الغرب وتأثر بأساتذته المستشرقين الذين أصبحوا وأمسوا وظلوا يفترون على الإسلام فيتهمونه بمثل هذه الاتهامات الباطلة. وقد صادفت هذه الاتهامات، بل الافتراءات قلباً خالياً من عقيدة الإسلام وشريعته في نفوس هذا النشء الغض فتمكنت، إذ لم يطلع شبابنا على ذلك أو شيء منه في دراساتهم التي درسوها في مقتبل حياتهم!

وهذا الموضوع الموسوم بـ(الإسلام وقضايا المرأة) إنْ هو إلا لمحات أو شذرات عن موقف الإسلام من هذه القضايا المهمة.

والله أسأل أن يجعل عملي خالصاً لوجهه الكريم وينفع به كل من يقرؤه.

وأملي ألا ينساني القارئ الكريم من دعواته، والله يقول الحق وهو يهدي السبيل.

حكمة التشريع في ميراث النساء

بين حين وآخر تنطلق صيحات من هنا وهناك، مطالبة بالمساواة التامة بين المرأة والرجل في كل شيء، وبخاصة في أمر الميراث... وقد حمل لواء هذه الدعوة أول الأمر أعداء الإسلام على اختلاف أصنافهم وميولهم ومشاربهم واتجاهاتهم... وأثاروا هذه المسألة حديثاً، ووضعوا علامات استفهام عديدة حول ميراث المرأة في الإسلام، ومن أسئلتهم المتكررة التي شغلت الأسماع:

لماذا تظلمون المرأة ولا تساوونها بالرجل في ميراثها؟

وعند التأمل نجد أن هؤلاء لم يأتوا بجديد يغرّرون به عقول الناس ويلعبون بعواطفهم، بل يرددون اليوم النغمة نفسها التي رددها بالأمس غيرهم!

وممن حمل لواء التشكيك في أمر ميراث المرأة في الإسلام (سلامة موسى): فقد ألقى محاضرة في جمعية الشبان المسيحية، تحدث فيها عن حجاب المرأة المسلمة، ونصيبها من الميراث، ونشر محاضرته في جريدة المقطم المصرية في 23 /12 /1928م، ولم يكتف بهذا، بل أرسل كتاباً إلى (هدى شعراوي) رئيسة اتحاد النساء في مصر آنذاك، يقترح فيه أن تقوم بتقديم طلب إلى وزارة العدل، بغية سن قانون يساوي بين المرأة والرجل في الميراث، وأرفق كتابه بمحاضرته التي ألقاها في جمعية الشبان المسيحية!

وكل من يطلع على موقف (سلامة موسى) من الإسلام والمسلمين، يتبين له من غير جهد ولا عناء ولا لغوب، الدوافع الحقيقية الكامنة وراء

مواقفه تلك التي يسمونها (قضية تحرير المرأة المسلمة)، و(تعقيد اللغة العربية الفصحى)، و(حركة تحديد النسل)... الخ.

والمعروف أن هذا السؤال نفسه حول ميراث المرأة في الإسلام يثيره أعداء الإسلام بوساطة صنائعهم الذين رباهم الاستعمار على عينه، وقد كان المبشر القس (زويمر) مصيباً أيما إصابة حين قال كلمته المشهورة في توصل المبشرين إلى أهدافهم من طريق مضمون وسهل، فقال:

(تبشير المسلمين يجب أن يكون بلسان رسول من أنفسهم، ومن بين صفوفهم؛ لأن الشجرة يجب أن يقطعها أحد أبنائها)[1].

هل صحيح أن الإسلام ظلم المرأة ولم يعطها حقها من الميراث؟

وهل مساواة المرأة بالرجل مساواة تامة يقول بها عاقل منصف؟

وقبل الإجابة عن هذين السؤالين، لابد أن نلقي نظرة سريعة عاجلة على إرث المرأة قبل الإسلام في المجتمعات الحضارية، ثم ننظر في أمر ميراث المرأة المسلمة، كي تنكشف افتراءات المدجلين والمشعوذين والحاقدين:

ففي اليونان كانت المرأة تحرم من الإرث، ولم تعطَ أي شيء كان منه سوى بعض المدن كـ(إسبارطة) حيث أعطيت المرأة فيها شيئاً ضئيلاً من حقها في الإرث. ولم يكن ذلك تكرماً منهم، بل أعطوها ذلك وهم كارهون؛ إذْ إن سكان هذه المدينة كانوا كثيري الخروج للحرب

---

(1) أباطيل وأسمار للأستاذ محمود محمد شاكر 1/ 221، مكتبة دار العروبة، القاهرة.

والغزوات، فكيف تستطيع المرأة العيش إذا لم تملك ما يسد رمقها ويقوِّم أودَها؟!

ومن هنا اتجه تفكير قادتهم وعقلائهم نحو إعطاء المرأة في (إسبارطة) شيئاً ضئيلاً من الإرث وغيره، لتزاول التجارة أو غيرها، كي تدير شؤون نفسها وتحافظَ على حياتها. وهذه علة خروج المرأة في المدينة المذكورة أكثر من خروجها في (أثينا)!

على أن هذا الحق الضئيل الذي حصلت عليه المرأة في (إسبارطة) لم ينج من التنديد الشديد حتى من فلاسفتهم الكبار كأرسطو الذي ندد بهذا الحق، واعتبر من أسباب سقوط (إسبارطة): إعطاء المرأة فيها شيئاً من الحقوق!

ولم تكن حالة المرأة الرومانية بأفضل من حالتها في اليونان، فقد كان رب الأسرة هو المالك المطلق في جميع الأسرة، وليس من حق غيره التملك. وشاءت الأقدار أن تتبدل أحوال المرأة الرومانية، وتنال شيئاً ضئيلاً من حقها في الميراث على عهد (قسطنطين)، حين قرر أن تفصل الأموال التي تحصل عليها المرأة من ميراث أمها عن ثروة أبيها... وقد تركت يد القانون للأب في الوقت نفسه أن يأخذ جميع أموال ابنته- إن شاء- حتى التي حصلت عليها من ميراث أمها، ويستخدمها ويستغلها متى يشاء وكيف يشاء! وإذا تحررت البنت من سلطة والدها أخذ منها ثلث أموالها وأعطاها الثلثين.

وكانت الأمم الشرقية القديمة كالطورانيين والكلدان والفينيقيين والسريان والآرام... الخ لا يورّثون الأطفال ولا النساء!

وكان اليهود لا يورّثون البنات ولا الزوجة ولا أياً من الأقارب- إن كان للميت ولد ذكر- ويكون الزوج هو الوارث الشرعي لزوجته التي لم تعقب. ولم يجعل اليهود للبنت سوى التربية والنفقة فقط حتى تبلغ الثانية عشرة من عمرها. وإذا توفي رجل ولم يترك ولداً ذكراً انتقل الإرث إلى ابن الابن حتى ولو وُجِدَت البنات الصلبيات.

ولما كان العرب من الأمم الشرقية القديمة أيضاً، فقد كانوا- قبل الإسلام- يمنعون الأطفال والنساء من الميراث، فلم تكن القرابة كافية لإثبات حق التوارث للنساء والأطفال، فلا ترث المرأة في الجاهلية من أبيها ولا زوجها ولا من أي كان من أقاربها بحجة أنها لا تقاتل على ظهور الخيل، ولا تضارب بالسيف، ولا تدفع عدواً، ولا تحوز غنيمة. وكانوا لا يورّثون الأطفال كذلك لأنهم لا يتمكنون من دفع الغزاة ودخول معامع الحروب. ومما يروى عن ابن عباس ﷺ في تفسير قوله تعالى: (يوصيكم الله في أولادكم للذكر مثل حظ الأنثيين)[1]: (أنه لما نزلت الفرائض التي فرض الله ما فرض للولد الذكر والأنثى والأبوين كرهها الناس أو بعضهم وقالوا: تعطى المرأة الربع والثمن، وتعطى الابنة النصف، ويعطى الغلام الصغير وليس من هؤلاء أحد يقاتل القوم ولا يحوز الغنيمة... فقال بعضهم: يا رسول الله: أنعطي الجارية نصف ما ترك أبوها، وليست تركب الفرس ولا تقاتل القوم، ونعطي الصبي

---

(1) سورة النساء: 11.

16

الميراث وليس يغني شيئاً؟ وكانوا يفعلون ذلك في الجاهلية، ولا يعطون الميراث إلا من قاتل، ويعطونه الأكبر فالأكبر)[1].

في هذه الظلمة الحالكة أذن الله ببزوغ شمس الإسلام على الوجود؛ لتعيد للمرأة حقها، ولتنتشلها من ذلك التعسف الجاهلي الأسود، فنزل قوله تعالى: (لِّلرِّجَالِ نَصِيبٌ مِّمَّا تَرَكَ الْوَالِدَانِ وَالأَقْرَبُونَ وَلِلنِّسَاء نَصِيبٌ مِّمَّا تَرَكَ الْوَالِدَانِ وَالأَقْرَبُونَ مِمَّا قَلَّ مِنْهُ أَوْ كَثُرَ نَصِيبًا مَّفْرُوضًا)[2]، فأثبت الله في هذه الآية للرجال والنساء معاً حقوقاً من الأموال يرثها كل منهما مما يتركه الوالدان والأقربون، سواء كان الوارثون صغاراً أم كباراً، رجالاً أم نساءً، يتمكنون من حمل السلاح أو لم يتمكنوا، إذ إن المقصود من الرجال الذكور مطلقاً، ومن النساء الإناث مطلقاً!

ونقف هنا وقفة قصيرة أمام قوله تعالى (لِّلرِّجَالِ نَصِيبٌ مِّمَّا تَرَكَ الْوَالِدَانِ وَالأَقْرَبُونَ وَلِلنِّسَاء نَصِيبٌ ...) حيث جاء حكم النساء مستقلاً عن الرجال، فلم يقل القرآن: (للرجال وللنساء نصيب)، ذلك أن الحكيم الخبير أراد أن ينبه الناس- وبخاصة في ذلك المجتمع الجاهلي الذي كان يحتقر المرأة- ويلفت أنظارهم إلى أن للمرأة مكانة في المجتمع، وأن على الناس أنْ يهتموا بأمرها (وللإيذان بأصالتهن في استحقاق الإرث)[3].

---

(1) جامع البيان عن تأويل آي القرآن لأبي جعفر محمد بن جرير الطبري 4/ 275،ط2.

(2) سورة النساء.

(3) الميراث المقارن للشيخ محمد عبد الرحيم الكشكي ص27، ط2، 1389هـ/ 1969م، منشورات دار النذير، بغداد.

وإذا تأملنا قوله تعالى (يُوصِيكُمُ اللَّـهُ فِي أَوْلَادِكُمْ لِلذَّكَرِ مِثْلُ حَظِّ الْأُنثَيَيْنِ)، نجد أن الحكيم من حقه- وحده- سبحانه أن يقسم الميراث؛ لأنه خالق الإنسان، ويعلم ما يصلحه وما يفسده. كما نلمح من سياق الآية الكريمة الاهتمام بإرث المرأة، وعلى أن نصيبها هو الأصل؛ ذلك أن العليم الحكيم قال: (لِلذَّكَرِ مِثْلُ حَظِّ الْأُنثَيَيْنِ) ولم يقل: (للأنثى نصف حظ الذكر)، وقد صرح القرآن الحكيم في الآيتين اللتين بعدهما بإرث النساء أولاً، وهذا البدء يلفتنا إلى الاهتمام بإرث المرأة، وعلى أن نصيبها هو الأصل.

ليس أخذ الرجل ضعف ميراث المرأة فيه إجحاف وغبن للنساء... لا، فإن المسألة مسألة حسابية، والغُرْم بالغُنْم كما تقول القاعدة الفقهية، إذ إن الرجل مكلف بسد احتياجات عائلته، وإذا تزوج احتاج إلى أن يدفع مهراً لزوجته، وأن ينفق عليها حتى ولو كانت مالكة أموالاً كثيرة كأموال قارون ويوفر لوازم البيت، وليس ذلك تفضلاً منه بل هو فرض عليه وواجب... وإذا امتنع الزوج عن الإنفاق على زوجته، فلها أنْ ترفع أمرها إلى الحاكم، ويجبر الحاكم الزوج على الإنفاق أو الفراق. ومن حق المرأة التي يمتنع قريبها أو عاصبها عن الإنفاق عليها- حتى ولو بعدت درجته في بعض الظروف- أن ترفع أمرها إلى الحاكم، ويجعل الحاكم لها نفقة في مال قريبها أو عاصبها؛ إذ إن ذلك فرض عليه وواجب!

كما أن على الرجل أن ينفق على أولاده، وليست المرأة مكلفة بشيء من ذلك. وإذا طلقت المرأة أو توفي عنها زوجها، صار أخوها أو أحد أقاربها مسؤولاً عن إعالتها كذلك. وإذا تزوجت المرأة فإنها تأخذ من

زوجها مهراً جديداً وليست مكلفة بالإنفاق على نفسها؛ لأن للمرأة حقاً واجباً في مال زوجها، وليس للرجل حق في مال زوجته. وقد جعل الإسلام نفقة خدم الزوجة على الزوج كذلك.

وهكذا يظهر لنا أن حاجة الرجل للمال أكثر من حاجة المرأة؛ ولذلك صار نصيبه من الإرث أكثر.

على أن المرأة قد يتساوى نصيبها من الميراث مع الرجل من غير أن يزيد ميراث الرجل عليها كما في الحالات الآتية:

1. الأخ لأم إذا انفرد يأخذ السدس، كما تأخذ الأخوات لأم إذا انفردن السدس كذلك سواء بسواء، على ألا يحجب هؤلاء عن الميراث حاجب. ودليل ذلك قوله تعالى: (وَإِن كَانَ رَجُلٌ يُورَثُ كَلاَلَةً [1] أَو امْرَأَةٌ وَلَهُ أَخٌ أَوْ أُخْتٌ [2] فَلِكُلِّ وَاحِدٍ مِّنْهُمَا السُّدُسُ فَإِن كَانُوَاْ أَكْثَرَ مِن ذَلِكَ فَهُمْ شُرَكَاء فِي الثُّلُثِ). ونلاحظ في سياق الآيات الكريمة أن القرآن لم يقل: (للذكر مثل حظ الأنثيين) هنا، بل أمر أن يقسم ذلك على السواء بين الذكور والإناث.

2. يكون نصيب المرأة كنصيب الرجل إذا ترك الميت أولاداً ذكوراً فقط، أو ذكوراً وإناثاً مع وجود أبوين، حيث يكون نصيب الأم كنصيب الأب سواء بسواء، حيث يأخذ كل منهما السدس من التركة،

---

(1) أي لا ولد له ولا أب.

(2) أي الأم.

وذلك لقوله تعالى: (وَلِأَبَوَيْهِ لِكُلِّ وَاحِدٍ مِّنْهُمَا السُّدُسُ مِمَّا تَرَكَ إِن كَانَ لَهُ وَلَدٌ)[1].

ومن تكريم الإسلام للمرأة في أمر إرثها أنه لم يمنع قرابة المرأة من الميراث، بل ورّث الإسلام قرابتها من جانبها، كما ورّث أقارب الأب من جانبه، فيأخذ الإخوة لأم والأخوات عندما يأخذ الإخوة الأشقاء، وقد تعطي الشريعة أولاد الأم من الميراث ولا تعطي الإخوة والأخوات!

صحيح أن بعض القوانين سوت بين ميراث المرأة والرجل، غير أنها سوّت كذلك في الأعباء والواجبات المالية بينهما تسوية تامة، ولكن الإسلام قد أعفى المرأة من كل التكاليف المالية وألْزَمَ الرجل بها... فليس من المنطق أن يسوى ميراث المرأة مع الرجل تسوية تامة.

لقد راعى الإسلام الحاجة في تقسيم الميراث، وقد اعترف أكثر علماء القانون في أوربا بأن نظام التوريث في الإسلام أعدل نظام عرفته البشرية!

وأختتم مقالتي في ميراث المرأة بما قرره الفيلسوف الفرنسي الدكتور (غوستاف لوبون) حيث يقول: (إن الشريعة الإسلامية منحت الزوجات- اللائي يزعم أن المسلمين لا يعاشرونهن بالمعروف- حقوقاً في المواريث لا نجد مثلها في قوانيننا)[2].

---

(1) سورة النساء: 11.

(2) حضارة العرب للدكتور غوستاف لوبون ص389، نقله إلى العربية عادل زعيتر، مطبعة عيسى البابي الحلبي، 1969م.

حكمة التشريع في شهادات النساء

كانت حملات التشكيك والتشويه التي أثارها الحقد الأوربي والصهيوني ضد الإسلام كثيرة متنوعة، بعضها انطلق نحو تاريخنا بغية تزييف الحقائق وقلب الوقائع وإدخال الدسائس؛ كي يبدو تاريخنا أسود قاتماً لكل من يقرؤه!!

واتجهت بعض تلك الفئات الحاقدة تنال من لغتنا الفصحى، ناعتة إياها بالجمود والقصور وعدم مسايرة الزمن!!

واتجه جيش جرار متشح بالكيد والمكر والكذب والدجل، قاصداً زعزعة العقيدة الإسلامية من قلوب المسلمين، ليسهل عليهم استعباد وإذلال العالم الإسلامي. يقول الأستاذ (وليم جيفورد بلجراف) في كلمته المشهورة:

(متى توارى القرآن ومدينة مكة عن بلاد العرب، يمكننا حينئذ أن نرى العربيّ يتدرج في سبيل الحضارة- يعني الحضارة الأوربية المتعصبة الحاقدة- التي لم يبعده عنها إلا محمد وكتابه)[1].

ومن الشبهات التي أثارها خصوم الإسلام من مبشرين ومستشرقين، وتلقفها تلامذتهم من الحاقدين، وممن ينتسبون إلى الإسلام اسمياً: هي عدم مساواة المرأة مع الرجل في أمر الشهادة، حيث جعل الإسلام شهادة امرأتين تقابل شهادة رجل واحد... إنهم يتساءلون مستنكرين:

لماذا لا تعادل شهادة المرأة شهادة الرجل؟!

لماذا تهدرون إنسانية المرأة بعدم قبولكم لشهادتها؟

---

[1] أباطيل وأسمار للأستاذ محمود محمد شاكر 1/ 187.

وكل مَنْ ينعم النظر في موقف الإسلام من شهادة المرأة، يجد الإسلام حكيماً أيما حكمة في ذلك، فما هي الشهادة؟

الشهادة لغةً كلمة بمعنى الحضور، من المشاهدة، أي المعاينة، ومنها قوله تعالى: (وهم على ما يفعلون بالمؤمنين شهود)[1]، وتقول: شهد فلان الحرب: أي حضرها، وهي خبر قاطع.

الشهادة اصطلاحاً: إخبار في مجلس الحكم بلفظ الشهادة لإثبات حق الغير (وشهيد بناء مبالغة، وفي ذلك دلالة على من قد شهد وتكرر ذلك منه، فكأنه إشارة إلى العدالة)[2].

وإذا نظرنا إلى الآية الكريمة (وَاسْتَشْهِدُواْ شَهِيدَيْنِ من رِّجَالِكُمْ فَإِن لَّمْ يَكُونَا رَجُلَيْنِ فَرَجُلٌ وَامْرَأَتَانِ مِمَّن تَرْضَوْنَ مِنَ الشُّهَدَاء أَن تَضِلَّ إْحْدَاهُمَا فَتُذَكِّرَ إِحْدَاهُمَا الأُخْرَى)[3] علمنا أن هذه الآية تخاطب المؤمنين الذين هم- في الغالب- يزاولون البيع والشراء والكسب وغير ذلك، ولا تخرج المرأة في المجتمع إلا للضرورة فقط؛ لأن الإسلام ضمن لها ما تحتاجه، والوالد أو الأخ أو الزوج أو القريب هو الكفيل بقضاء حاجياتها. ولا أعني بهذا أن تكون المرأة المسلمة حبيسة بين جدران أربعة لا تهب ولا تدب، ولكني أعني: أن حاجاتها للخروج من بيتها قليلة!

---

(1) سورة البروج.
(2) تفسير القرطبي 3/ 389.
(3) سورة البقرة: 282.

ومن الأمور المسلّم بها: أن الإنسان الذي يمارس عملاً ما، تكون ذاكرته فيه قوية، طرداً وعكساً، حيث تكون ذاكرة غير الممارس أضعف. ولما كانت المرأة- غالباً- لا تمارس أعمال الرجل من التجارة والبيع والشراء، وهي قليلة الخبرة في مسائل العقود وما ماثلها، ولا تكثر الترداد والتجوال في الأسواق؛ لذلك كانت ذاكرتها في البيوع وما شابه ضعيفة؛ فاحتاطت الشريعة الإسلامية في أمر شهادتها؛ ذلك أن الشهادة تبنى على الدقة!

ونلاحظ في سياق هذه الآية الكريمة أن لفظ (إحداهما) تكرر مرتين في قوله تعالى (أَن تَضِلَّ إِحْدَاهُمَا فَتُذَكِّرَ إِحْدَاهُمَا الأُخْرَى)[1]، وذلك أن المرأة ينتابها الخطأ والنسيان أكثر من الرجل؛ لأنها غالباً لا تلقي بالاً لما يقع أمامها من أحداث وخاصة في المعاملات. ومعروف أن المرأتين تدخلان للإدلاء بالشهادة معاً على السواء، حذر أن تنسى إحداهما فتذكرها الأخرى؛ فتكون شهادة إحداهما متممة لشهادة الأخرى، على خلاف شهادة الرجل، حيث يدخل كل واحد منهم على انفراده!

ونقف هنا وقفة قصيرة أمام قوله تعالى (فَتُذَكِّرَ إِحْدَاهُمَا الأُخْرَى)، حيث استعملت كلمة (تذكر) ولم تستعمل كلمة تخبر مثلاً فما السر في ذلك؟

(1) تضل: تنسى، والضلال عن الشهادة هو نسيان جزء منها وذكر جزء ويبقى المرء بين ذلك ضالاً- كما يقول أبو عبيد-.

مما لاشك فيه أن تركيب المرأة النفسي، وقوة عاطفتها المرهفة، وشدة انفعالها، وسرعة تأثرها، يجعلها لا تفكر بعيداً في أمر الشهادة، بل تتغلب عليها العواطف فتستجيب لها. وإذا أردت- عزيزي القارئ- دليلاً على ذلك قلت لك: إذا جاء إلى بيت إنسان ما خبر محزن يسمعه الرجل والمرأة معاً على السواء، فما أسرع ما تبكي المرأة!! لكن الرجل يظل متماسكاً محافظاً على هدوئه وأعصابه في الغالب. وشدة العاطفة وسرعة الانفعال هو الشيء الغالب والأعم في النساء، وهو سبب مهم في سرعة النسيان وتشوش الأفكار. وهذا شيء يعرفه من نفسه كل إنسان على تفاوت في الدرجات.. ألا ترى أنك إذا حزنت حزناً شديداً، أو فرحت فرحاً شديداً، أو غضبت غضباً شديداً، لا تقدر أن تفكر تفكيراً سليماً سوياً، ولا تتذكر تذكراً سوياً؟ وقد قرر علماء النفس أن تعرض الإنسان للنسيان يزداد كلما كان أسرع وأشد انفعالاً. يقول الأستاذ صالح الشماع في كتابه (المدخل إلى علم النفس):

(إن للصدمات الانفعالية أثراً في نسيان بعض الذكريات. وهكذا يقول لنا (فرويد) إن الرسالة التي تنسى أن تكتبها، أو تكتبها وتنسى إبرادها بالبريد، هي رسالة مؤلمة أو مزعجة أو تثير جواً لا يرتاح إليها الفرد. ونحن جميعاً نلاحظ أننا حينما نتألم لا نعي بسهولة، وننسى بسرعة الأشياء التي كنا نتذكرها لو لم تكن في حالة الألم هذه، وهكذا نجد أن

لاعب الميسر حينما يستمر في خسرانه يعجز عن تذكر غلطاته أو غلطات اللاعبين معه)[1].

والمرأة- كما هو معلوم- أسرع وأشد انفعالاً من الرجل عادة.

على أن هذه العاطفة القوية لدى المرأة لتطغى في مخيلتها- في بعض الأحيان- على إدراكها وعقلها، فتغير من الحقيقة الواقعة من غير شعور منها في بعض الحـوادث. ولما كانت الشهادة تحتاج إلى التثبت والدقة والتفكير البعيد والتجـرد مـن جميع الانفعالات، ولما كان الإسلام يريد أن يأخذ كل إنسان حقه، ولما كانت المرأة مظنة للسير وراء عواطفها وانفعالاتها، ولما كانت الشريعة الإسلامية تهدف إلى أن تثبت الشهادات عند الخصومات ثبوتاً لاشك معه، فقد جعل الإسلام شهادة امرأتين تقابل شهادة رجل واحد؛ لأن إحـدى المـرأتين إذا سـارت وراء عواطفها وانفعالاتها فزيفت الشهادة- مـن غـير قصد منها- صححت لها الأخرى، ذلك أن للأخرى عواطف أخرى وانفعالات نادراً ما تتفقان معاً في هذه العواطف!

وفوق ذلك فإن المرأة تنتابها أمراض كثيرة مـن الحـيض والحمل والنفـاس والرضاعة والحضانة... وهذه الأمراض قد تكون من أسباب نسيانها.

ويتحدث الدكتور (فان دي فلد) في كتابه (الزواج المثالي) عن الآلام التي تلاقيهـا المـرأة قبل الحيض وخلاله فيقول:

---

(1) المدخل إلى علم النفس للأستاذ صالح الشماع 1/ 203.

(... أما الأعراض البدنية الشائعة (في المرأة قبل الحيض وخلاله) فهي: الشعور بالتعب والضيق الغامض المبهم، ويظهر الصداع غالباً فيمن اعتدن الصداع في هذه الفترات، ويزداد تدفق اللعاب، ويتمدد الكبد ويتضخم، ويحدث مغص في الكيس الصفراوي، ويضطرب الهضم، وتضطرب شهية الأكل: فإما أن تحس المرأة بجوع شديد أو تعاف الطعام).

(ويصيب حاسة السمع أعراض مشابهة، وأما أنسجة الجسم العامة، فهي تنبسط وترتخي أو تتضخم وتحتقن، ويكمل وصف الحال بشحوب الوجه شحوباً شديداً، واحمراره بسرعة عند التأثر، وظهور تجعدات أو دوائر زرقاء تحت العيون... لقد ذكرت كل هذه الأعراض بالتفصيل لأظهر أن المرأة الحائض تكاد تكون مريضة، بل هي مريضة بعض المرض)[1].

أفلا يكون ذلك أو شيء منه كافياً لجعل المرأة أكثر نسياناً من الرجل، أو قل أضعف استذكاراً للأشياء من الرجل على كل حال؟! ناهيك عما تلاقيه في الحمل والنفاس والرضاعة والحضانة...؟!

ولابد أن نشير إلى أن علماء السلف والخلف ﷺ ذهبوا إلى الأخذ بشهادة النساء في غير الحدود والقصاص.

---

(1) الزواج المثالي لفان دي فلد، ترجمة: الدكتور محمد فتحي ص218 وما بعدها، ط4.

وأجاز الحنفية شهادة النساء مع الرجل في كل شيء: كالنكاح والطلاق والرجعة والعتق والأموال إلا الحدود والقصاص؛ ذلك أن الشهادة لابد أن تراعى فيها الدقة وبخاصة في الأمور الخطيرة الشأن كالحدود والقصاص!

على أن أهل الظاهر ذهبوا إلى قبول شهادة النساء في كل شيء إذا كان عدد النساء أكثر من واحدة وكان معهن رجل. ودليلهم في ذلك العموم الوارد في قوله تعالى: (فرجل وامرأتان).

على أن تلاوتنا لكتاب الله، تهدينا إلى وجود آيات لم تنص على جنس الشهود: أذكور هم أم إناث، أم ذكور وإناث معاً؟ بل جاءت الآيات مطلقة من غير تقييد، كما في حال الطلاق والوصية كقوله تعالى: (يا أَيُّهَا الَّذِينَ آمَنُواْ شَهَادَةُ بَيْنِكُمْ إِذَا حَضَرَ أَحَدَكُمُ الْمَوْتُ حِينَ الْوَصِيَّةِ اثْنَانِ ذَوَا عَدْلٍ مِّنكُمْ أَوْ آخَرَانِ مِنْ غَيْرِكُمْ)[1] فإن قوله تعالى: (اثْنَانِ ذَوَا عَدْلٍ) لم ينص فيه على الذكورة أو الأنوثة أو كليهما معاً، بل تحتمل الآية كل ذلك. وهكذا نقول في قوله تعالى في أمر الطلاق: (فَإِذَا بَلَغْنَ أَجَلَهُنَّ فَأَمْسِكُوهُنَّ بِمَعْرُوفٍ أَوْ فَارِقُوهُنَّ بِمَعْرُوفٍ وَأَشْهِدُوا ذَوَيْ عَدْلٍ مِّنكُمْ)[2].

ولقائل أن يقول: إن هاتين الآيتين نص فيهما على ذكورة الشهود ولم يدخل فيهما الإناث، فنقول: إن هذه الآيات كما تحتمل النص على ذكورة الشهود، تحتمل أن يكون المراد منهما الأنوثة كذلك، ولربما جاء

---

(1) سورة المائدة: 106.

(2) سورة الطلاق: 2.

النص فيهما مذكراً من باب التغليب، فلا يكون هذا دليلاً على ذكورة الشهود في هذه الآيات؛ لأن الكلام إذا طرقه الاحتمال بطل الاستدلال به - كما يقول الأصوليون- وقد سوى القرآن الحكيم- في بعض الأحكام- تسوية تامة بين شهادة الرجل وشهادة المرأة، كما في شهادات اللعان، وذلك عندما يقذف الرجل زوجته بالزنا وليس لديه شهود. قال الله تعالى:

(وَالَّذِينَ يَرْمُونَ أَزْوَاجَهُمْ وَلَمْ يَكُن لَّهُمْ شُهَدَاء إِلَّا أَنفُسُهُمْ فَشَهَادَةُ أَحَدِهِمْ أَرْبَعُ شَهَادَاتٍ بِاللَّهِ إِنَّهُ لَمِنَ الصَّادِقِينَ {6/24} وَالْخَامِسَةُ أَنَّ لَعْنَتَ اللَّهِ عَلَيْهِ إِن كَانَ مِنَ الْكَاذِبِينَ {7/24} وَيَدْرَأُ عَنْهَا الْعَذَابَ أَنْ تَشْهَدَ أَرْبَعَ شَهَادَاتٍ بِاللَّهِ إِنَّهُ لَمِنَ الْكَاذِبِينَ {8/24} وَالْخَامِسَةَ أَنَّ غَضَبَ اللَّهِ عَلَيْهَا إِن كَانَ مِنَ الصَّادِقِينَ)[1].

وهكذا نرى أن الشهادات الأربع للمرأة في تكذيب زوجها برميها بتهمة الزنا، قد أخذ بها الإسلام، ودرأت الشهادات عنها الحد!

كما أن الإسلام أخذ بشهادة النساء حتى ولو كن منفردات في أمور كثيرة: كالولادة والاستهلال والرضاع والعيوب التي تحت الثياب: كالرتق والقرن والبرص. وليس ذلك وحده، بل لقد روى لنا عدد كثير من النساء الصحابيات وبخاصة أزواج النبي ﷺ والتابعيات أحاديث كثيرة عن رسول الله، وكان لهذه الأحاديث مكانة مهمة كبيرة في تشريعنا الإسلامي. وقد اتهم علماء الجرح والتعديل كثيراً من الرجال، ولكنهم لم يتهموا النساء. فالإمام الذهبي اتهم أربعة آلاف من المحدثين، أما المحدثات، فقد أثنى

---

(1) سورة النور.

عليهن فقال: (وما علمت في النساء من اتهمت ولا من تركوها)[1]، علماً بأن علماء الجرح والتعديل قد اشترطوا في النساء في رواية الحديث ما اشترطوه في الرجال سواء بسواء. وذكر الفقهاء- رحمهم الله- أن المرأة لا تحتاج إلى أن تأخذ إذن زوجها للإدلاء بشهاداتها؛ لأن الله يقول: (ولا يأب الشهداء إذا ما دعوا)[2].

ومن الاحتياطات الكبيرة التي أولاها الإسلام في أمر الشهادة: أنه لم يقبل شهادة من يجر لنفسه نفعاً لافتراق الناس في أمر الشهادة، في الوقت الذي قبلت رواية المحدث فيما يعود عليه نفعه؛ ذلك لأن الناس مشتركون في السنن والديانات.

وهكذا يتجلى لنا شيء من حكمة الإسلام في أمر شهادات النساء، ونتحسس بعضاً من حكمة العليم الخبير في خطابه للذين آمنوا قبل خمسة عشر قرناً بقوله عز وجل: (وَاسْتَشْهِدُواْ شَهِيدَيْنِ من رِّجَالِكُمْ فَإِن لَّمْ يَكُونَا رَجُلَيْنِ فَرَجُلٌ وَامْرَأَتَانِ مِمَّن تَرْضَوْنَ مِنَ الشُّهَدَاء أَن تَضِلَّ إْحْدَاهُمَا فَتُذَكِّرَ إِحْدَاهُمَا الأُخْرَى) وصدق الله العظيم.

---

(1) ميزان الاعتدال في نقد الرجال للحافظ الذهبي 7/ 465، ط1، 1995م، تحقيق: الشيخ علي محمد معوض والشيخ عادل أحمد عبد الموجود، دار الكتب العلمية، بيروت.

(2) سورة البقرة: 282.

قضية القوامة

إذا كان الإسلام قد أعطى الرجل حق القوامة على شؤون الأسرة، فإن هذا الإعطاء لم يصدر اعتباطاً وكيفما اتفق، بل كان لحكمة، شأنه شأن جميع التشريعات الإسلامية التي أنزلها العليم الحكيم، والتي ظهر لنا شيء من حكمتها. وكلما تقدم الزمن تجلت أمامنا حكم التشريع أكثر وأكثر، مصداقاً لقوله تعالى: (سَنُرِيهِمْ آيَاتِنَا فِي الْآفَاقِ وَفِي أَنفُسِهِمْ حَتَّى يَتَبَيَّنَ لَهُمْ أَنَّهُ الْحَقُّ)[1].

ومما لا ريب فيه أن الأسرة لابد أن يكون لها موجه واحد، منه تتلقى تنظيم شؤونها وعلى وفق آرائه تسير، ولا يمكن أن يعطى هذا الحق الرجل والمرأة معاً، فإن حصل ذلك فإن الاختلافات والمنازعات سرعان ما تدب بين الزوجين منذ البداية وحتى النهاية. وربما يبدأ الاختلاف من أول الطريق حول تحديد أعمال كل منهما وواجباته، وتنقلب الحياة الزوجية إلى حقوق خالصة ليس فيها معنى المحبة والتآلف والانسجام!

وليس ذلك وحده، بل تصير المرأة معرضة- عند ذاك- للإصابة بأمراض نفسية عديدة، حيث إنها تريد أن تقوم بأعمالها كما يقوم الرجل ولكنها لا تقدر على ذلك؛ لأنها أضعف منه قوة ومقاومة، وفوق ذلك فإن لكل واحد منهما رأيه وأسلوبه في تسيير سفينة الأسرة. ومن هنا يبدأ قلق المرأة واضطرابها، وتتعكر حياة تلك الأسرة. وقد أمر الله رسوله محمداً

(1) سورة فصلت: 54.

ﷺ أن يقول للمشركين- الذين يعتقدون بتعدد الآلهة-: (لَوْ كَانَ فِيهِمَا آلِهَةٌ إِلَّا اللَّهُ لَفَسَدَتَا)[1].

وقال: (إِذًا لَّذَهَبَ كُلُّ إِلَٰهٍ بِمَا خَلَقَ وَلَعَلَا بَعْضُهُمْ عَلَىٰ بَعْضٍ)[2].

إن وجود رئيس للأسرة يقوم بتدبير شؤونها والإشراف عليها أمر لا مندوحة عنه ولابد منه لتواصل الأسرة سيرها، فإن أية دائرة من الدوائر أو مؤسسة من المؤسسات لا يترشح أحد لرئاستها إلا أنْ يكون أكفأ المرشحين، كي ينتظم سير أعمالها، وتنجح في مهمتها، وإلا ظهرت عليها أمارات الوهن والضعف والانحلال، وكانت نتيجتها الإخفاق. وإذا كان الأمر كذلك بالنسبة للمؤسسات والدوائر، فإن الأسرة أكثر أهمية من كل دائرة أو مؤسسة... إنها مصنع الأجيال، وعليها يتوقف تماسك المجتمع وقوته؛ لأن سلامة البناية من سلامة أحجارها. أليس من الصواب إذن أن يرشح لرئاسة الأسرة أكثر أفرادها كفاية؟

على أن الرجل يترجح على المرأة في استحقاقه القوامة؛ لأنه أكثر خبرة، وأطول باعاً، وأغزر تجربة في مسالك الحياة، فهو كثير الضرب في الأرض: يسعى وينصب ليحصل على لقمة العيش، وليريح عائلته. وهذا الضرب في الأرض والجد والنصب والكد والتعب، جعل له خبرة في مسالك الحياة وشعابها، وصار أقدر من المرأة على الحصول على

---

(1) سورة الأنبياء: 22.

(2) سورة المؤمنون: 24.

الأموال غالباً؛ لأنه كثير الممارسة، ولذلك صار أكثر كفاية في رعاية شؤون الأسرة!

ودرجة القوامة التي أعطاها الإسلام للرجل هي درجة رعاية الأسرة وتدبير شؤونها لا غير، وهي ليست قوامة تشريف يحسد عليها الرجل، بل هي ميزة تكليف!

ويترتب على هذه الرعاية الأسرية مسؤوليات يكون الزوج مسؤولاً عن القيام بها، ويحاسب إذا قصر في حقها، حيث جعل الإسلام الرجل مكلفاً بالإنفاق على شؤون أسرته وإدارة أمورها، حتى لقد قرر العلماء استنباطاً من قوله تعالى (الرِّجَالُ قَوَّامُونَ عَلَى النِّسَاء بِمَا فَضَّلَ اللّه بَعْضَهُمْ عَلَى بَعْضٍ وَبِمَا أَنفَقُواْ مِنْ أَمْوَالِهِمْ)[1] أن المرأة إذا عجز زوجها عن الإنفاق عليها فلها فسخ العقد... أفلا يكون من العدالة والإنصاف أن نعطيه الإشراف على شؤون أسرته التي ينفق عليها، ويتحمل من أجلها كل تعب ومشقة، ويذوق من النصب واللغوب ألواناً وألواناً؟؟

إن العقل والإنصاف والعدالة تقضي بذلك؛ لأن الذي ينفق على الأسرة بكده ونصبه يكون أكثر محافظة على الأموال من التبذير ممن لا يتعب بجمع المال. وقد أخذ بهذه النظرة علماء القانون الدستوري ولخصوها في عبارة وجيزة هي: (من ينفق يشرف) أو (من يدفع يراقب).

وقرر مشرعو الديمقراطيات الحديثة أنّ من حق جميع المواطنين مراقبة تنظيمات دولتهم وسن قوانينها؛ لأن المواطنين هم الذين يدفعون

(1) سورة النساء: 34.

الضرائب، فمن حقهم الإشراف على إدارة شؤون دولتهم، ويكون ذلك بالتمثيل النيابي.

ومن الشروط التي يجب أن تتوافر في حق من يكون بصدد الإشراف على الأسرة: أن يكون بعيد النظر، كثير التفكير، رابط الجأش، كثير التأمل، قوي الإدراك. وهذه الصفات تكون في الرجال- غالباً- أكثر مما في النساء حيث تكون المرأة قوية العاطفة، سريعة التأثر، سريعة الانفعال، كثيرة الحب والشفقة والحنان.. وليس ذلك قدحاً في المرأة ولا عيباً فيها ولا منقصاً لإنسانيتها وكرامتها، ولكنه تدبير الحكيم العليم، إذ لو كانت المرأة قاسية القلب لما استطاعت أن تربي أبناءها. والكون يقوم على حنان المرأة وعاطفتها المرهفة، كما يقوم على تعقل الرجل وبعد نظره، إذ إن تركيب الكون يحتاج من المرأة ذلك. فمن تمام كمالها: عاطفتها المرهفة هذه...

وإذا علمنا أن الإشراف على الأسرة يحتاج إلى التفكير وعدم السير وراء العواطف والانفعالات، أدركنا أن من الحكمة أن تكون القوامة بيد الرجل لا المرأة. وقد أشار القرآن الحكيم إلى هذه الحقيقة إشارة بليغة موجزة فقال: (الرِّجَالُ قَوَّامُونَ عَلَى النِّسَاء بِمَا فَضَّلَ اللّهُ بَعْضَهُمْ عَلَى بَعْضٍ وَبِمَا أَنفَقُواْ مِنْ أَمْوَالِهِمْ)[1] وربما أخذ المقنن الفرنسي في مادتيه الثالثة عشرة والرابعة عشرة بعد المائتين هذه المعاني من الشريعة الإسلامية فقرر:

(1) سورة النساء: 34.

(أن الزوج يجب عليه صيانة زوجته، وأن يقدم لها كل ما هو ضروري لحاجات الحياة، في حدود مقدرته وحالته، وأن المرأة في مقابل ذلك ملزمة بطاعة زوجها، وأن تسكن معه حيث يسكن، وتنتقل معه إلى أيّ مكان يرى صلاحيته لإقامتها)[1].

وهناك مسألة أخرى ترجح قوامة الرجل على شؤون الأسرة: وهي أن المرأة تلاحقها أمراض كثيرة تكون في خلالها مضطربة قلقة، لا يمكن أن تسير سيراً طبيعياً، ومن هذه الأمراض: الحيض والحمل والنفاس والرضاعة والحضانة.

«فقد استنتج الطبيب فواستشفسكي من مشاهداته الدقيقة أن المرأة تضمحل فيها قوة الجهد العقلي والتركيز الفكري أيام الحيض. واستخرج كذلك الأستاذ كرشي سكفسكي من اختباراته النفسية: أن المرأة يلتهب فيها المجموع العصبي في هذه الأيام، ويبلد الحس، ويختل ويضعف الاستعداد- وربما تعطل بالمرة- لقبول الانطباعات المرتبة حتى يضطرب في شعورها ما قد قرّ فيه قبلاً من الانطباعات المرتبة مما يجعلها تتخلج حتى في أعمالها التي قد اعتادتها في حياتها اليومية...، محصل القول: أن الجهاز العصبي والذهني في المرأة، يعود في غالبه متراخياً غير منظم في هذه الأيام، فلا تكون أعضاؤها تابعة لإرادتها تماماً، بل تنبعث من داخلها حركة اضطرارية تملك عليها إرادتها، وتعطل قوة حكمها واختيارها؛ فتصدر منها الأفعال بغير إرادة، ولا يعود

(1) ماذا عن المرأة للدكتور نور الدين عتر ص122- 123، ط1، 1390هـ/ 1970م، مطبعة البلاغة.

لها في أعمالها وتصرفاتها من حرية، ولا هي تكون أهلاً للقيام بتبعة أو مهمة.

(ويكتب الأستاذ لابنسكي في كتابه نشأة الشخصية في المرأة: أن مدة الحيض تحرم المرأة حريتها العملية، فهي تكون في أثنائها تابعة لحركاتها الاضطرارية، وتنقصها جداً قوة استعمال إرادتها للإقدام على عمل أو تركه)[1].

وأشد على المرأة من مدة الحيض، زمان الحمل. فيكتب الطبيب ريبريف:

(ربما كان خروج الفضلات من جسم المرأة في زمان حملها أقل مما يكون في حالة الفاقة والمسغبة، فلا تستطيع قواها في هذا الزمان أن تتحمل مشقة الجهد البدني ما تتحمله في عامة الأحوال، وأن عوارض الحامل إن عرضت لرجل أو امرأة غير حامل لحكم عليه أو عليها بالمرض بدون شك. ففي هذه المدة يبقى مجموعها العصبي مختلاً على أشهر متعددة، ويضطرب فيها الاتزان الذهني، وتعود جميع عناصرها الروحية في حالة فوضى دائمة، وهي في أثناء ذلك بين الصحة والمرض، ويكفي أدنى الأسباب في دفعها إلى المرض. ويقول الطبيب فشر: إنه لا تسلم حتى المرأة الصحيحة من الاضطراب الشديد في زمان الحمل، فتصاب في مزاجها بالتلون وفي أفكارها بالتشوش وفي عقلها بالشرود، وتتخلف فيها ملكات الشعور والتفكير والتأمل والفهم والتعقل.

(1) الحجاب للأستاذ أبي الأعلى المودودي ص187، 188، 189، ط.2.

ومما اتفق عليه (هيولاك إيليس) و(ألبرت مول) وسواهما مـن الأخصائيين: أن الشهر الأخير من أشهر الحمل لا يصح فيها البتة أن تكلـف المـرأة جهداً بـدنياً أو عقلياً، أمـا عقـب وضع الحمل فتكون المرأة عرضة لأمراض متعددة تعروهـا وتنمـو فيهـا؛ إذ تكون جـروح نفاسـها مستعدة أبداً للتسمم، وتصبح أعضاؤها الجنسية في حركة لتقلصها إلى حالتها الأصلية قبل الحمل، مما يختل به نظام جسمها كله، ويستغرق بضعة أسـابيع في عودتـه إلى نصابه، حتى وإن لم يعرض له أثناء ذلك خطر. وبذلك تبقى المرأة مريضة أو شبه مريضة مـدة سـنة كاملـة بعد قرار الحمل، وتعود قوة عملها نصف ما تكون في عامة الأحوال أو أقل منه)[1].

هذا هو رأي الطب في بعض ما يعتري المـرأة في حياتها. وقد سـقت هـذه الآراء علـى سبيل المثال لا الحصر، وهي تدل دلالـة قاطعـة علـى أن المـرأة في أوضاعها ومـا يعتريهـا مـن أمراض لا تصلح أن تكون قوامة الأسرة بيدها.

على أننا لو جعلنا أمر تدبير الأسرة إلى المرأة، لألحقنا بها أضراراً كبـيرة وأتعابـاً عديـدة فوق أتعابها وآلامها. وإذا حدث ذلك، فلا يمكن أن تستقر الحياة الزوجية، بل يدخلها التصدع والتزلزل؛ لأن المرأة عند ذاك تكون قد حملت أكثر مما تتمكن من حمله؛ ولأن هـذا التكليـف ضد الطبيعة البشرية!

---

(1) الحجاب ص190، 191.

والمرأة أسعد ما تكون إذا كانت في كنف زوج يفرض هيمنته- وهي في صالح الأسرة- ويحمي زوجته ويظلها بجناحه. أما إذا فقدت هذه الهيمنة فتعود المرأة لتعيش حياة البؤس والشقاء وتتقلب على جمر الغضى، وتبكي سوء طالعها وحظها العاثر؛ ذلك أنها تشعر من داخلها بفراغ كبير لا يملؤه إلا تفوق الرجل: فعندما تساوت المرأة بالرجل في أمريكا مساواة تامة ماذا كانت النتيجة؟ هل رضيتْ بمساواتها؟

لا... لقد شعرت بضعفها وعجزها، فعادت فاستعبدت نفسها للرجل. والمرأة اليوم تنادي في كثير من الدول التي تساوي بين المرأة والرجل ولا تجعل للرجل على المرأة درجة... تنادي بأن يتفوق عليها الرجل (ففي تقرير رسمي قدم إلى حكومة (بون) في ألمانيا الغربية، ونشرت ملخصه صحيفة (التيمس) اللندنية في عدد الأحد الصادر في 31 تموز 1966... جاء فيه أنها تطلب من زوجها (التفوق) عليها)[1].

وقد يحلو لبعض المتفرنجين أن يصف قوامة الرجل في الإسلام بأنها قوامة استبداد في الرأي وتصرف في العمل! إن هذه النظرية الخاطئة بل الواغلة بالخطأ، يفندها القرآن الحكيم حيث يقول: (وَمِنْ آيَاتِهِ أَنْ خَلَقَ لَكُم مِّنْ أَنفُسِكُمْ أَزْوَاجًا لِّتَسْكُنُوا إِلَيْهَا وَجَعَلَ بَيْنَكُم مَّوَدَّةً وَرَحْمَةً)[2]. ويتضح لنا من هذه الآية الكريمة أن المقصود من الزواج

---

(1) الفكر الإسلامي والمجتمع المعاصر للدكتور محمد البهي ص334، ط2، 1971م، دار الفكر.
(2) سورة الروم: 21.

والغاية منه هو الاطمئنان النفسي، والتعاطف بين الزوجين، وتأكيد المودة، ولا يتحقق شيء من ذلك إذا كانت قوامة الرجل قوامة استبدادية، وينظر إلى زوجته على أنها أمة عنده وأنه سيدها.

لقد قال الله تعالى: (الرِّجَالُ قَوَّامُونَ عَلَى النِّسَاء بِمَا فَضَّلَ اللّه بَعْضَهُمْ عَلَى بَعْضٍ)[1] ولم يقل: بما فضلهم عليهن؛ ليشير إلى أن الرجل والمرأة كالأعضاء في الجسد الواحد، فقد تفضل اليد اليمنى على اليسرى من غير أن تلحق اليسرى أية غضاضة. وإذا تأملنا هذه الآية الكريمة لم نرَ في هذه القوامة إهانة للمرأة، ولا مساساً بكرامتها، ولا اعتداءاً على إنسانيتها، ولا تسلطاً وجبروتاً عليها، ولا إلزامها برأي خاص؛ ذلك أن مفهوم القوامة تفيد الإصلاح والعدل وتدبير شؤون الأسرة، وهي قوامة شورية لا استبدادية. كيف وقد دعا الإسلام إلى الأخذ بمبدأ الشورى، قال الله تعالى: (وشاورهم في الأمر)[2]. وقال: (,امرهم شورى بينهم)[3]. ولم يكن المقصود من هذه الشورى حصرها في الحاكم والمحكوم بل تشمل الأسرة كذلك، وقد أمر الإسلام الأزواج بحسن عشرة النساء، قال الله تعالى:

(وعاشروهن بالمعروف)[4]. وقال:

(فإمساك بمعروف أو تسريح بإحسان)[5]. وقال:

---

(1) سورة النساء: 34.

(2) سورة آل عمران: 159.

(3) سورة الشورى: 38.

(4) سورة النساء: 19.

(5) سورة البقرة: 229.

(ولهن مثل الذي عليهن بالمعروف)[1]. وقال الرسول ﷺ:

(ما أكرم النساء إلا كريم ولا أهانهن إلا لئيم)[2]. وقال:

(خيركم خيركم لأهله وأنا خيركم لأهلي)[3]. وقال:

(أكمل المؤمنين إيماناً أحسنهم خلقاً وخياركم خياركم لنسائه)[4].

على أن الإسلام فوق ما تقدم أمر والد البنت- صغيرة كانت أو كبيرة- أن يشرف على تربيتها، ويوجهها توجيهاً سليماً: يرعاها بحنانه، ويظلها بجناحه، وينفق عليها. وإذا توفي والدها لم تترك، بل يرعاها أقرب واحد من الورثة، لئلا تتبذل؛ لأن الإسلام أرادها أن تسمو دائماً، وتحلّق في سماء الطهر والعفة والنقاء والحصانة والكرامة، وأن تلاقي كل رعاية من أوليائها، وذلك فرض وواجب على الأولياء، على عكس ما يحدث في أوربا، حيث تكون البنات والشابات في الشوارع، ويتسكعن في الطرقات؛ لأن التي لا تشتغل لا تأكل لقمة العيش إذا بلغت سناً محدودة؛ إذ عند ذاك لا يكون أحد مسؤولاً عنها!

وقد أعطى الإسلام المرأة البالغة العاقلة أن تختار زوجها الكفء اختياراً حراً، وليس للولي منعها من الزواج عند ذاك، كما ليس للولي أن يجبرها على الزواج من شخص معين. ويقرر الإمام أبو حنيفة رضي الله عنه أن من حق المرأة أن تزوج نفسها متى شاءت على أن يكون زواجها من كفء،

---

(1) سورة البقرة: 228.

(2) رواه ابن عساكر.

(3) رواه الترمذي برقم 3904، وابن حبان برقم 4165.

(4) أخرجه الإمام أحمد 2/ 250، 472، وأبو داؤد 4/ 220، والترمذي برقم 1162.

وليس للولي حق في الاعتراض. يروي ابن الإمام أحمد والنسائي وابن ماجه عن عبد اللـه بـن بريدة عن أبيه قال: (جاءت فتاة إلى رسول اللـه ﷺ فقالت: إن أبي زوجني مـن ابـن أخيـه ليرفع بي خسيسته. قال: فجعل الأمر إليها. فقالت: قد أجزت ما صنع أبي، ولكن أردت أن أعلم النساء أن ليس إلى الآباء من الأمر شيء).

ويروي الإمام أحمد وأبو داؤد وابن ماجه والدارقطني عن ابن عباس (أن جاريـة بكـراً أتت رسول اللـه ﷺ فذكرت أن أباها زوجها وهي كارهة فخيرها النبي).

وقد أعطى الإسلام المرأة حرية الاعتقاد والقول والملكية، بل إن الزوج لـيس مـن حقـه أن يحمل زوجته على أي عقد كان؛ لأن من حقها أن تتصرف بملكيتها كما تشاء. كما ليس مـن حقه أن يأخذ منها أي شيء كان من الأموال، اللـهم إلا إذا تبرعت بكامل رضاها واختيارهـا، فهي مستقلة الشخصية في البيع والشراء والهبة والوصية، ومسـتقلة في ملكيتها عـن زوجها استقلالاً تاماً، وليس لزوجها التدخل في العقود التي تعقدها. كما أن من حق الزوجة أن توكل زوجها على إبرام العقود، ولها أن تعزل وكالته كذلك، هذا مع أننا نجد المرأة الفرنسية مازالت إلى الآن مكبلة بقيود وأغلال كثيرة في ملكيتها، وما تزال بحالة (أشبه بحالة الرق المدني) إذ نزع منها القانون الفرنسي صفة الأهلية في عدد كثير من الشؤون المدنيـة. جاء في المـادة 217 من القانون الفرنسي:

(أن المرأة لا يجوز لها أن تهب، ولا أن تنقل ملكيتها، ولا أن ترهن ولا أن تملك بعـوض أو غير عوض بدون اشتراك زوجها في العقد أو موافقته عليه موافقة كتابية)[1].

وقد كان ومازال أمر فقدان الشخصية المدنية للزوجـة، واندماجهـا في شخصية الـزوج عرفاً سارياً في بعض الدول الأوربية، حيث تفقد المرأة بعد زواجها مباشرة اسم عائلتها وتحمل لقب عائلة زوجها.

ومن الحرية الكبيرة التي أعطاها الإسلام للزوجة: أنه لم يوجب على المـرأة أن تطيـع زوجها فيما يغضب اللـه؛ لأنه (**لا طاعة لمخلوق في معصية الخالق**). هكذا كرم الإسلام المـرأة، ولكن أوربا كانت تزدري المرأة وتحتقرها فقد كانت تباع بدراهم معدودة إلى وقت متـأخر في عواصم أوربا، يقول (هربرت سبنسر) الفيلسوف الإنكليزي في كتابه (وصف علم الاجتماع):

(إن الزوجات كانت تباع في إنكلترا فيما بين القرن الخامس والقرن الحادي عشر... وشر من ذلك ما كان للشريف النبيل روحانيا كان أو زمنياً من الحق في الاستمتاع بامرأة الفـلاح إلى مدة أربع وعشرين ساعة بعد عقد زواجها عليه (أي الفـلاح). وفي سنة 1567 ميلادية صـدر قرار من البرلمان الاسكوتلاندي يقضي بأن المرأة لا يجوز أن تمنح أيـة سـلطة علـى أي شـيء مـن الأشياء...)[2].

---

(1) الأحوال الشخصية لمحمد مصطفى شحاتة ص5، ط7، 1975م.
(2) ماذا عن المرأة ص9.

وقد ذكر السيد محمد رشيد رضا بأن الصحف الإنكليزية نشرت بـأن الرجـال يبيعـون نساءهم في بعض القرى الإنكليزية بـثمن زهيـد كثلاثين شلناً. وكان ذلك سـارياً ومنـتشراً في المجتمع الإنكليزي إلى سنة 1351هـ.

أن مسألة قوامة الرجـل وحمايتـه للمـرأة، حظيـت باهتمام كبيـر مـن علماء النـفس والاجتماع وغيرهم، وقد قرروا مـن دراسـاتهم أن قوامـة الرجـل أمـر ضروري لاستقرار الأسرة والسعادة الزوجية!

وأختم حديثي عن قوامة الرجل بما قـرره الباحـث الـدكتور (أوجسـت فوريـل) حيـث يقول تحت عنوان سيادة المرأة:

(يؤثر شعور المرأة بأنها في حاجة إلى حماية زوجها على العواطف المشعة مـن الحـب فيها تأثيراً كبيراً، ولا يمكن للمـرأة أن تعـرف السـعادة إلا إذا شعرت بـاحترام زوجهـا، وإلا إذا عاملته بشيء من التمجيـد والإكرام، ويجب أيضاً أن تـرى فيه مثلها الأعـلى في ناحيـة مـن النواحي: إما في القوة البدنيـة، أو في الشـجاعة، أو في التضحية وإنكار الـذات، أو في التفوق الذهني، أو في أية صفة طيبة أخرى، وإلا فإنه سرعان ما يسقط تحت حكمهـا وسيطرتها، أو يفصل بينهما شعور من النفور والبرود وعدم الاكتراث، ما لم يصب الزوج بسـوء أو مـرض يثير عطفها، ويجعل منها ممرضة تقوم على تمريضه والعناية به. ولا يمكن أن تـؤدي سـيادة المـرأة إلى السعادة المنزلية؛ لأن في ذلك مخالفة للحالة الطبيعية التي تقضي بأن يسـود الرجـل المرأة بعقله وذكائه وإرادته، لتسوده هي بقلبها وعاطفتها)[1].

---

(1) ماذا عن المرأة ص132 نقلاً عن كتاب (الزواج عاطفة وغريزة) 2/ 32، 33.

الإسلام وتعليم المرأة

الرعاية التي أعطاها الإسلام للمرأة كانت ومازالت وستبقى كذلك درة في جبين الإنسانية، ونجوماً في سماء الخلود، تعطي ألف دليل ودليل على أن الحقوق التي أعطاها الإسلام للمرأة لم يعطها قانون ولا نظام غيره قديماً ولا حديثاً... كيف لا والإسلام دين الإنصاف والعدل، وقد جاء ليقيم موازين القسط بين الناس، ويعطي لكل ذي حق حقه... وكما أن للرجل حقوقاً فإن للمرأة حقوقاً كذلك؛ إذ المرأة تمثل نصف المجتمع بل أكثر، ويقع على عاتقها تبعات جسام، وتتخرج الأجيال من مدرستها، فهي التي تربي العباقرة والأفذاذ الذين يقومون بإصلاح المجتمعات... لذلك أعطى الإسلام للمرأة أهمية بالغة في جميع ما يخصها، وفي مقدمته التربية والتعليم.

لقد جاء الإسلام فوجد المجتمع الجاهلي ينظر إلى المرأة نظرات جائرة مليئة بالغبن والحيف والظلم: يحتقرها ويزدريها، بل كانت الجاهلية تتشاءم من المرأة! ويفسر لنا الخليفة الحكيم عمر بن الخطاب ﷺ ما كانت عليه المرأة في الجاهلية فيقول:

(والله إنْ كنا في الجاهلية ما نعد النساء أمراً حتى أنزل الله فيهن ما أنزل وقسم لهن ما قسم)!

في هذا المجتمع البائس الذي انحطت عيشة المرأة النكدة إلى الحضيض، أذن الله بشروق شمس الإسلام، وأرسل رسوله محمداً ﷺ الذي نوَّه بالمرأة كثيراً، ورفع من شأنها في شتى المجالات، وأمر الناس بالعناية والاهتمام بها، وحض على إحسان تربية البنات، ورغب المسلمين

في الأجر الكبير الذي ينتظر من يُعنى بتربية البنات ويحسن إليهن فقال عليه الصلاة والسلام:

(من عال جاريتين حتى تبلغا جاء يوم القيامة أنا وهو) وضم أصابعه[1].

وقال:

(من ابتلي من هذه البنات بشيء فأحسن إليهن كنّ له ستراً من النار)[2]. وقال:

(من عال ثلاث بنات، فأدبهن، وزوجهن، وأحسن إليهن فله الجنة)[3].

وكان الرسول ﷺ يتبع أساليب عدة في رفع مكانة المرأة ببيان وأفعال يعرف كيف يغرسها في قلوب الناس: يحضهم فيها على أن يسوّوا بين الذكور والإناث من أولادهم في التربية والخلق والأدب والفضائل والمكارم والمطعم والملبس... حتى وعد الرسول عليه السلام الآباء الذين يحسنون تربية بناتهم والذين لا يؤثرون الذكور على الإناث بأن لهم الجنة فيقول:

---

(1) رواه مسلم 4/ 2028، والترمذي حديث 1916، تحفة الأحوذي 6/ 30.

(2) رواه البخاري حديث 1418، ومسلم واللفظ له حديث 2629. ولا يخفى أن المقصود من الإحسان هنا هو إحسان التربية والتوجيه والخلق الرفيع والأدب اللباب، ولا يكون ذلك إلا مع العلم الذي يعنى بتهذيب الأخلاق والنفوس والطبائع والعقول.

(3) رواه أبو داؤد حديث 5138.

(من كانت له أنثى فلم يئدها، ولم يهنها، ولم يؤثر ولده- الذكور- عليها، أدخله الله الجنة)[1].

وقد ضرب الرسول ﷺ أروع مثال، وخطا أعظم خطوة في مجال العلم، يوم حض المسلمين على تعليم الإماء اللواتي لا يُعنى بأمرهن أحد فقال:

(أيما رجل كانت له جارية أدبها فأحسن تعليمها، وأعتقها وتزوجها فله أجران)[2].

ولم يكتف ﷺ بذلك، بل أعطى ذلك المجتمع دروساً عملية في الرفع من شأن البنت، فقد حدث أن صلى النبي ﷺ إماماً بالناس وهو رافع إحدى البنات، ففي الحديث: (كان رسول الله ﷺ يصلي وهو حامل أمامة بنت زينب، فإذا سجد وضعها، وإذا قام حملها)[3]. هذا في الوقت الذي كان الناس يتشاءمون من البنات تشاؤماً يصوره القرآن أجمل تصوير فقال:

(وَإِذَا بُشِّرَ أَحَدُهُمْ بِالأُنثَى ظَلَّ وَجْهُهُ مُسْوَدًّا وَهُوَ كَظِيمٌ {58/16} يَتَوَارَى مِنَ الْقَوْمِ مِن سُوءِ مَا بُشِّرَ بِهِ أَيُمْسِكُهُ عَلَى هُونٍ أَمْ يَدُسُّهُ فِي التُّرَابِ أَلاَ سَاء مَا يَحْكُمُونَ)[4].

---

(1) رواه أبو داود حديث 5136، والحاكم وقال: صحيح الإسناد.

(2) رواه البخاري حديث 2547.

(3) رواه البخاري برقم 516، ومسلم برقم 543.

(4) سورة النحل.

على أن الإسلام لم يكتف بذلك، بل خطا خطوة أخرى رائعة لم يصل إليها أي نظام أو مبدأ أرضي، منذ أن خلق الله البشر وإلى يوم الناس هذا: وذلك جعله طلب العلم فريضة على كل مسلم ومسلمة، ففي الحديث الشريف:

(طلب العلم فريضة على كل مسلم)[1]. وأجمع المسلمون على أن المسلمات يدخلن كذلك في فريضة طلب العلم!

وكان الرسول ﷺ يتخول الناس بالمواعظ، ويعلمهم ما ينفعهم في دنياهم وأخراهم، وقد التمس النساء من الرسول أن يجعل لهن يوماً يفقههن في الدين ويعلمهن أمور الإسلام فاستجاب لالتماسهن، وحدد لهن يوماً وعظهن فيه، وعلمهن شيئاً من أمور الإسلام، ففي الحديث:

(جاءت امرأة إلى رسول الله ﷺ فقالت: يا رسول الله، ذهب الرجال بحديثك، فاجعل لنا من نفسك يوماً نأتيك فيه تعلمنا مما علمك الله. فقال: **اجتمعن في يوم كذا وكذا في مكان كذا وكذا**. فاجتمعن فأتاهن رسول الله ﷺ فعلمهن مما علمه الله...)[2]!

هكذا غرس الإسلام في نفس المرأة المسلمة حب طلب العلم، حتى أباح لها شهود الصلاة وخطب الجمع وهما من وسائل التعليم والتربية وتهذيب النفوس!

(1) رواه ابن ماجه برقم 224، سنن ابن ماجه 1/ 81، والطبراني في الأوسط برقم 9، المعجم الأوسط للطبراني 1/ 12.
(2) رواه البخاري برقم 7310.

على أن الرسول ﷺ أمر أن تخرج البنات البالغات أو اللائي قاربن الحيض، واللائي تكنّ في حال الحيض في عيدي الفطر والأضحى ليتعلمن ما ينفعهن من تعاليم الإسلام. تقول أم عطية الأنصارية- رضي الله عنها-:

(أمرنا رسول الله ﷺ أن نخرجهن في الفطر والأضحى: العواتق والحيّض وذوات الخدور: فأما الحيّض فيعتزلن الصلاة ويشهدن الخير ودعوة المسلمين، قلت يا رسول الله، إحدانا لا يكون لها جلباب؟ قال: لتلبسها أختها من جلبابها)[1].

فكانت هذه الأحاديث وغيرها دروساً قيمة ألقاها رسول الله على ذلك المجتمع الذي غرق في ازدراء المرأة إلى الأذقان! وقد أثمرت دروسه تلك وأتت بنتائج طيبة.

وقد أقبلت النساء في صدر الإسلام على رواية الحديث إقبالاً عظيماً، حتى أتى ابن سعد في الجزء الذي عقده من طبقاته لرواية الحديث من النساء على سبعمائة امرأة روين عن الرسول ﷺ أو عن بعض أصحابه، وترجم ابن حجر في كتابه (الإصابة في تمييز الصحابة) لـ1543 محدثة، وشهد لهن بالعلم ووثقهن!

وقد كتب كثير من العلماء الأوائل عن مراكز بعض النساء العلمية: كالخطيب البغدادي في تاريخ بغداد، والنووي في تهذيب الأسماء واللغات، والسخاوي في الضوء اللامع...

---

(1) رواه البخاري في كتاب صلاة العيدين (باب ذكر إباحة خروج النساء في العيدين) 2/ 606.

ونبغ في التاريخ الإسلامي عالمات خلّد التاريخ ذكرهن، فكانت السيدة عائشة أم المؤمنين- رضي الله عنها- عالمة جليلة تحدث الناس، وتصحح للصحابة وتفتيهم، بل تستدرك على فتاواهم وأقوالهم... حتى ألف الإمام بدر الدين الزركشي كتاباً سماه (الإجابة لإيراد ما استدركته عائشة على الصحابة) ويكفينا أن نعلم عن منزلتها العلمية الكبيرة أن رسول الله ﷺ أثنى عليها كثيراً.

وكانت السيدة فاطمة بنت الشيخ علاء الدين السمرقندي مثلاً من آلاف الأمثلة التي يزخر بها تاريخنا الإسلامي، فقد درست العلوم والفنون، حتى صارت الفتوى تخرج من بيت والدها وعليها خطها وخط والدها، فلما تزوجها الشيخ علاء الدين الكاساني، صارت الفتوى تخرج وعليها خطها وخط أبيها وخط زوجها، بل كانت ترد زوجها إلى الصواب إن أخطأ وهو مَنْ هو في العلم... هو الذي شرح تحفة الشيخ السمرقندي حتى قيل: شرح تحفته وزوَّجه ابنته!

ومن العالمات اللائي خلّد التاريخ ذكرهن أم الواحد: ستيتة بنت القاضي الحسين بن إسماعيل الضبي المحاملي التي كانت من أحفظ الناس للفقه الشافعي، وكانت تحدث ويكتب عنها الحديث، وكانت تفتي مع العلماء. توفيت سنة 377هـ.

وكانت أم الفتح بنت القاضي أبي بكر أحمد بن كامل بن خلف بن شجرة من أعلم زمانها! كانت تتسم بتمسكها الشديد بتعاليم الإسلام، وكانت عاقلة رزينة حصيفة أخذ عنها كثير من العلماء كثيراً من العلوم، توفيت سنة 390هـ.

وكانت زينب بنت عبد الرحمن الشعري عالمة جليلة، وقد أخذت من أعيان العلماء رواية وإجازة. وممن أجازها الحافظ أبو الحسين الفارسي، وأبو القاسم الزمخشري صاحب تفسير الكشاف. وقد أجازت هي ابن خلكان وكان صغيراً تشجيعاً له!

أما كريمة بنت أحمد المروزي، فكانت من أعلم الناس بالحديث بمكة، وقد قرأ عليها الخطيب البغدادي صحيح البخاري.

وقد خلد التاريخ ذكر كثير غيرهن مثل: نفيسة بنت الحسن بن زيد بن الحسن بن علي، والشيخة شهدة التي كانت تلقب بـ(فخر النساء)، وعتيدة جدة أبي الخير التيناني الأقطع (التي كانت تجلس للتدريس فيجلس أمامها خمسمائة تلميذ من الرجال والنساء)[1].

ويكفينا أن نذكر في هذا المقام أن ابن عساكر عد أساتذته الذين أخذ عنهم، فكان منهم 81 امرأة- كما قال ياقوت في معجم الأدباء 5/ 140-.

وذكر عبد الواحد المراكشي أنه (كان بالربض الشرقي في قرطبة 170 امرأة كلهن يكتبن المصاحف بالخط الكوفي)[2].

علماً بأن عدد أرباض- أحياء- مدينة قرطبة (واحد وعشرون) ربضاً كما يقول المقري في (نفح الطيب).

وكان لبعض الشواعر أثر كبير في الإسلام، منهن ليلى الأخيلية وحميدة ابنة النعمان، وسكينة بنت الحسين التي كانت تنقد الشعراء في

---

(1) تاريخ التربية الإسلامية للدكتور أحمد شلبي ص288، ط2، 1960م.
(2) الحضارة الإسلامية للأستاذ عبد الرحمن علي الحجي ص27، ط1، 1389هـ دار الإرشاد، بيروت.

قصائدهم، وتكون حكماً بينهم، ورابعة العدوية، وزبيدة أم جعفر زوجة الرشيد، ومريم بنت أبي يعقوب الأنصاري التي من شعرها حين كبرت:

وما يرتجى من بنت سبعين حجة

وسبع، كنسج العنكبوت المهلهل

تدب دبيب الطفل تسعى إلى العصا

ويمشي بها مشي الأسير المكبل

وبدانية مولاة أبي المطرف عبد الرحمن بن غلبون التي كانت تحفظ الكامل للمبرد، والنوادر لأبي علي القالي وتشرحهما، وحفصة بنت الحاج الركوني، وتقية أم علي بنت أبي الفرج.

وقد ألف السيوطي كتاباً قيماً في أشعار النساء عنوانه (نزهة الجلساء في أشعار النساء) وهو محفوظ في المكتبة الظاهرية بدمشق...!

هذه أمثلة أقل من القليل تدلنا على مكانة المرأة العلمية في العصر الإسلامي ومشاركتها في شتى العلوم والفنون... فقد كان كثير من النساء أساتذة للرجال يدرسونهم، ثم يجيزونهم، ونجد في الإجازات العلمية عدداً من النساء اللائي أجزن الرجال.

وإذا كان التاريخ لم ينقل إلينا أخبار كثير منهن فإن من ذكرهن شاهد على المنزلة العلمية الكبيرة التي وصلت إليها المرأة المسلمة، في الوقت الذي كانت المرأة في أوربا تباع وتشترى وقد سموها رجساً وجعلوها من سقط المتاع وقالوا عنها: إنها كائن لا نفس له، بل كانوا يبيعون زوجاتهم ويأخذون جميع أموالهن، يقول (سان بونافنتور) وهو من رجال الكنيسة إلى تلاميذه:

(إذا رأيتم امرأة فلا تحسبوا أنكم ترون كائناً بشرياً، بل ولا كائناً وحشياً، وإنما الـذي ترون هو الشيطان بذاته والذي تسمعون هو صفير الثعبان)[1].

ويقول (ترتوليان) وهو من أقطاب المسيحية عن المرأة:

(إنها مدخل الشيطان إلى نفس الإنسان، وإنها دافعة بالمرء إلى الشجرة الممنوعة، ناقضة لقانون الله، ومشوهة لصورة الله-أي الرجل-)[2].

وقد اعترف كثير من المستشرقين المنصفين والمستشرقات بالمنزلة العالية التي كانت تتبوأها المرأة المسلمة. يقول بعض الذين أرخوا الحكم الثاني في الأندلس:

(إن نساء ذلك الزمن- الذي كان للعلم والأدب شأن عظيم فيه بـبلاد الأنـدلس- كـن محبات للـدرس في خـدورهن، وكـان الكثير مـنهن يتميزن بـدماثتهن ومعـارفهن، وكـان قصر الخليفة يضم لبنى، أي هذه الفتاة الجميلة العالمة بالنحو والشعر، والحسـاب وسـائر العلـوم، والكتابة البارعة التي كان الخليفة يعتمد عليها في كتابـة رسائله الخاصة، والتي لم يكن في القصر مثلها دقة تفكير وعذوبة قريض.

وكانت فاطمة تكتب بإتقان نادر، وتنسخ كتباً للخليفة، ويعجب جميع العلماء برسائلها، وتملك مجموعة ثمينة من كتب الفن والعلوم.

---

(1) أوربا والإسلام للدكتور عبد الحليم محمود ص55، سلسلة الثقافة الإسلامية.

(2) الحجاب ص21.

وكانت خديجة تنظم الأبيات الرائعة، وتنشدها بصوتها الساحر، وكانت مريم تعلم بنات الأسر الراقية في إشبيلية العلم والشعر، مع شهرة عظيمة، فتخرجت من مدرستها نساء بارعات كثيرات.

وكانت راضية المعروفة بالكوكب السعيد التي حررها الخليفة عبد الرحمن وتنزّل عنها لابنه الحكم نابغة عصرها في القريض ووضع القصص الرائعة، فساحت في الشرق بعد موت الخليفة، وكانت محل هتاف العلماء في كل مكان)[1].

وتقول المستشرقة الألمانية زيغريد هونكة:

(وسار الركب، وشاهد الناس سيدات يدرسن القانون والشرع، ويلقين المحاضرات في المساجد، ويفسرن أحكام الدين، فكانت السيدة تنهي دراستها على يد كبار العلماء، ثم تنال منهم تصريحاً لتدرس هي بنفسها ما تعلمته فتصبح الأستاذة الشيخة، كما لمعت من بينهن أديبات، وشاعرات، والناس لا ترى في ذلك غضاضة أو خروجاً على التقاليد)[2].

على أن أحداً لا يستطيع أن يجد نصاً واحداً في كتاب الله ولا في سنة رسوله ولا في أقوال سلفنا الصالح يحرم تعليم البنات والنساء، بل وجدنا خلاف ذلك نصوصاً كثيرة تحث وتحض على طلب العلم. يقول ابن حزم:

---

(1) حضارة العرب للمستشرق الفرنسي الدكتور غوستاف لوبون ص404.
(2) شمس العرب تسطع على الغرب للدكتورة زيغريد هونكة ص470، ط1، 1964، منشورات المكتب التجاري، بيروت.

(ويجبر الإمام أزواج النساء وسادات الأرقاء على تعليمهم ما ذكرنا- يعني الطهارة والصلاة والصيام وما يحل وما يحرم من المآكل والمشارب والملابس والفروج والدماء والأقوال والأعمال- إما بأنفسهم، أو بالإباحة لهم لقاء من يعلمهم، وفرض على الإمام أن يأخذ الناس بذلك، وأن يراتب أقواماً لتعليم الجهال)[1].

وهذا هو الحد الأدنى الذي ينبغي توفيره في التعليم، والمسؤول عن كفالة حق التعليم للفرد رجلاً كان أو امرأة، حراً كان أو عبداً هي الدولة. وأكثر من هذا فقد جعل الإسلام للمرأة الحق في أن تخرج بغير إذن زوجها طلباً للعلم الذي يجب عليها أن تعلمه إن كانت جاهلة ولم يعلمها زوجها؛ ذلك أن الإسلام كلف المرأة ببعض المسؤوليات ودعاها في الوقت نفسه إلى طلب العلم لتتمكن من القيام بمسؤولياتها على خير ما يرام. ومن أوائل ما دعا الإسلام المرأة إلى معرفته هو الحلال والحرام في سائر التصرفات ومعرفة العقائد والعبادات والأخلاق الفاضلة وتهذيب النفوس، وقد أمر الله المؤمنين والمؤمنات معاً أن يقوا أنفسهم وأهليهم النار، فقال تعالى:

(يَا أَيُّهَا الَّذِينَ آمَنُوا قُوا أَنفُسَكُمْ وَأَهْلِيكُمْ نَارًا وَقُودُهَا النَّاسُ وَالْحِجَارَةُ)[2].

---

[1] الإحكام في أصول الأحكام لابن حزم 5/ 116، دار الكتب العلمية، بيروت.
[2] سورة التحريم: 6.

ولا يمكن أن يقوم الرجل أو المرأة بالوقاية ما لم يكن كلاهما قد تعلم؛ كي يستطيع وقاية نفسه وغيرها، وكلمة الذين آمنوا في هذه الآية تشمل المؤمنين والمؤمنات معاً.

لقد قال الرسول ﷺ:

(... والمرأة راعية في بيت زوجها ومسؤولة عن رعيتها...)[1].

فكيف تستطيع المرأة إدارة شؤون منزلها إذا كانت جاهلة؟

وكيف تستطيع أن تربي طفلها تربية عالية إذا كانت جاهلة؟

وكيف تستطيع أن توجه طفلها توجيهاً سليماً صائباً هادفاً إن لم تكن عارفة مطلعة على التعاليم الإسلامية؟

وإذا كان الإسلام قد جعل طلب العلم فريضة على كل مسلم ومسلمة، فقد مهد السبيل لطلب العلم، وجعل واجب الحكومة الإسلامية أن تقوم بالإنفاق على الأولاد ذكوراً وإناثاً إذا ضاقت بآبائهم سبل الحياة، وكانوا فقراء عاجزين عن الإنفاق على تعليم أولادهم وبناتهم.

إن الإسلام لم يمنع المرأة من تعلم شتى العلوم والفنون، ولم يحرم هذه العلوم عليها، ولكن المصلحة- مصلحة الأمة- تقضي بأن تمارس المرأة بعض العلوم دون بعض: كالتدريس والتطبيب والتمريض وما شابه ذلك، مما ينسجم وطبيعة تكونها ومقتضيات وظيفتها كأم، ولم يرضَ الإسلام بالاختلاط المعروف الآن في المجتمع.

---

(1) متفق عليه.

والإسلام يراعي دائماً وأبداً مصلحة الفرد ومصلحة الجماعة: يحل ما تحله المصلحة الحقيقية المعتبرة، ويحرم ما تحرمه، وحيثما تكون المصلحة فثم شرع الله!

وإذا كان الإسلام قد دعا المرأة إلى طلب العلم، فإنه أمرها في الوقت نفسه أن تلبس الملابس المحتشمة!

وبعد:

فإن المسلمين في عصرنا هذا وقد ابتعدوا عن روح الإسلام الحقيقية، وخبا من نفوس كثير منهم نور الإيمان، صار بعض العامة منهم يعتقد جهلاً وخطأ حرمة تعليم المرأة!

ولو رجع هؤلاء إلى سيرة الرسول ﷺ، لوجدوا أنه أول من دعا النساء إلى طلب العلم!

وكان هذا الشعور الخاطئ تجاه تعليم المرأة المسلمة، هو الذي استفاد منه أعداء الإسلام؛ إذ صار المجال أمامهم فسيحاً واسعاً: يسرحون فيه ويمرحون، ويسممون أفكار بناتنا ونسائنا بما يأتون به من الشرق أو الغرب حتى رأينا ثمراته الخبيثة في أيامنا هذه!

ربنا لا تزغ قلوبنا بعد إذ هديتنا وهب لنا من لدنك رحمة إنك أنت الوهاب.

عمل المرأة
بين الإسلام والغرب

الإسلام وتعدد الزوجات

مقدمة

الحمد لـله رب العالمين، والصلاة والسلام على رسولنا الأمين، وعلى آله وأصحابه، وعلى من دعا بدعوته أبداً إلى يوم الدين.

أما بعد:

فقد فكرت مرات كثيرة أن أكتب في هذا الموضوع المهم - موضوع تعديد الزوجـات في الإسلام- وكلما هممت بذلك وحاولت أن أعقد العزم، انقدح في ذهني أن هـذه القضيـة التـي حاول المبشرون والمستشرقون تشويهها وطمس حقيقتها، أصبحت الآن كالشمس في ضحاها، وأن دول الغرب التي حرّمت على نفسها ذلك، عادت الصيـحات ترتفع منهـا مـن كـل مكـان، مطالبة بإباحة التعديد الذي هو الحل الصحيح لمعضلة مستعصية ضيقت على الغرب الخناق. لكنني كنت أتألم حين أقرأ ما يُرمى به الإسلام من تهم، وما يلصق بـه مـن أباطيل في مجالات كثيرة: فقد زعموا أن نظام تعديد الزوجات كان قد ابتدعه رسـول اللـه ﷺ ولم يعرفـه العـالـم من قبل[1]، بل زعم قسم من المبشرين والمستشرقين: أن نظام تعديد الزوجات ابتدعه رسول اللـه ليستجلب إلى دينه النساء! وبلغ هؤلاء في تعصبهم ضد شريعة الإسلام مبلغاً كبيراً، فزعم (بيرون) أن رسول اللـه ﷺ أراد أن يستدرج النساء، فوعدهن بتعديد الأزواج، تماماً كما حصل للرجال!!

---

(1) قصة الحضارة لـ ول ديورانت 1 /70.

أما (رينان) (فقد وصف الإسلام بأنه دين الخنازير والقوم المنهمكين في الشهوات)[1]!

ومع ذلك، فقد كنت متردداً في الكتابة في هذا الموضوع بين الإقدام والإحجام: أقدِّم رجلاً وأأخر أخرى؛ لأنني كنت مؤمناً تمام الإيمان أن أكثر المبشرين والمستشرقين هم أعداء ألداء لعقيدة الإسلام وشريعته، فهم عندما يكتبون في الإسلام، ينطلقون من نقطة خاصة للوصول إلى غرض خاص هو تشويه حقيقة الإسلام، وطمس معالمه وتسويد نقائه وبهائه... وظل هذا التردد عندي حتى حل موسم الحج لسنة 1399هـ، ويسر الله لي السفر إلى هذه الديار المباركة، والتمتع بتلك اللذة الروحية التي لا تنسى...! ولما انتهيت من رمي الجمار قصدت المسجد الحرام لأصلي فيه صلاة الجمعة ودخلت المسجد، وصعدت إلى الطابق العلوي وكأن شيئاً يشدني إلى الصلاة فيه شداً، رغم أن إخواني الذين كانوا معي ظلوا في الطابق الأرضي.

وجلست أمام الكعبة المشرفة- زادها الله تشريفاً وتعظيماً ومهابة وتكريماً- أتمتع ببهاء تلك المناظر، وإشراقة تلك الوجوه النيرة المستبشرة العامرة بالإيمان، وأتأمل في الكعبة، ولماذا اختارها الله في هذه الأرض التي لا زرع فيها... وأتذكر سيدنا رسول الله ﷺ وهو يدعو إلى الله في هذا المكان الطاهر: يدعو الناس إلى عبادة الله وحده ونبذ ما عداه من عبادة الحجر والشجر والبشر، وأتذكر ما لاقاه من قومه من عنت ومشقة

(1) سماحة الإسلام للأستاذ أحمد محمد الحوفي ص187، سلسلة دراسات إسلامية 4، مكتبة نهضة مصر، القاهرة.

وهو يدعو إلى الله في جد ودأب؛ لأنه كان يتعامل مع الله من غير كلال ولا ملل، وأتذكر- أيضاً- ما لاقاه صحابة رسول الله ﷺ، حين آمنوا بالإسلام عقيدة وشريعة ونظاماً...!

ذكريات كثيرة كانت تغمرني، فأغرق في تأملاتها، وأسبح في نفحاتها، وأنشق من عبيرها، وأتفيأ ظلالها، وأكاد أكون- عند ذاك- ذاهلاً عن كل شيء...! كيف لا، وهي الذكريات التي تصلنا بموطن الإسلام الأول الذي لولاه لما كتب للمسلمين عزة ولا وجود على وجه الأرض. وبينما كنت غارقاً في لجج من تلك التأملات، وطائراً في سماء تلك الذكريات، وإذْ برجل قد جلس إلى جانبي يتحدث معي فيقطع عليّ هذه المتع الروحية التي يعجز عن وصفها يراع الأديب البارع، وريشة الفنان المبدع، وخيال الشاعر الرحيب؛ لأن للروح حديثاً خاصاً لا يدرك كنهه أحد...!

وأتجاذب مع صاحبي أطراف الحديث، ويقودنا الكلام إلى الحديث عن تعديد الزوجات في الإسلام، وهنا يقول صاحبي وقد أخذ منه التحمس مأخذه: إن الإسلام لم يقل بإباحة تعديد الزوجات؛ لأنه علّق التعديد بالقدرة على العدالة، ثم نفى أن يستطيع إنسان تحقيق تلك العدالة!

سبحان الله، ما هذا الكلام الذي أسمعه!

أمجِدّ صاحبي في قوله هذا أم أنه يمزح؟

أجل، لابد أن يكون جاداً، فالمقام ليس بمقام هزل أو مزاح!

أسئلة كثيرة دارت بخلدي قبل أن أنبس ببنت شفة، وهنا التفتُّ إلى صاحبي وسألته عن بلده، فأخبرني أنه من (تونس)، فزال شيء من

عجبي؛ لأنني كنت أعلم أن هذا القطر الحبيب تعرّض لغزو فكري مدمر على يد الحبيب[1] أثَّر في عقول الناس تأثيراً بالغاً، فتحدثتُ معه حديثاً مقتضباً في هذه القضية، شرحت له رأي الإسلام في ذلك، وقلت في نفسي في تلك اللحظات: إذا كان هذا الرجل المسلم الذي جاء لأداء فريضة الحج، يحمل مثل هذا الفكر في قضية تعديد الزوجات، فكيف حال الشباب التائه الذي لم يجد أحداً يقوده إلى طريق الهدى، ويوضح له طريق الإسلام الصحيح كما رسمه الله رب العالمين؟

لقد دار بخلدي هذا، فعزمتُ على كتابة كراس صغير في هذا الموضوع منذ تلك اللحظة. وقد عزمت على ذلك وأنا مستقبل القبلة أنظر إليها وأنعم بصري فيها! فلعل هذه النية الطيبة في هذا المكان الطاهر في هذا الشهر المبارك يجعل الله فيها خيراً كثيراً، فكم من أعمال صغيرة حسُنَت نيات أصحابها فتركت آثاراً طيبة؟!

هذه هي قصة هذه الرسالة كتبتها ليزداد المؤمن إيماناً، وليكون غير المؤمن على بينة من أمر هذا الدين.

---

(1) أي: الحبيب بورقيبة.

الديانات السماوية وتعديد الزوجات

عُرف تعديد الزوجات في الديانات السماوية. فكانت اليهودية قد أباحت ذلك بدون حد، وكان لأنبياء اليهود زوجات كثيرات. وقد ورد في التوراة:

(أن نبي الله سليمان كان له سبعمائة امرأة من الحرائر وثلاثمائة من الإماء)[1]. وجاء في العهد القديم: أن عيسو بن إسحق جمع بين خمس زوجات، وجمع يعقوب بين أربع، وأن جدعون- أحد أنبياء بني إسرائيل- جمع بين نساء لا حصر لهن، وجمع داؤد في عصمته بين تسع وتسعين امرأة.

أما سيدنا موسى، فلم يمنع تعديد الزوجات، بل لم يقيده.

وفوق ذلك، فقد أوجب التعديد في بعض الحالات: كالأخ الذي مات أخوه وليس له ولد، فعليه أن يتزوج امرأة المتوفى- ولو كان متزوجاً- بل نجد التوراة صريحة كل الصراحة في إباحة التعديد[2].

أما سيدنا عيسى عليه السلام فقد جاء مصدقاً لشريعة موسى عليه السلام في كثير من التشريعات، وفيها ما يتعلق بالزواج وأحكامه، لذلك لم نجد في الأناجيل أحكاماً جديدة في قضايا الزواج، ذلك أن سيدنا عيسى جاء مكملاً لرسالة سيدنا موسى. قال تعالى:

---

(1) المرأة بين الفقه والقانون للدكتور مصطفى السباعي ص7.

(2) سفر التثنية 21/ 10- 17.

(وَإِذْ قَالَ عِيسَى ابْنُ مَرْيَمَ يَا بَنِي إِسْرَائِيلَ إِنِّي رَسُولُ اللَّهِ إِلَيْكُم مُّصَدِّقًا لِّمَا بَيْنَ يَدَيَّ مِنَ التَّوْرَاةِ وَمُبَشِّرًا بِرَسُولٍ يَأْتِي مِن بَعْدِي اسْمُهُ أَحْمَدُ)[1].

وجاء في إنجيل متى قول سيدنا عيسى: (لا تظنوا أني جئت لأنقض الناموس أو الأنبياء، ما جئت لأنقض، بل لأكمل، فإني الحقّ أقول لكم: إلى أن تزول السماء والأرض لا يزول حرف واحد، أو نقطة واحدة من الناموس حتى يكون الكل)[2].

ولا نستطيع أن نجد في النصرانية نصاً صريحاً يحرِّم تعديد الزوجات، ولم يَرِد إلا بعض المواعظ التي تذكر أن الله خلق لكل رجل زوجته. وهذا النص لا يفيد إلا الترغيب في أن يقتصر الرجل على زوجة واحدة فقط في الأحوال الاعتيادية. وليس هناك نص صريح يحرِّم الزواج بامرأة ثانية، فيكون العقد باطلاً، أو يعتبر الزواج بامرأة ثانية جريمة كبيرة هي جريمة الزنا ليس إلا!

على أن بعض الرسائل: كرسالة (بولس) الأولى إلى (تيموثاوس) تدلنا على أن التعديد مباح غير محظور، فقد جاء في هذه الرسالة: (يلزم أن يكون الأسقف زوجاً لزوجة واحدة). ويفهم من هذا أن غير الأسقف يباح له الزواج بأكثر من واحدة؛ لذلك لم يفهم واحد من النصارى الأوائل أن تعديد الزوجات محرَّم، بل لقد صرح القديس (أوغسطين) أنه حلال. وظل نظام تعديد الزوجات معمولاً به حتى حرمته القوانين الكنسية، الأمر

---

(1) سورة الصف: 6.

(2) الإصحاح الخامس/ 67.

الذي جعل من أسباب ثورة (مارتن لوثر) الإصلاحية: هي حرمة تعديد الزوجـات، وأعلـن أنـه من أنصار التعديد! ومع ذلك فقد أباح التعديد قسم من المصـلحين الـدينيين مـن الجرمـان في القرن السادس عشر... وظلت بعض الطوائف النصرانية تعترف بتعديد الزوجات إلى يوم الناس هذا كما يفعل (المورمون)...!

العالم وتعديد الزوجات

عرف العالم نظام تعديد الزوجات، وكان يمارسه: ففي الصين كان الرجل يتزوج أكثر من زوجة واحدة كي تلد له أولاداً يرثونه بعد موته، والزوجة الثانية أو الثالثة أو الرابعة... ليس لها حقوق كما للزوجة الأولى، فتأتي الزوجة الثانية في المرتبة الثانية وتكون خاضعة للأولى وتسري هذه الفقرة على أولادهن- أيضاً- ووصل الأمر بشريعة (ليكي) الصينية أن سمحت بتعديد الزوجات إلى مائة وثلاثين زوجة! وفي اليابان كان الرجل يتزوج زوجة واحدة شرعية فحسب، لا يتزوج غيرها، لكنه كان من حقه أن يعاشر عدداً من النساء في بيت آخر غير الذي تقطنه زوجته، وتعتبر أولاده غير الشرعيين كأولاده الشرعيين سواء بسواء!

وعرف التعديد في شريعة (حمورابي): فقد وجد منقوشاً في أحد الأحجار الأثرية في مدينة (صور) قانونه في تنظيم الأسرة، وكان أهم ما فيه مادة تجيز التعديد[1].

وعرف التعديد في اليونان فكان الملك (بريام) يجمع أكثر من زوجة. أما (هيردوت)، فذكر كيف جمع الملوك بين الزوجات، ومنهم (فيليب المقدوني...)[2].

---

(1) لزيادة الاطلاع أنظر: منهج السنة في الزواج للدكتور محمد الأحمدي أبو النور ص234، ط1، 1392هـ/ 1972م، دار النصر للطباعة، القاهرة.

(2) منهج السنة في الزواج ص235.

وعرف التعديد عند الرومان: فجمع امبراطورهم (سيلا) بين خمس نساء، وجمع قيصر بين أربع!

وعرف تعديد الزوجات عند الآشوريين، والهنود البوهيميين، والمصريين، والإيرانيين الزردشتيين، وعند قسم من الشعوب الجرمانية والسكسونية، مثل ألمانيا والنمسا وسويسرا وبلجيكا وهولندا والدانمرك والسويد والنرويج.

وعرف- أيضاً- عند الصقالبة والسلافيين التي تنتمي إليها روسيا وبولونيا وتشيكوسلوفاكيا.

أما العرب في الجاهلية فقد عرفوا تعديد الزوجات- أيضاً-: فعند شروق شمس الإسلام على الوجود كان عند قسم من العرب ثماني نسوة أو عشر أو أكثر. فعن قيس ابن الحارث قال: أسلمت وعندي ثمان نسوة، فأتيت النبي ﷺ فقلت ذلك له، فقال: (اختر منهن أربعاً)[1].

وعن عبد الله بن عمر قال: أسلم غيلان الثقفي وتحته عشر نسوة في الجاهلية، فأسلمن معه، فأمر النبي ﷺ أن يختار منهن أربعاً[2].

ولقد كان كثير من صحابة رسول الله ﷺ قد تزوج في الجاهلية بأكثر من أربع نسوة، فأمرهم النبي ﷺ بإمساك أربع منهن فقط، وقد ألف المدائني كتاباً فيمن جمع في الجاهلية أكثر من أربع[3].

---

(1) رواه ابن ماجه برقم 1952.
(2) رواه ابن ماجه برقم 1953.
(3) سماحة الإسلام ص192.

قضية العدالة في تعديد الزوجات

نقف الآن وقفة قصيرة أمام الآية التي أباحت التعديد بتأمل وتدبر، لنرى كيف كانت الإباحة. يقول الله عز وجل:

(وَإِنْ خِفْتُمْ أَلاَّ تُقْسِطُواْ فِي الْيَتَامَى فَانكِحُواْ مَا طَابَ لَكُم مِّنَ النِّسَاء مَثْنَى وَثُلاَثَ وَرُبَاعَ فَإِنْ خِفْتُمْ أَلاَّ تَعْدِلُواْ فَوَاحِدَةً أَوْ مَا مَلَكَتْ أَيْمَانُكُمْ ذَلِكَ أَدْنَى أَلاَّ تَعُولُواْ)(1).

لقد كان الناس في صدر الإسلام يتحرجون من ولاية اليتامى؛ مخافة الجور عليهن في أموالهن، في الوقت الذي لا يتحرجون من مظالم نسائهم بترك العدل بينهن- كما كانت الجاهلية تفعل- فجاءت هذه الآية تنهى الرجال عن ظلم نسائهم، وتدعوهم إلى أن يتحرجوا من مظالم النساء كما هم يتحرجون من أكل أموال اليتامى، فإن الظلم قبيح كله!

على أن هذه الآية يفهم منها- أيضاً- أنها تخاطب المؤمنين فتقول لهم: إذا امتنعتم من تزوج اليتيمات خشية أن تختلط أموالهن بأموالكم، وأن يكون ذلك سبباً في إغرائكم بأخذ أموالهن والجور عليهن فيما لهن من حقوق فاتركوهن، وتزوجوا غيرهن لتبتعدوا عن هذه الشبهات، فقد أحل الله لكم أن تنكحوا من النساء اثنتين وثلاثاً وأربعاً إن كنتم قادرين على القيام بحقوقهن وعدم الجور على واحدة منهن، فإن خفتم أن تقصروا في هذا، فقد حرم عليكم أن تعددوا زوجاتكم، فانكحوا واحدة فقط، فذلك يبعدكم عن الحيف والظلم والجور. وهكذا فقد أطلقت الآية الرخصة في التزوج بأكثر من واحدة إلى أربع مع تحفظ مهم: هو قدرة الرجل على

---

(1) سورة النساء: 3.

إقامة العدل بين زوجاته. ونزلت هذه الآية في عصر كان الناس فيه يكثرون من تعديد زوجاتهم بلا عدّ ولا حساب، فكانوا يتزوجون بعشر نسوة أو أكثر، فقد قيّد الإسلام تعديد الزوجات بأربع بعد أن كان بلا قيد، مع التحفظ الكبير في إقامة العدل. فإن لم يكن هناك تحفظ ذهبت الإباحة المعطاة وأثم من يخالف!

والعجيب كل العجب- وإن شئت فقل لا عجب- ما سمعناه من قسم من الناس الذين تأثروا بالثقافة الغربية ومنهج حياتها وأخلاقها، حيث يزعم هؤلاء: أن الإسلام حرم تعديد الزوجات حين قال: (ولن تستطيعوا أن تعدلوا بين النساء ولو حرصتم) بعد قوله تعالى: (وَإِنْ خِفْتُمْ أَلاَّ تُقْسِطُواْ فِي الْيَتَامَى فَانكِحُواْ مَا طَابَ لَكُم مِّنَ النِّسَاء مَثْنَى وَثُلاَثَ وَرُبَاعَ) فهم يقولون: أن القرآن الكريم أباح التعديد في الآية الأولى، لكنه اشترط إقامة العدالة بين الزوجات. والعدالة هذه متعذرة هنا، بل مستحيلة، فتكون النتيجة أن التعديد محرم، لكن القرآن لم ينص على التحريم صراحة، بل ذكر أنه مباح إذا استطاع الزوج أن يعدل بين زوجاته، والعدالة هنا غير مستطاعة، ولا يمكن تحقيقها!

لقد أخطأ أصحاب هذا القول خطأً جسيماً، حين تأولوا قضية العدل تأويلاً بعيداً كل البعد عن روح الشريعة الإسلامية، من أجل الوصول إلى نصرة رأي رأته الثقافة الغربية؛ إذ كيف يفتح القرآن باب التعديد بآية صريحة ثم يوصده بعد ذلك، فيحكم إيصاده حتى لا ينفذ منه أحد...؟!

وأصحاب هذا القول- فوق ذلك- بلغوا مبلغاً كبيراً في الجرأة في تحريف كتاب الله وتأويله تأويلاً لا يتفق مع أسلوب القرآن، ذلك أن

الآيتين تدلان دلالة صريحة على عكس ما قالوا، والآية الأولى صريحة في أن يتزوج الرجل أربعاً من النساء شريطة أن يعرف من نفسه أن باستطاعته أن يعدل بينهن، أما إذا لم يتمكن من تحقيق العدالة، فعليه أن ينكح امرأة واحدة فقط، ويحرم عليه التعديد.

إن في الفطرة الإنسانية ميولاً لا يستطيع الإنسان أن يسيطر عليها سيطرة تامة كاملة، وذلك كميل قلب الإنسان إلى إحدى زوجاته أكثر من زوجاته الأخريات. والإنسان لا حيلة له في دفع هذا الميل أو التخلص منه، فهو ليس في طاقته، والله عز وجل لا يحاسب الإنسان إلا في حدود طاقة الإنسان وما يملكه الإنسان، فلا يعاقبه على أمر لا يملكه، ولا يستطيع أن يتحكّم فيه تحكماً تاماً. والقرآن الحكيم صريح في أحكامه وفي توجيهاته وإرشاداته وفي كل شيء فيه. إنه يصرح أمام الناس أن الإنسان عاجز عن تحقيق العدل بين النساء- ولو حرص عليه الإنسان- لأن ذلك خارج عن إرادته، ولكن الله يحاسب الإنسان على ما في طوقه وقدرته، ولا يكلفه إلا بما يستطيع (لا يكلف الله نفسا إلا وسعها)، ويحاسبه على إقامة العدل في القسمة بين الزوجات في كل ما يملكه الإنسان بالسوية قسمة عادلة: كالعدل في المعاملة، والطعام والشراب، والملبس والنفقة، والمبيت والوقت الذي يقضيه الزوج مع كل زوجة من زوجاته، والحقوق الزوجية كلها!

وإذا كانت الفطرة البشرية على ما ذكرت، فقد نَهَت الآية عن الميل في المعاملة الظاهرة التي يملكها الإنسان، الميل الذي يكون فيه الجور

والاعتداء على حقوق النساء الأخريات فيحرمهن من حقوقهن، فتبقى الزوجة الأخرى معلقـة لا هي بزوجة ولا هي بمطلقة.

وهكذا نجد القرآن الحكيم يتعامل مع النفس البشرية التي خلقها اللـه من طـين ثـم نفخ فيها من روحه، من غير أن يهمل استعدادات البشر وطاقاته، وما هو في قدرته وما لـيس في قدرته.

وقد تجلت هذه الحقيقة في أجلى مظاهرها في سيدنا رسول اللـه ﷺ فقد كان المثـل الكامل في تطبيق أحكام اللـه، وفي إقامة العدل في كل شيء: في القول والفعل، فكـان يقسـم بين زوجاته بالسوية ويعدل في القسمة. وعند شعوره بحب إحدى نسائه أكثر مـن الأخريـات كان يقول:

(اللـهم هذا قسمي فيما أملك، فلا تلمني فيما تملك ولا أملك)[1]. وهل يعنـي رسـول اللـه فيما لا يملك إلا حبه القلبي وميله النفسي؟!

هذا هو العدل الذي ذكره القرآن، وأوجب على من يعدد زوجاته أن يقوم بـه، إنـه في قدرة الإنسان وليس بخارج عن طوقه.

وقوله تعالى: (ولن تستطيعوا أن تعدلوا بـين النسـاء ولـو حرصتم) معنـاه: أن الإنسان لا يسـتطيع أن يحقـق العدالـة في الأمـور الوجدانيـة أو الشـعورية ولـو حـرص كـل الحـرص على تحقيقها؛ وذلك لأن الإنسان لـيس لـه سـلطان عـلى قلبـه وميلـه الـنفسي. وهـذا الحـب والميـل الـنفسي ينبغـي أن لا يمنعـه مـن إقامـة العـدل فيمـا ذكرنـاه، وأن لا يحملـه حبـه لبعض زوجاته على التقصير بحقوق الزوجـات الباقيـات. وعـلى هـذا فيكـون معنـى الآيتـين: أن الإنسـان لـيس باسـتطاعته أن يقـيم العـدل بـين زوجتيـه أو زوجاتـه في كـل أمـر مـن

---

(1) رواه الترمذي برقم 1140 والنسائي برقم 3953.

أموره الوجدانية أو الشعورية؛ ذلك أن الأمور الوجدانية والشعورية لا يحاسب عليها الإنسان؛ لأنها ليست في قدرته، فهي لا تقف حجر عثرة في طريق الإباحة، وأما المعاملة الظاهرة، فهي التي أنيط بها حكم تعديد الزوجات. ونجد في حياتنا الاجتماعية أمثلة كثيرة هي صورة طبق الأصل لما نتحدث عنه ونتكلم فيه، وإليك- أخي المسلم- هذا المثال الواحد من أمثلة كثيرة:

لو أن رجلين ترافعا إلى القضاء، وكان أحدهما أحب إلى القاضي من غريمه، وحكم القاضي لأحدهما لما ظهر أمامه من أدلة وقرائن، وكان حكماً عادلاً لا جور فيه ولا حيف ولا افتئات، فهل يعتبر القاضي الذي أصدر ذلك الحكم العادل بالظاهر، وكان يحب أحد الخصمين بالباطن، هل يعتبر جائراً في حكمه فيستحق العزل؟!

وهل تطلب السلطة من القاضي أن يكون عادلاً في أحكامه الظاهرة والباطنة، فيسوي بين الخصمين في حبه القلبي لها؟ إن السلطة لا تطلب منه هذا؛ لأنه ليس باستطاعة الإنسان، ولكنها تطلب منه أن يحقق العدالة في أحكامه التي يصدرها من غير أن يتبع الهوى فيضل عن سبيل الله، فيجور في حكمه ويظلم، وهل قضية العدالة بين الزوجات إلا كذلك؟!

على أن معنى الآية لو كان كما يظن هؤلاء الذين أخطأوا فهم أسلوب القرآن، لقال جل شأنه: (فلا تنكحوا أكثر من واحدة) والآية- بعد ذلك- من آيات الأحكام التي تتسم بوضوح المعنى، وبخاصة إذا دار الأمر بين الحل والحرمة.

وإذا كان القرآن الحكيم قد قال: (فلا تميلوا كل الميل)؛ فإنه قال ذلك لأن التعديد مباح، وإلا فما فائدة النهي إن كان للرجل زوجة واحدة فقط؟!

وفوق ذلك فقد ورد في السنة ما يفيد إباحة التعديد كقوله ﷺ: **(لا يجمع بين المرأة وعمتها، ولا بين المرأة وخالتها)**[1] فإن مفهوم المخالفة يقضي بجواز نكاح المرأة على غير من ذكر.

وكذلك يستدل على وجود التعديد بآية المحرمات من النساء: (وإن تجمعوا بين الأختين) فإن تعديد الزوجات فيما عداهما مباح...! وهذا غيلان الثقفي أسلم وله عشر نسوة، فأمره النبي ﷺ أن يستبقي أربعاً منهن فقط...!

ولما نزل قوله تعالى: (فإن خفتم ألا تعدلوا فواحدة)، فهم قسم من الصحابة أن العدل المقصود بالآية هو العدل مطلقاً فيما يملك الإنسان وفيما لا يملك، وكان ذلك سبباً في تحرج قسم من المسلمين؛ لأن العدل فيما لا يملك غير مستطاع، فجاءت الآية الثانية ترفع الحرج: (وَلَن تَسْتَطِيعُواْ أَن تَعْدِلُواْ بَيْنَ النِّسَاء وَلَوْ حَرَصْتُمْ فَلاَ تَمِيلُواْ كُلَّ الْمَيْلِ فَتَذَرُوهَا كَالْمُعَلَّقَةِ وَإِن تُصْلِحُواْ وَتَتَّقُواْ فَإِنَّ اللّه كَانَ غَفُورًا رَّحِيمًا)[2].

ولو رجع هؤلاء المتأولون إلى ما كان عليه الصحابة والتابعون فمن بعدهم منذ عهد رسول الله ﷺ، لما وقعوا في هذا الفهم السقيم، حيث

---

(1) متفق عليه. ينظر اللؤلؤ والمرجان حديث 890.

(2) سورة النساء: 129.

برز من الفقهاء المجتهدين أعداد كثيرة في كل عصر من عصور الإسلام، ولم يقل واحد بمثل هذا الرأي السقيم؛ لأنه بعيد عن منطق القرآن ومفهوم السنة، ومصادم لإجماع المسلمين.

ولقد كان رسول الله ﷺ يقوم بتطبيق العدل بين زوجاته، وهكذا كان صحابته ﷺ، والأحاديث الآتية تمثل شيئاً من هذا:

1. عن عائشة رضي الله عنها قالت: (كان رسول الله ﷺ لا يفضل بعضنا على بعض في القسم من مكثه عندنا، وكان قلّ يوم إلا هو يطوف علينا جميعاً، فيدنو من كل امرأة من غير مسيس، حتى يبلغ التي هو يومها فيبيت عندها)[1].

2. عن عائشة رضي الله عنها قالت: (كان رسول الله ﷺ يقسم فيعدل ويقول: **اللهم هذا قسمي فيما أملك، فلا تلمني فيما تملك ولا أملك**)[2].

3. عن عائشة رضي الله عنها: (أن النبي ﷺ كان إذا أراد سفراً أقرع بين أزواجه: فأيتهن خرج سهمها خرج بها معه)[3].

والذي يفهم من هذا الحديث: أن القرعة تكون في حالة السفر، وليس في كل حال، فمن خرجت القرعة لها سافر بها.

وقد ذكر العلماء أن الرجل إذا تزوج عدداً من النساء وأراد أن يقسم بينهن يجري القرعة، ولا يبدأ بأيتهن شاء إلا أن يرضين بتقديم إحداهن، فلا يقرع.

---

(1) رواه أحمد برقم 24646، وأبو داود برقم 2135، والحاكم والبيهقي.

(2) رواه الترمذي برقم 1140، والنسائي برقم 3953.

(3) رواه البخاري برقم 2593، ومسلم برقم 2445، وأبو داود برقم 2138.

4. عن أبي هريرة ﷺ عن النبي ﷺ قال: (من كانت له امرأتان فمال إلى إحداهما دون الأخرى جاء يوم القيامة وشقه مائل)[1].

أما سيدنا عمر بن الخطاب ﷺ فكان يقول:

(اللهم أما قلبي فلا أملك، وأما ما سوى ذلك، فأرجو أن أعدل)[2].

ويقول جابر بن زيد: كانت لي امرأتان، فكنت أعدل بينهما حتى في القُبل!

وقال مجاهد: كانوا يستحبون أن يعدلوا بين النساء حتى في الطيب: يتطيب لهذه كما يتطيب لهذه.

وقد تكلم السلف كثيراً في هذه القضية حتى قال ابن سيرين:

إنه يكره للزوج أن يتوضأ في بيت إحدى زوجتيه دون الأخرى، ذلك أن المسلم يؤمن تمام الإيمان أن الله مطلع على ما في الصدور، وأنه تعالى يعلم السر وأخفى؛ لأنه يتعامل مع عالم الغيب والشهادة الذي خلق الإنسان ويعلم ما توسوس به نفسه! إذا علمنا هذا، فقد أدركنا شيئاً من حقيقة العدالة المشروطة في تعديد الزوجات.

----

(1) رواه أحمد والأربعة وسنده صحيح.
(2) تفسير الطبري 5/ 314.

بين الوحدة والتعديد

قد يسأل سائل: هل الأصل في الزواج الوحدة، والتعديد يُلجأ إليه عند الضرورة، أم أنه مباح؟

والذي يظهر من آية التعديد أنه مباح، فقد تحدث عنه القرآن على أنه الأصل أو قريب منه، ثم ثنّى بالحديث عن الواحدة، إذا خاف الرجل الجور إذا عدد زوجاته...!

قال تعالى:

(وَإِنْ خِفْتُمْ أَلاَّ تُقْسِطُواْ فِي الْيَتَامَى فَانكِحُواْ مَا طَابَ لَكُم مِّنَ النِّسَاء مَثْنَى وَثُلاَثَ وَرُبَاعَ فَإِنْ خِفْتُمْ أَلاَّ تَعْدِلُواْ فَوَاحِدَةً أَوْ مَا مَلَكَتْ أَيْمَانُكُمْ ذَلِكَ أَدْنَى أَلاَّ تَعُولُواْ)[1].

إذن فالتزوج من اثنتين أو ثلاث أو أربع هو المباح، ويكون الاقتصار على واحدة إذا خاف أن يعدل. هذا هو الأصل الذي يظهر من سياق الآية. ولو كانت وحدة الزوجية هي الأصل في الآية، والتعديد لا يلجأ إليه إلا عند الضرورة، لما جاءت الآية بهذا النسق الواضح، بل لدعت إلى التزوج من واحدة إذا لم تكن عاقراً أو مريضة... فإن حصل شيء من ذلك فانكحوا ما طاب لكم من النساء مثنى وثلاث ورباع.

وإذا تأملنا آية التعديد نرى أن القرآن الحكيم استعمل كلمة (ما طاب) في قوله تعالى: (فَانكِحُواْ مَا طَابَ لَكُم مِّنَ النِّسَاء) والمقصود: ما أحل الله وما أباح. فلو كان الأصل في الزواج الوحدة والتعديد ضرورة، لاختل سياق الآية إذ الضرورة يباح بها المحظور والممنوع لا الطيب...!

---

(1) سورة النساء: 3.

وفوق ذلك، فإن التطبيق العملي لسيدنا رسول اللـه ﷺ يوضح لنا أن الأصل في الزواج التعديد لا الوحدة، إذ لما نزلت آية التعديد كـان لـدى قسـم مـن المسلمين أكـثر مـن أربع زوجات، فأمرهم النبي ﷺ باستبقاء أربع منهن فقط عند كل رجل. فلو كان الأصل في الـزواج الواحدة والتعديد يلجأ إليه عنـد الضرورة، لأمـر النبي هـؤلاء أن يسـتبقي كـل مسـلم زوجـة واحدة فقط، ثم ينظر في ضروراتهم فيرخص لهم في التعديد إن كانت هناك ضرورة!

ومما يعضد هذا الرأي- أيضاً- أن سيدنا عمر بن الخطاب ﷺ عرض ابنته حفصة علـى الزواج من أبي بكر ثم من عثمان قبل أن يخطبها رسول اللـه ﷺ، وقد كـان أبـو بكـر متزوجاً من أم رومان آنذاك، ولم تكن زوجته مريضة ولا عاقراً. فلو لم يكن الأصل في الزواج التعدد لمـا فعل ذلك سيدنا عمر، ولما سكت أبو بكر على هذا العرض!

لماذا تعديد الزوجات

1- دلت الإحصاءات التي أجريت في العالم على أن عدد النساء يفوق عدد الرجال، وأن في بعض من البلدان يكون عدد النساء أضعاف عدد الرجال: كما نجد ذلك في شمال أوربا. يقول الدكتور مصطفى السباعي:

(وقد قال لي طبيب في دار التوليد في (هلسنكي) (فنلندا) أنه من بين كل أربعة أطفال أو ثلاثة يولدون يكونون واحداً منهم ذكراً والباقون إناثاً)[1].

وفوق ذلك، فإن الذكور من الأطفال أكثر تعرضاً للموت من الإناث في الولادة، وفي أيام الطفولة الأولى كما تقول إحصائيات جميع الشعوب. وهكذا يكون عدد الإناث أكثر من الذكور، وتتحقق هذه الظاهرة حتى في الشعوب القليلة التي يتغلب المواليد الذكور فيها على الإناث: كالشعوب الأوربية التي يزيد عدد مواليد الذكور فيها على الإناث بنسبة 15/ 6 بالمائة.

ولم تكن قضية زيادة عدد الإناث على الذكور من مكتشفات هذا العصر، فقد عرفها الناس منذ عصور واغلة في القدم، من قبل أن يذكرها علماء الإحصاء في قروننا المتأخرة! وقضية زيادة عدد النساء على الرجال قضية شاملة لأكثر دول العالم- إن لم نقل كلها- والإحصائية الآتية تسلط شيئاً من الضوء على هذه الحقيقة:

---

(1) المرأة بين الفقه والقانون ص81.

فـ(في الكتاب السنوي للأمم المتحدة عـن تعداد السـكان الصـادر سـنة 1964 أثبت الإحصاء أن عدد النساء يزيد على عدد الرجال بنحو 20 مليـون نسـمة في الاتحاد السوفيتي ونحو 2 مليون نسمة في الولايات المتحـدة، ونحو 3 مليـون نسـمة في ألمانيـا الغربيـة، وتهبط زيادة عدد النساء عن الرجال إلى نحو 17 ألف في أرجواي و24 ألف في بورتريكو و27 ألف في سلفادور. وكذلك يزيد عدد النساء عن الرجال في أوغندا)[1].

(ثم إن هذا الإحصاء قد أثبت أن أعمار النساء تزيد على أعمار الرجال في معظم أنحاء العالم، وتبلغ هذه الزيادة حداً كبيراً في كثير من الدول- 8 سنوات في الاتحاد السوفيتي مثلاً، 8/ 6 سنة في فرنسا، 6/ 6 سنة في الولايات المتحدة، 6 سنوات في بريطانيا)[2].

(ومن الإحصاءات التي ظهرت عام 1965: أنه يوجد في هولندا مقابل كـل 1000 رجل 1007 امرأة وأنه بعد سن الرابعة والثلاثين يفوق عدد النساء عدد الرجال، ويبلغ متوسط عمر المرأة الهولندية 76 سنة، بينما يبلغ متوسط عمر الرجل هناك 71 سنة فقط. وبـين 92 شخصـاً عمرهم يتجاوز المائة يوجد 66 رجلاً و26 امرأة)[3].

---

(1) الفكر الإسلامي والتطور للأستاذ فتحي عثمان ص232، ط2، 1388هـ/ 1969م، الدار الكويتية.

(2) الفكر الإسلامي والتطور ص232.

(3) الفكر الإسلامي والتطور ص233.

وفوق ذلك، فإن الرجل لا يكون صالحاً للزواج إلا إذا كان قادراً على القيام بنفقات زوجته وأسرته؛ إذ يكون الرجل هو المسؤول عن ذلك، لكنّ كثيراً من الرجال يظل عاجزاً عن الزواج وعازفاً عنه؛ لأنه لا يملك القدرة على الإنفاق على أسرته وزوجته، وقد يظل بعض الرجال طوال حياتهم بلا زواج لهذا السبب. وإذا تزوج كثير من هؤلاء فسوف يتزوجون في وقت متأخر. أما البنات، فإن كل واحدة منهن صالحة للزواج إذا وصلت إلى سن البلوغ. وهكذا تقل نسبة القادرين على الزواج من الذكور عن نسبة الإناث الصالحات للزواج. وهذه الظاهرة تتحقق حتى في الشعوب التي يتساوى فيها الذكور بالإناث، فكيف إذا كان عدد الإناث أكثر من الذكور؟

وهكذا يكون تعديد الزوجات أمراً واجباً يقول به كل العقلاء والمنصفين، ذلك أن الناس لو اقتصر كل واحد منهم على زوجة واحدة فقط لبقيت كثيرات من النساء بلا زواج، ولأصبحت كثيرات منهن يتسكعن في الشوارع والطرقات؛ لأن الواحدة منهن لم تجد من يعيلها ويقوم على قضاء حاجاتها. ولاشك أن الدعارة تنتشر - عند ذاك - فأيهما أفضل للمرأة: أن تكون بكنف زوج يظلها بجناحه، ويحنو عليها، ويقوم بقضاء شؤونها وحاجاتها أم تكون مشردة تائهة معذبة؟

إن من ينادي بعدم التعديد عدو للمرأة، لا ينظر إلى مصلحتها وسعادتها، ولا يهتم إذا أصابتها الويلات والكوارث وعاشت في تعاسة حين تنتشر الفاحشة! يقول الكاتب الإنكليزي (برتراند رسل):

(إن نظام الزواج بامرأة واحدة فقط، وتطبيقه تطبيقاً صارماً قائم على افتراض أن عدد أعضاء الجنسين متساو تقريباً. ومادامت الحالة ليست كذلك، فإن في بقائه قسوة بالغة لأولئك اللائي تضطرهن الظروف إلى البقاء عانسات)[1].

2- الحروب الواسعة تقضي على عدد كبير من رجال الأمم، فما أن انتهت الحربان العالميتان حتى ظهرت إحصائيات بمن فني في هذين الحربين، وقد قُدر بملايين الشباب. ففي الحرب العالمية الثانية قتل من الرجال ما يقرب من عشرين مليوناً، في الوقت الذي لم يقتل من النساء سوى بضعة آلاف! وقد قال G.Anquctil:

(قد قدر بعد الحرب العالمية الأولى سنة 1914- 1918 بأنه يوجد في فرنسا وحدها ما يقرب من ثلاثة ملايين من النساء اللائي زدن على عدد الرجال، ولأجل هذه الزيادة في عدد النساء ونقصانه في الرجال، بدأ بعض المشرعين يقترحون ممارسة تعدد الزوجات.

وتبين من الإحصاءات التي أجريت بعد الحرب العالمية الأولى أن عشرة ملايين من النساء حكم عليهن بالعزوبة، حيث كانت زيادة عدد النساء في روسيا قبل هذه الحرب 700,000 امرأة، فبلغت بعدها أربعة ملايين، وكان عدد النساء في ألمانيا قبل هذه الحرب العالمية الأولى يزيد على 850,000 عن الرجال فبلغت زيادتهن عن الرجال بعدها مليونين ونصف مليون. وتجاوز عدد النساء في النمسا عدد الرجال بنصف

---

(1) الفكر الإسلامي والتطور ص232.

مليون، كما تجاوز عددهن في إيطاليا عدد الرجال، فبلغت أكثر من مليون. وكذلك تجاوز عددهن في إنكلترا المليونين- تقريباً- وتجاوز عددهن في فرنسا عدد الرجال بنسبة 13 بالمائة)[1].

وقد وقعت أوربا في حرج شديد وضيق كبير، حين دبّ الانحلال الأخلاقي والاجتماعي فيها أكثر من ذي قبل، فصارت المتزوجات اللاتي فقدن أزواجهن وغير المتزوجات يتعرضن من بقي حياً من الرجال: متزوجاً أو غير متزوج. وهنا ظهرت المآسي حين تحللت الأسرة الأوربية، فصار الرجل يهجر زوجته ويعاشر امرأة أخرى، وكانت هذه الحالة البائسة سبباً من أسباب مطالبة جمعيات نسائية في ألمانيا بالسماح بتعديد الزوجات؛ إذ لا وسيلة تنقذ الناس وتخلصهم من هذه المصائب إلا السماح بتعديد الزوجات!

وإذا كان الفيلسوف الإنكليزي (سبنسر) قد شن حرباً ضروساً ضد فكرة تعديد الزوجات، فقد صار يراها ضرورية جداً للأمة حين يفنى كثير من شبابها في الحروب، يقول (سبنسر) في كتابه (أصول علم الاجتماع):

(إذا طرأت على الأمة حال اجتاحت رجالها بالحروب، ولم يكن لكل رجل من الباقين إلا زوجة واحدة، وبقيت نساء عديدات بلا زواج، ينتج من ذلك نقص في عدد المواليد لا محالة، ولا يكون عددهم مساوياً لعدد الوفيات، فإذا تقاتلت أمتان مع فرض أنهما متساويتان في جميع الوسائل المعيشية، وكانت إحداهما لا تستفيد من جميع نسائها بالاستيلاد، فلا

---

(1) الزواج لعمر كحالة 1/ 123.

تستطيع أن تقاوم خصيمتها التي يستولد رجالها جميع نسائها، وتكون النتيجة أن الأمة الموحدة للزوجات تفنى أمام الأمة المعددة للزوجات)[1].

3- قد تكون الزوجة عاقراً والزوج يحب الذرية حباً شديداً فهو في هذه الحالة: إما أن يطلق زوجته ويتزوج بامرأة ثانية، مؤملاً أن تنجب له أولاداً، وإما أن يبقيها عنده، ويتزوج بامرأة ثانية عليها. ولا ريب أن بقاء المرأة العاقر في عصمة زوجها في مصلحتها هي: فتكون لها حقوق الزوجية كلها لا تفقد منها شيئاً، والزوج المسلم يعامل زوجاته بالعدل والمساواة، فيعطي للزوجة الأولى ما يعطي للزوجة الثانية...

4- قد تصاب المرأة بمرض مزمن أو معد يمنع الزوج من معاشرة زوجته، فلا يكون أمامه إلا أن يطلقها أو يتزوج عليها امرأة ثانية، وليس من الوفاء للزوجة ولا من مصلحتها أن يطلقها فيزيد مرضها ويتضاعف، وتعيش -عند ذاك- عيشة بائسة، فلا يبقى أمامه إلا أن يتزوج عليها امرأة ثانية. وبهذا تحفظ كرامة المرأة، وتتخلص من حياة البؤس والشقاء، حيث تبقى في عصمة زوجها ولها كل حقوقها الزوجية وما تحتاج إليه من نفقات!

5- قد يتطلب عمل الرجل السفر الطويل، ولا يستطيع أخذ زوجته كلما سافر، ولا يستطيع أن يصبر -أيضاً- في سفره هذا من دون زوجته، فماذا يفعل إذن؟

لم يكن أمامه إلا أن يتصل بامرأة ثانية اتصالاً غير مشروع، ولا يكون للمرأة الثانية حقوق الزوجية، ولا يكون لأولادها الذين سيأتون منه

_____

(1) دائرة معارف القرن العشرين لمحمد فريد وجدي 4 /692- 693.

حقوق الأولاد الشرعيين، وإما أن يتزوج بامرأة ثانية لها حقوقها، ولأولادهم حقوقهم- أيضاً- يعترف بها وبهم المجتمع، ويعيش الجميع في عزة وكرامة حياة طيبة هانئة. أوَ ليس هذا هو الحل الصحيح؟!

6- قد يكون لدى قسم من الرجال شهوة جنسية قوية، تجعله لا يكتفي بزوجة واحدة فقط، لكثرة الأيام التي لا تصلح فيها للمعاشرة الجنسية: كأيام الحيض الذي قد يستمر أسبوعين، وإذا ولدت المرأة فقد فقدت- عند ذاك- قدرتها الأنوثية، وقد يمنع الزوج من الاقتراب منها أربعين يوماً أو أكثر... وإذا بلغت المرأة من العمر خمسين سنة صارت في إجازة شبه دائمة! وهذه الحالة تتطلب علاجاً وحلاً صحيحاً، فماذا يفعل الرجل إذا لم يستطع الصبر على هذا الوضع؟

أيعاشر امرأة ثانية معاشرة محرمة لم يكن لها في هذه المعاشرة من الحقوق الشرعية ولا لأولادها أيضاً، ويسيء إليها في ذلك إساءة بالغة ولأولادها؟ أم يتزوج بامرأة ثانية يصون حقوقها وكرامتها وكرامة أولادها وحقوقهم أيضاً؟

7- هناك فارق كبير في فترة الإخصاب بين الرجل والمرأة، إذ تمتد فترة الإخصاب في الرجل إلى سن السبعين سنة أو أكثر، بينما لا تمتد في المرأة أكثر من خمسين سنة: فيكون الفارق بين إخصاب الرجل والمرأة عشرين سنة- وهي فترة ليست بالقليلة- لا مقابل لها، فتجيء هذه الإباحة في الزواج دواءاً شافياً ينقذ الناس من المحن!

8- إن المرأة لا تستطيع أن تستغني عن الرجل. إنها مهما عملت، ومهما كسبت ومهما توصلت إلى مراكز اجتماعية مرموقة، فإن فطرتها

البشرية تميل إلى الاقتران بالرجل، كما أن الرجل يميل إلى الاقتران بالمرأة... هذه الحاجة الفطرية لا ينكرها إلا مكابر متحذلق سطحي... وهكذا يكون تعديد الزوجات ضرورة لابد منها!

الغرب وضريبة منع التعديد

لقد أصبح واضحاً الوضوح كله: أن الدول التي منعت تعديد الزوجات انتشر فيها الزنا انتشاراً فاحشاً، وهذا أمر متوقع، إذ أين تذهب الفتيات اللاتي لا يجدن زوجاً، وبخاصة في عصر كهذا العصر الذي حوى كل ألوان الإثارة الجنسية: من الصور الفاضحة، والأفلام الخليعة الماجنة، والمقالات الرخيصة الساقطة. وهذه تركيا التي تنكرت للإسلام وقلبت له ظهر المجن سنة 1926 حين منعت تعديد الزوجات، ماذا كان نتيجة ذلك؟

لقد انتشر فيها الزنا انتشاراً فظيعاً! لقد حدث ذلك بعد ثماني سنوات من سنها القانون المدني الذي منع تعديد الزوجات.

على أننا إذا قارنا مقارنة سريعة بين نظام الإسلام في تعديد الزوجات، ونظام الغرب في تعديد الخليلات والخدينات، تبين لنا أن الغرب وقع في أزمة شديدة بسبب منعه لتعديد الزوجات، ومن تلك الأزمات والأمراض: أزمة الطفولة غير الشرعية، ومشكلة الأمراض التناسلية التي انتشرت انتشاراً مذهلاً في المجتمعات الغربية. ويكفينا أن نعلم أن مجتمعاً كمجتمع السويد انتشرت فيه الولادة غير الشرعية انتشاراً مفزعاً، حتى بلغت سنة 1962 واحداً إلى تسعة. وبلغت في (إنكلترا) و(ويلز) واحداً إلى خمسة عشر. وفي (الدانمرك) أعلنت الإحصائية الرسمية لسنة 1962 (أن بين كل اثني عشر طفلاً من الأولاد الدانمركيين طفلاً واحداً غير شرعي، وأظهرت التقريرات حالات من الأمراض

السرية التناسلية بين المراهقين من 12- 15)[1] وهذا معناه أن الأمراض السرية تجاوزت الرشيدات إلى المراهقات!

وفوق ذلك، ما حدث في (فرنسا) بين الحربين العالميتين: فقد بلغت نسبة أولاد السفاح ما يقرب من خمسين في المائة من مجموع المواليد، وكانوا يسمون أولاد السفاح باسم (الأولاد الطبيعيين)! وهكذا تنعكس الموازين حتى يصير أولاد الحلال كأنهم أولاد غير طبيعيين!!

أما الأمراض التناسلية التي أصيب بها السكان، فبلغت 70% من مجموع البالغين!

لقد نتج عن منع تعديد الزوجات في الغرب: أن نزل الرجل إلى قرار سحيق من القذارة الخلقية، وصارت المرأة الغربية تدخل في نادي (تبادل الزوجات، أو الصديقات)، فتأتي المرأة مع زوجها إلى النادي المخصص لهذا الغرض، أو إلى منزل من المنازل الذي هيئ للغرض نفسه. وبعد أن يتم الاقتراع الذي يحدد المرأة لغير زوجها يصحب كل رجل غير زوجته، فيعاشرها معاشرة جنسية. وقد يكون في الغرفة الواحدة الزوج مع غير زوجته والزوجة مع غير زوجها!!!

ووصلت السفالة الخلقية في الغرب إلى درك سحيق حتى انتشر فيه ما يسمى بـ(الزواج الجماعي) وهو أن يسكن عدد من الشبان: خمسة أو أكثر مع زوجاتهم في منزل واحد، ويتبادلون الزوجات في ذلك المسكن، فيعاشر كل واحد من هؤلاء الشباب جميع الزوجات معاشرة جنسية. أما الأولاد فينتسب كل واحد يأتي من الزوجة إلى زوجها- وإن لم يكن في

---

(1) الفكر الإسلامي والمجتمع المعاصر للدكتور محمد البهي ص293.

حقيقة الأمر منه- وهذا النوع من الزواج قد انتشر في (السويد)، لكن الحكومات الغربية لا تطارد هذه القذارة الخلقية، بل تصب جام غضبها على تعدد الزوجات في الإسلام. ويكتب المبشرون والمستشرقون في تعديد الزوجات في الإسلام، وينتقدون هذا النظام انتقاداً لاذعاً زوراً وبهتاناً، أو جهالة من غير أن ينتقدوا الزواج الجماعي، وتبادل الزوجات في المجتمعات الغربية.

أما القانون الغربي، فقد أجاز هذا النوع من الفجور، ولا يعاقب عليه؛ لأنه صادر من إرادة حرة من الرجل والمرأة معاً!!

على أن المألوف والطبيعي في المجتمع الغربي: أنه يعايش تعديداً في الخليلات والاتصالات المحرمة تحت سمع القانون وبصره، ولم يقتصر الرجل الغربي على أربع خليلات فحسب، بل يتصل بأكثر من ذلك سراً وعلناً! وهذا التعديد في الخليلات تعديد قانوني، لا يتحمل الرجل من ورائه أية مسؤولية تجاه المرأة التي اتصل بها اتصالاً محرماً ولا تجاه أولادها!

المرأة وتعديد الزوجات

الزواج بامرأة ثانية أو ثالثة أو رابعة لا يتم إلا بموافقة المرأة التي يريد الاقتران بها، ذلك أن أحد طرفي الزواج هي المرأة، ولا يتم العقد إلا برضاها، فإن اعتقدت أو ظنت أن هذا الزواج يلحق بها ضرراً، فقد جعل الإسلام أمرها بيدها، لكنها إن قبلت الزواج من رجل متزوج، فإنها لا تفعل ذلك- غالباً- إلا إذا علمت أن زواجها هذا في مصلحتها هي؛ إذ لو وجدت الرجل الكفء غير المتزوج لما أقدمت على الاقتران بمتزوج، وغالباً ما يحقق هذا الزواج سعادة للمرأة: ينقذها من العيش الضنك، والحياة القاسية، ويدفع عنها العُسر والفاقة والحرج! أما الزوجة الأولى، فتستطيع أن ترفع أمرها إلى القضاء ليحصل التفريق بينها وبين زوجها إن كان يصيبها من ذلك الزواج أذى تستطيع إثباته، بل لقد فتحت شريعتنا الباب أمام التفريق إن اتبع الزوج هواه وتزوج ماجنة على عفيفة، وخسيسة على نفيسة، إذ عند ذلك يحصل الضرر الذي يبيح للمرأة الطلاق. فعندما ذهب بنو هشام بن المغيرة إلى رسول الله ﷺ يستأذنونه في تزويج بنت أبي جهل من علي بن أبي طالب غضب ﷺ ولم يأذن إلا إذا طلق علي فاطمة؛ كي لا تطعن في كرامتها فقال ﷺ:

(إن بني هشام بن المغيرة استأذنوني في أن يزوجوا ابنتهم علي بن أبي طالب، فلا آذن لهم، ثم لا آذن لهم، ثم لا آذن لهم إلا أن يحب ابن أبي طالب أن يطلق ابنتي، إن ابنتي بضعة مني: يريبني ما يريبها، ويؤذيني ما يؤذيها)[1].

(1) حقائق ثابتة في الإسلام لابن الخطيب ص29، ط1، 1394هـ/ 1974م، دار الأفق، طهران.

وهذا دليل على أن الزوج لا يجوز له أن يتزوج على زوجته بمن هي دونها حسباً ونسباً؛ إذ يلحق مثل هذا الزواج ضرراً بالزوجة الأولى.

على أن المرأة لها أن تحتاط لنفسها، فتشترط في العقد أن لا يتزوج امرأة ثانية عليها، وإلا فلها أن تختار نفسها وتطلب الطلاق، وقد منحتها الشريعة ذلك الحق، واهتم الفقهاء بهذا اهتماماً كبيراً، حتى لقد عقد الفقهاء في كتب الفقه فصلاً في مصنفاتهم حول شروط العقد، وهذه الشروط يؤخذ بها مادامت لا تتعارض مع كتاب الله ولا سنة رسوله. وقول الرسول ﷺ:

(المسلمون على شروطهم)[1]. خير دليل على ذلك. والوفاء بشروط الزواج أكثر أهمية من أي شرط كان من الشروط الأخرى، فلابد من الالتزام بها. والذي بيّن لنا هذه الأهمية هو سيدنا رسول الله ﷺ فقد قال:

(أحق الشروط أن توفوا بها ما استحللتم به الفروج)[2].

---

(1) رواه أبو داؤد برقم 3591، والبيهقي برقم 11429.
(2) رواه البخاري في كتاب الشروط برقم 2721، ومسلم في كتاب النكاح برقم 1418.

شبهة ساقطة

من الشبهات التي وضعها دعاة عدم التعديد أن الزواج من امرأتين يجعل العداوة بينهما قائمة على قدم وساق، وكذلك تنتشر بين أولاده!

ويحق لنا قبل الإجابة عن ذلك أن نسأل:

هل الرجل الذي يعقب أولاداً من امرأتين: إحداهما شرعية والأخرى غير شرعية يكون قد قضى على العداوة بين الزوجة الشرعية وغير الشرعية، وكذلك يكون قد أزال البغضاء بين أولاده؟

إن البغض الذي قد يحصل بين الضرائر شيء طبيعي، ناشئ من الغيرة الطبيعية لدى المرأة، وإن معالجة ذلك تتوقف على حزم الزوج وقدرته على إدارة شؤون أسرته، وعدالته بين زوجاته، ومراقبته لله عز وجل. إنه إن كان في مستوى مسؤوليته استقامت أسرته، ولا يجد النزاع إلى بيته طريقاً. وإن فقد تلك الصفات دبّ النزاع والخلاف في أسرته، سواء كان معدد الزوجات أم لا.

على أن واقع الناس الذي يعايشونه يكذب هذه الشبهة وأمثالها، إذ كم رأينا من الإخوة الأشقاء وهم يقتتلون، وقد صارت حياتهم جحيماً لا تطاق. وإخوة لأب عاشوا بصفاء وهناء، يحب أحدهم الآخر حباً جماً ويعمل لإسعاده؟!

نعم قد نجد من يتزوج أكثر من زوجة واحدة، لكنه يسيء في زواجه، إذ لا يعدل بين زوجاته، وهذه قضية تحتاج إلى علاج يستأصل الداء ويداوي السقم، لكن استئصال الداء لا يكون بمنع التعديد الذي فيه من الفوائد ما فيه، ونحن نلاحظ في الناس أفراداً لا يسلكون في معاملاتهم

السلوك الصحيح المستقيم... إنهم أناس فسدت أخلاقهم ففقدوا السجايا الناصعة، فهـل نقـوم بإبطال تلك المعاملات كلها من أجل أناس انحرفوا عن سبيل الحق والخير والهدى؟

وهل يقول بإلغاء التعامل بين البشر كله عاقل؛ تجنباً للمشكلات التي يقوم بها قسـم من الناس؟

وإذا كانت إساءة قسم من هؤلاء الجهلة قـد تحققـت في أمـر تعديـد الزوجـات، فإن هذه الإساءة لا تعد شيئاً يذكر إذا نظرنا إلى الفوائـد الكبـيرة التـي يحتجنهـا هـذا النظـام وإلى المفاسد التي تنجم عن خطر التعديد.

قالوا في تعديد الزوجات

قال الفيلسوف الألماني (شوبنهور):

(إن قوانين الزواج في أوربا فاسدة المبنى بمساواتها المرأة بالرجل، فقد جعلتنا نقتصر على زوجة واحدة فأفقدتنا نصف حقوقنا، وضاعت علينا واجباتنا، وعلى أنها مادامت أباحت للمرأة حقوقاً مثل الرجل كان من اللازم أن تمنحها- أيضاً- عقلاً مثل عقله...) إلى أن يقول:

(ولا تعدم امرأة من الأمم التي تجيز تعديد الزوجات زوجاً يتكفل بشؤونها، والمتزوجات عندنا نفر قليل، وغيرهن لا يُحصين عددا، تراهن بغير كفيل: بين بكر من الطبقات العليا قد شاخت، وهي هائمة متحسرة، ومخلوقات ضعيفة من الطبقات السفلى يتجشمن الصعاب، ويتحملن مشاق الأعمال، وربما ابتذلن فيعشن تعيسات، متلبسات بالخزي والعار: ففي مدينة (لندن) وحدها ثمانون ألف بنت عمومية (هذا على عهد شوبنهور) سفك دم شرفهن على مذبحة الزواج ضحية الاقتصار على زوجة واحدة، ونتيجة تعنت السيدة الأوربية وما تدعيه لنفسها من الأباطيل)[1].

وقال الفيلسوف الفرنسي الدكتور (غوستاف لوبون):

(وإن مبدأ تعديد الزوجات الشرقي نظام طيب يرفع المستوى الأخلاقي في الأمم التي تقول به، ويزيد الأسرة ارتباطاً، ويمنح المرأة احتراماً وسعادة لا تراهما في أوربا)[2].

---

(1) المرأة بين الفقه والقانون ص77.

(2) حضارة العرب ص397.

ونشرت جريدة (لاغوص ويكلي وكورد) بتاريخ 20/ 4/ 1901 نقلاً عـن جريـدة (لنـدن تروث) مقالاً لإحدى السيدات الإنكليزيات جاء فيه:

(ولقد كثرت الشاردات من بناتنا، وعم البلاء، وقل البـاحثون عـن أسباب ذلـك، وإذا كنت امرأة تراني أنظر إلى هاتيك البنات وقلبي يتقطع شفقة عليهن وحزناً، وما عسى يفيدهن بثي وحزني- وإن شاركني فيه الناس جميعاً؟!- لا فائدة إلا في العمل بما يمنع هذه الحالة الرجسة، ولله در العالم الفاضل (تومس)، فإنه رأى الداء، ووصف لـه الـدواء الكامل الشفاء وهو: (الإباحة للرجل أن يتـزوج بـأكثر مـن واحدة) وبهذه الوساطة يـزول البـلاء لا محالة، وتصبح بناتنا ربات بيوت. فالبلاء كـل البـلاء في إجبار الرجل الأوربي عـلى الاكتفاء بامرأة واحدة).

(أي ظن وخرص يحيط بعدد الرجال المتزوجين الذين لهم أولاد غـير شرعيـين، أصبحوا كلاً وعاراً وعالة على المجتمع. فلو كان تعديد الزوجات مباحاً لما حاق بأولئك الأولاد وأمهاتهم ما هم فيه من العذاب الهون، ولسلم عرضهن وعرض أولادهن... إن إباحـة تعديـد الزوجات تجعل كل امرأة ربة بيت وأم أولاد شرعيين)[1].

وممـن دعـا إلى تعديـد الزوجـات الـدكتور (لي يـون): فقـد ذكـر أن نظـام الـزواج بـامرأة واحـدة سـوف يتغـير، وأن القـانون الغـربي سـيحلل نظـام تعديـد

(1) المرأة بين الفقه والقانون ص82.

الزوجات وقال الأستاذ Elrenfels: (إن ممارسة تعديد الزوجات ضرورية للحفاظ على الجنس الآري)[1].

ونقل صاحب كتاب (مفتريات على الإسلام) ما يأتي:

(إن كبير أساقفة إنكلترا لا يجد علاجاً لمنع التحلل الخلقي والانهيار العائلي اللذين فشيا بعد الحرب العالمية الثانية إلا بإباحة تعديد الزوجات... فهو- على حد تعبيره- الذي يمنع المرأة الإنكليزية من الانهيار النفسي... وارتكابها للجريمة والعار، ويرد إليها الكرامة والعزة حيث لا تكون فراشاً لرجل إلا بكلمة الله)[2].

وقال (اتيين دينيه): (فالواقع يشهد بأن تعديد الزوجات شيء ذائع في سائر أرجاء العالم، وسوف يظل موجوداً ما وجد العالم، مهما تشددت القوانين في تحريمه. ولكن المسألة الوحيدة هي معرفة ما إذا كان الأفضل أن يشرع هذا المبدأ ويحدد، أم أن يظل نوعاً من النفاق المتستر، لاشيء يقف أمامه ويحد من جماحه)[3].

وقال- أيضاً-:

(إن نظرية التوحيد في الزوجة هي النظرية الآخذة بها المسيحية ظاهراً، تنطوي تحتها سيئات متعددة ظهرت على الأخص في ثلاث نتائج

---

(1) الزواج 1/ 94.
(2) مفتريات على الإسلام لأحمد محمد جمال ص93، ط3، 1395هـ/ 1975م.
(3) محمد رسول الله لـ أتيين دينيه ص337.

واقعية شديدة الخطر جسيمة البلاء: تلك هي الـدعارة، والعـوانس مـن النسـاء، والأبنـاء غـير الشرعيين).

(وإن هذه الأمراض الاجتماعية ذات السيئات الأخلاقية لم تكن تعـرف في البلاد التـي طبقت فيها الشريعـة الإسلامية تمـام التطبيـق، وإنمـا دخلتهـا وانتشرت فيهـا بعـد الاحتكـاك بالمدنية الغربية. ومن الأمثلة القائمة على ذلك ما كان مـن أمـر وادي (ميـزاب) حيـث تسـكن القبيلة التي تعرف بهذا الاسم في بلاد الجزائر، إذ لم تدخلها الـدعارة إلا بعـد ضـمها إلى فرنسا عام 1883)[1].

---

(1) أشعة خاصة بنور الإسلام لأتيين دينيه ص32.

تعديد الزوجات شريعة محكمة

عرف تعديد الزوجات في بيئات العالم كلها: متحضرة وغير متحضرة، وثنية وغير وثنية. وعندما سطعت شمس الإسلام على الوجود عالجت تلك الفوضى التي لا ضابط لها، فلم تحرم التعديد تحريماً كلياً، كما لم تترك الحبل على الغارب كما كانت تفعله الجاهلية، بل قيد الإسلام التعديد وهذبه تهذيباً يجعل حقوق المرأة مصونة محفوظة. وقد أخذت بهذا المبدأ- مبدأ تعديد الزوجات- الأمم الراقية والشعوب المتحضرة، كما قرر ذلك أساطين علماء الاجتماع ومؤرخو الحضارات مثل (وستر مارك) و(هو بهوس) و(هيلير) و(جنزبرج) فقد لاحظ هؤلاء وغيرهم أن وحدة الزوجية كان هو النظام السائد لدى المجتمعات البدائية التي تعيش على الصيد أو جمع الثمار، بينما المجتمعات المتحضرة كانت تمارس تعديد الزوجات، ذلك أن نظام التعديد واقعي يتماشى مع فطرة الله التي فطر الناس عليها، ويستجيب لضرورات البشر وما يحتاجه في شتى البقاع والأزمان والأحوال، فهو ليس بنظام يدعو إلى المثالية الفارغة، ولا إلى الأماني الحالمة التي لا يمكن تطبيقها، بل تهتم بأخلاق الناس ونقاوة المجتمع، ونظافة الأمة، فهو يحارب الانحلال الخلقي وتدهور القيم!

إن المجتمع الإسلامي يختلف عن المجتمع الغربي. ففي الغرب يتزوج الرجل امرأة واحدة فقط، ويعاشر- في الوقت نفسه- عشرات الفتيات، بل المئات. ويلقى الوالد ابنته وعشيقها، فلا يثور أو يضطرب وتحمر أوداجه ويغلي الدم في عروقه، بل يُسر بذلك ويفرح، ويهيئ لهما كل أسباب الراحة والطمأنينة. لكن الإسلام الذي حرّم نظر الرجل إلى

المرأة، ونظر المرأة إلى الرجل إلا في حدود، تمكن من حل هذه المعضلة، حين أباح تعديد الزوجات بطريق حلال بدل المخادنة والفجور!

على أن الأمم التي منعت التعديد سمحت- بعد ذلك- للتدهور الخلقي أن يفعل فعله، وفتحت أبواب القذارة الخلقية على مصراعيها، فاعترفت بالعلاقات المحرمة بين الرجل والمرأة وغير ذلك مما يندى له جبين الغيور صاحب الذوق الرفيع، والخلق السامي. وقد اعترفت تلك المجتمعات بالتعديد تحت ستار المخادنة، فيبقى الرجل مع خدينته أو عشيقته، يعاشرها معاشرة الأزواج، وقد تبقى معه سنوات طويلة، وتنجب منه أولاداً، لكنها معرضة في كل وقت إلى الطرد من بيته من غير أن يكون لها أي حق كان؛ إذ هذه المخادنة لم تكن مسجلة تسجيلاً رسمياً، فتذهب هائمة على وجهها بعد أن أخذ منها الرجل زهرة شبابها، وتركها حائرة جائعة تتقلب على جمر الغضى وترتمض أسى!

لكن الإسلام حافظ على حقوق المرأة حين أباح التعديد، وحرم العلاقات غير الشرعية، فلا تكون المرأة مع الرجل إلا زوجة لها حقوقها وحقوق أولادها، لا يستطيع أحد أن يمسها أو يتلاعب عليها!

إن العالم الإسلامي اليوم لا يعرف مشكلة تعرف بمشكلة تعديد الزوجات، ذلك أن نسبة الزواج بأكثر من واحدة في العالم الإسلامي نسبة ضئيلة جداً لا تكاد تذكر، وهي مع ذلك تسير في تناقص مستمر، فقد ذكرت مصلحة الإحصاء المصرية سنة 1943 ما يأتي:

(نزلت نسبة التزوج باثنتين في مدى عشر سنوات من 4,49% إلى 2,95% والتزوج بالثلاث من 0,29% إلى 0,17% والتزوج بأربع من 0,04% إلى 0,02%)[1]!

(1) الإسلام عقيدة وشريعة للأستاذ محمود شلتوت ص213، ط2، مطابع دار القلم، القاهرة.

ولما ارتفعت الأصوات في الجمهورية العربية المتحدة سنة 1962 مطالبة منع تعديد الزوجات أعد مشروع لذلك، ودرست اللجنة المشروع، لكنها رفضته مبينة أن نسبة تعديد الزوجات ضئيلة جداً لا تتجاوز 2% اثنين من كل مائة، وأن نصف حالات التعديد هذا كانت بدوافع مقبولة.

لقد أدركت المرأة الغربية حقيقة التعاسة التي عايشتها بعد الحرب العالمية الثانية، فصارت تحن إلى الحياة المنزلية، لتكون في كنف زوج يحدب عليها- ولو لفترة قصيرة- بدل أن تكون سائبة متسكعة في الطرقات بعيش مبتذل من الدعارة والفجور، فصارت النساء في ألمانيا ينادين أن يكون الزواج مناوبة بين النساء: فتقضي المرأة مع الرجل فترة من الزمن ثم تتركه لتتزوجه الأخرى التي لم تتزوج من قبل، وقد تشكلت الجمعيات النسائية التي تنادي بهذا المبدأ.

وارتفعت الصيحات- مؤخراً- في كل مكان، مطالبة بإباحة تعديد الزوجات. ففي مؤتمر الشباب العالمي الذي عقد في (ميونخ) بألمانيا سنة 1948 طالب المؤتمرون بإباحة تعديد الزوجات حلاً للمشكلة التي وقعت فيها ألمانيا- وهي مشكلة زيادة عدد النساء على عدد الرجال زيادة كبيرة بعد الحرب العالمية.

أما أهالي مدينة (بون) عاصمة ألمانيا الاتحادية، فقد تقدموا سنة 1949 بطلب إلى سلطاتهم المختصة يطالبون فيها أن ينص الدستور الألماني على إباحة تعديد النساء. ولقد قالت أستاذة ألمانية في الجامعة:

(إن حل مشكلة المرأة الألمانية هو في إباحة تعديد الزوجات... إنني أفضِّل أن أكون زوجة مع عشر نساء لرجل ناجح، على أن أكون

الزوجة الوحيدة لرجل فاشل تافه... إن هذا ليس رأيي وحدي بل هو رأي نساء ألمانيا)[1].

وهكذا حتى اضطرت ألمانيا أن تبيح تعديد الزوجات بعد أن حظر عليها فترة طويلة من الزمن! ونستطيع أن نجد من هذه الأصوات في كل دولة من الدول؛ لأن ذلك حل صحيح لأزمة مستعصية استحكمت حلقاتها، فذكر الدكتور (فشر): أن الأخطار الهائلة التي يتعرض لها المجتمع الغربي يمكن أن تحل بإباحة تعديد الزوجات، بل يرى إباحة التعديد ضرورية جداً لتخليص المجتمع الغربي من الهاوية التي أوشك أن يقع فيها!

ولقد وضعت تقييدات على التعديد في عدد من الدول الإسلامية، لكن هذه التقييدات أخفقت، وظهر إخفاقها كالشمس في رابعة النهار: ففي سوريا- مثلاً- سن قانون ينص على أن يستأذن طالب التعديد من القاضي في الزواج بامرأة ثانية، وقد أخفق هذا القانون فألغي؛ لأن مهمة القاضي كانت مقصورة- آنذاك- على التحقق من قدرة الزوج على الإنفاق على زوجته، وعلى أن سمعته طيبة فحسب.

وكان هذا الشرط- شرط قدرة الزوج على إعالة امرأتين- قد وضع في غير موضعه؛ إذ لو قلنا به لوجب علينا أن نطالب من يرغب بالزواج الأول بدليل على تمكنه من إعالة زوجته؛ لأن ذلك متروك لأولياء المرأة، فهم الذين يقدِّرون ذلك.

---

(1) مفتريات على الإسلام ص92.

وبعد...،

فإن الإسلام يربي المسلم تربية عالية، ويجعله يزن كل أموره بميزان الإسلام، ويجعله كثير المراقبة لله والخوف منه: يرجو ثوابه ويخشى عقابه وعذابه، وبهذه الروحية العالية والتربية السامية، تأخذ العدالة بين الزوجات أسمى منازلها، وتتبوأ قمة مجدها وإن الرجل العادل إذا تزوج بأكثر من زوجة واحدة يستقيم أمر أسرته، ويعتبر الزواج هذا ربحاً للمجتمع؛ إذ سيرث الأبناء هذه الصفات العالية التي كان يتمتع بها والدهم من القوة والحزم والعدل... أما الزواج بقصد الإضرار بزوجته الأولى أو غيرها، فمما حرمه الإسلام، ولا يتحمل هذا الدين تبعة أفراد أخطأوا في الاستفادة من هذه الإباحة المفيدة!

وإذا كان الشارع الحكيم قد سن لنا نظام التعديد، فإنه لم يجعله فرضاً لازماً على كل رجل مسلم، وكذلك ما أوجب على المرأة ولا على أهلها القبول بالزواج من رجل له زوجة، وعقد الزواج لا يتم إلا بموافقة الزوجة وموافقة وليها، فهم لا يزوِّجون ابنتهم إلا إذا اعتقدوا أن في هذا الزواج مصلحة لها!

وهكذا لا يكون في هذا التعديد من الأضرار والمساوئ ما يزعمون، وتظل قضية تعديد الزوجات شريعة محكمة لأنها صادرة من رب العالمين الذي خلق الإنسان ويعلم ما يصلح له من النظم والقوانين والتشريعات.

والحمد لله الذي بنعمته تتم الصالحات!

الإسلام وقضايا المرأة

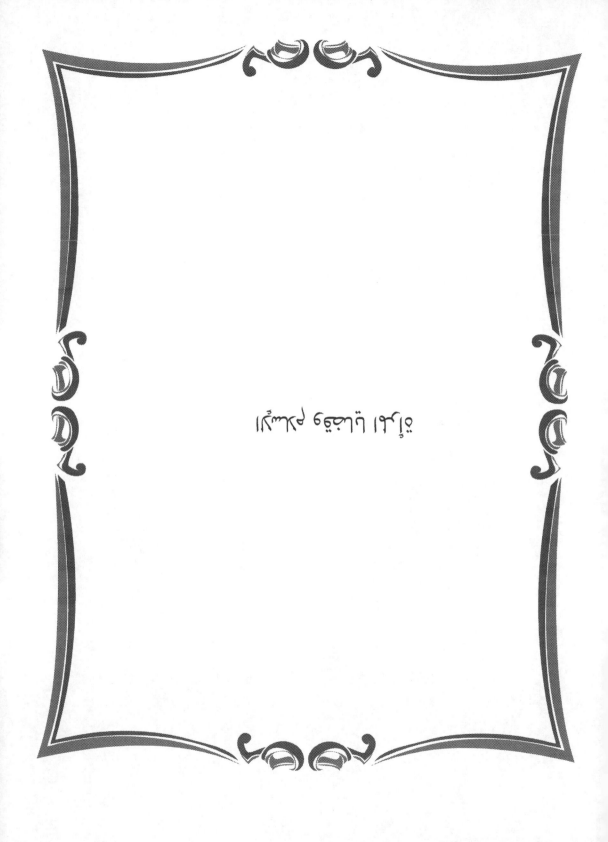

المؤامرة على المرأة المسلمة

مقدمة

الحمد لله حمداً يُبلغُني رضاه، والصلاة والسلام على عبده ورسوله محمد، وعلى سائر أنبيائه ورسله، وآله الطيبين وصحبه المخلصين، ومن أتبع هداه إلى يوم الدين!

أما بعد:

فقد عُنِيَت الشريعة الإسلاميةُ بالمرأة عنايةً فائقة، فأعطتها من الحقوق ما لم يعطها أي نظام كان من أنظمة العالم حتى يوم الناس هذا! وإذا كان هذا الدين قد فَرَضَ على المرأة قيوداً في ملبسها وزينتها، فأن ذلك لم يكن إلا سداً لذريعة الفساد الذي يتطاير شرره، نتيجة التبرج بالزينة أولاً، ولأنه أراد للمرأة أن تتبوأ المكانة العلية، وألَّا تسقط في دركات من المهانة والابتذال بعد ذلك!

وفي هذه الرسالة الصغيرة كلام في الحجاب الإسلامي، وشروطه الشرعية، وكيف تدرب البنت على الحجاب، والزينة والتبرج، وما ينتج عن لبس الملابس القصيرة والإسراف في استعمال المساحيق والمكياج من أمراض، وكيف خُدِعت المرأة المسلمة باسم (الموضة) حتى نَزَعَتْ حجابها... لعل فتاتنا المسلمة تدرك ما يراد بها وبأخلاقها ودينها، والله يقول الحق وهو يهدي السبيل!

الحجاب في كتاب الـلـه

قال الـلـه تعالى:

(وَقُل لِّلْمُؤْمِنَاتِ يَغْضُضْنَ مِنْ أَبْصَارِهِنَّ وَيَحْفَظْنَ فُرُوجَهُنَّ وَلَا يُبْدِينَ زِينَتَهُنَّ إِلَّا مَا ظَهَرَ مِنْهَا وَلْيَضْرِبْنَ بِخُمُرِهِنَّ عَلَى جُيُوبِهِنَّ وَلَا يُبْدِينَ زِينَتَهُنَّ إِلَّا لِبُعُولَتِهِنَّ أَوْ آبَائِهِنَّ أَوْ آبَاء بُعُولَتِهِنَّ أَوْ أَبْنَائِهِنَّ أَوْ أَبْنَاء بُعُولَتِهِنَّ أَوْ إِخْوَانِهِنَّ أَوْ بَنِي إِخْوَانِهِنَّ أَوْ بَنِي أَخَوَاتِهِنَّ أَوْ نِسَائِهِنَّ أَوْ مَا مَلَكَتْ أَيْمَانُهُنَّ أَوِ التَّابِعِينَ غَيْرِ أُوْلِي الْإِرْبَةِ مِنَ الرِّجَالِ أَوِ الطِّفْلِ الَّذِينَ لَمْ يَظْهَرُوا عَلَى عَوْرَاتِ النِّسَاء وَلَا يَضْرِبْنَ بِأَرْجُلِهِنَّ لِيُعْلَمَ مَا يُخْفِينَ مِن زِينَتِهِنَّ وَتُوبُوا إِلَى الـلـه جَمِيعًا أَيُّهَا الْمُؤْمِنُونَ لَعَلَّكُمْ تُفْلِحُونَ) [سورة النور].

وقال:

(وَقَرْنَ فِي بُيُوتِكُنَّ وَلَا تَبَرَّجْنَ تَبَرُّجَ الْجَاهِلِيَّةِ الْأُولَى وَأَقِمْنَ الصَّلَاةَ وَآتِينَ الزَّكَاةَ وَأَطِعْنَ الـلـه وَرَسُولَهُ إِنَّمَا يُرِيدُ الـلـه لِيُذْهِبَ عَنكُمُ الرِّجْسَ أَهْلَ الْبَيْتِ وَيُطَهِّرَكُمْ تَطْهِيرًا) [سورة الأحزاب].

وقال:

(يَا أَيُّهَا النَّبِيُّ قُل لِّأَزْوَاجِكَ وَبَنَاتِكَ وَنِسَاء الْمُؤْمِنِينَ يُدْنِينَ عَلَيْهِنَّ مِن جَلَابِيبِهِنَّ ذَلِكَ أَدْنَى أَن يُعْرَفْنَ فَلَا يُؤْذَيْنَ وَكَانَ الـلـه غَفُورًا رَّحِيمًا) [سورة الأحزاب].

أما النساء العجائز ممن لا موضع للفتنة فيهن، ولا يطمعن في الزواج، ولا يطمع الرجال فيهن لكبر سنهن فقد أباح لهن النص القرآني أن يَضَعْنَ ثيابهن: أي يخلعن الزائدَ عن الخمار والقميص، على أن يكنَّ غير متزيِّنات أمامَ الرجال الأجانب. ومع ذلك، فقد نص- سبحانه- على أن استعفافهن عن وضع الثياب- مع كِبَر سنهن- خير لهن. قال تعالى:

(وَالْقَوَاعِدُ مِنَ النِّسَاء اللَّاتِي لَا يَرْجُونَ نِكَاحًا فَلَيْسَ عَلَيْهِنَّ جُنَاحٌ أَن يَضَعْنَ ثِيَابَهُنَّ غَيْرَ مُتَبَرِّجَاتٍ بِزِينَةٍ وَأَن يَسْتَعْفِفْنَ خَيْرٌ لَّهُنَّ وَاللَّه سَمِيعٌ عَلِيمٌ) [سورة النور].

فإذا كان الأمر هكذا بالنسبة إلى العجوز، فكيف بالمسلمة الشابة التي تطمع بالزواج وتفكِّرُ فيه، ويَفْتَتِنُ الناسُ برؤيتها؟!!

الحجاب في السنة المطهرة

عن عائشة- رضي الله عنها- أنَّ أسماء بنت أبي بكر دخلت على رسول الله ﷺ وعليها ثياب رقاق، فأعْرَضَ عنها وقال:

(يا أسماء: أن المرأة إذا بلغت المحيض لم يصلحْ أن يُرَى منها إلاَّ هذا وهذا- وأشار إلى وجهه وكفيه...)[1].

وقال ﷺ:

(صنفان من أهل النار لم أرهما: قوم معهم سياط كأذناب البقر يضربون بها الناس، ونساء كاسيات عاريات، مميلات مائلات، رُؤوسُهُنَّ كأسنمةِ البختِ المائلة، لا يَدْخُلْنَ الجنةَ ولا يَجِدْنَ ريحها، وإن ريحها ليوجدُ من مسيرة كذا وكذا)[2].

---

(1) رواه أبو داوود 358/4 بتحقيق: عزت عبيد الدعاس. وهو حديث مرسل وانظر: الترغيب والترهيب للمنذري 95/3.

(2) رواه مسلم في كتاب اللباس والزينة (باب النساء الكاسيات العاريات، المائلات المميلات) 1680/3، وفي كتاب الجنة وصفة نعيمها (باب: النار يدخلها الجبارون، والجنة يدخلها الضعفاء) 2192/4-2193.

الإيمان والطاعة

كل من يسمع أو يقرأ آيات الله وأحاديث رسوله ﷺ من المؤمن و المؤمنة، يسرع إلى تطبيق ما يسمع أو يقرأ، فأن ذلك من مقتضى الإيمان الحقيقي، يقول الله- عز وجل-:

(وَمَا كَانَ لِمُؤْمِنٍ وَلَا مُؤْمِنَةٍ إِذَا قَضَى الله وَرَسُولُهُ أَمْرًا أَن يَكُونَ لَهُمُ الْخِيَرَةُ مِنْ أَمْرِهِمْ وَمَن يَعْصِ الله وَرَسُولَهُ فَقَدْ ضَلَّ ضَلَالًا مُّبِينًا) [سورة الأحزاب].

ويقول تعالى:

(إِنَّمَا كَانَ قَوْلَ الْمُؤْمِنِينَ إِذَا دُعُوا إِلَى الله وَرَسُولِهِ لِيَحْكُمَ بَيْنَهُمْ أَن يَقُولُوا سَمِعْنَا وَأَطَعْنَا وَأُوْلَئِكَ هُمُ الْمُفْلِحُونَ {51/24} وَمَن يُطِعِ الله وَرَسُولَهُ وَيَخْشَ الله وَيَتَّقْهِ فَأُوْلَئِكَ هُمُ الْفَائِزُونَ) [سورة النور].

ويقول- عز وجل-:

(وَمَا آتَاكُمُ الرَّسُولُ فَخُذُوهُ وَمَا نَهَاكُمْ عَنْهُ فَانتَهُوا وَاتَّقُوا الله إِنَّ الله شَدِيدُ الْعِقَابِ) [سورة الحشر].

ويقول- سبحانه-:

(فَلاَ وَرَبِّكَ لاَ يُؤْمِنُونَ حَتَّى يُحَكِّمُوكَ فِيمَا شَجَرَ بَيْنَهُمْ ثُمَّ لاَ يَجِدُواْ فِي أَنفُسِهِمْ حَرَجًا مِّمَّا قَضَيْتَ وَيُسَلِّمُواْ تَسْلِيمًا) [سورة النساء].

ويفسر العلامة (ابن كثير)- رحمه الله- هذه الآية فيقول:

(يُقْسِم الله تعالى بنفسه الكريمة المقدسة: أنه لا يؤمن أحد حتى يُحَكِّمَ الرسول ﷺ في جميع الأمور: فما حَكَمَ به فهو الحق الذي يجب الانقيادُ له باطناً وظاهراً، ولهذا قال: (ثُمَّ لاَ يَجِدُواْ فِي أَنفُسِهِمْ حَرَجًا مِّمَّا قَضَيْتَ وَيُسَلِّمُواْ

تَسْلِيمًا) أي إذا حَكَّموك يطيعونك في بواطنهم، فلا يجدون في أنفسهم حَرَجاً مما حَكَمْتَ به، وينقادون له في الظاهر والباطن، فيسلمون لذلك تسليماً كلياً من غير ممانعة ولا مدافعة ولا منازعة، كما ورد في الحديث: [**والذي نفسي بيده، لا يؤمن أحدكم حتى يكون هواه تَبَعاً لما جئتُ به**])[1]

فإذا قال الله أو رسوله قولاً فأن الحق فيما قاله، وما على المؤمن أو المؤمنة إلا أن يقولا: سمعنا وأطعنا، ويبادرا في تنفيذ الأمر والانتهاء عما نهيا عنه، ذلك أن الالتزام بأوامر الله ورسوله شرط للإيمان. وهكذا تكون المرأة المسلمة بمقتضى إيمانها ملزمةً بالحجاب!

(1) تفسير أبن كثير 520/1، عيسى البابي الحلبي، القاهرة.

المرأة والفتنة

وردت أحاديث عن رسول الله ﷺ تنهى المرأة أن تخرج من بيتها متعطرةً من أجل أنْ يفتتن بها الناس، ومن تلك الأحاديث قولُ الرسولﷺ:

(أيُّما امرأةٍ استعطرتْ ثم مَرَّت على القوم ليجدوا ريحها فهي زانية)[1].

وعن عائشة- رضي الله عنها- قالت: بينما رسول الله ﷺ جالس في المسجد، إذْ دَخَلتْ امرأة مِن مُزَينةَ تَرْفُلُ في زينةٍ لها في المسجد، فقال النبيُّ ﷺ: (**يا أيها الناس: انهوا نساءكم عن لبس الزينة والتبختر في المسجد، فأن بني إسرائيل لم يُلْعَنُوا حتى لَبِسَ نساؤُهم الزينة، وتبخترن في المساجد**)[2].

وعن عاصم بن عبيد الله عن عبيد مولى أبي رهم قال: خرجتُ مع أبي هريرة من المسجد، فرأى امرأةً تنضح طيباً ولذيلها إعصار، قال: يا أَمَةَ الجبار، من المسجد جئت؟ قالت: نعم. قال: وله تطيبتِ؟ قالت: نعم. قال: فارجعي، فأني سمعتُ أبا القاسم ﷺ يقول: (**لا يقبل الله لامرأة صلاةً تطَّيبت للمسجد- أو لهذا المسجد- حتى تغتسل غسلها من الجنابة**)[3].

---

(1) رواه الأمام أحمد في المسند وإسناده حسن 418/4، وأبو داوود في كتاب الترجل (باب: ما جاء في المرأة تتطيب للخروج رقم 4173، والترمذي في كتاب الأدب (باب: كراهية خروج المرأة متعطرة) رقم 2787.

(2) رواه ابن ماجه في كتاب الفتن (باب فتنة النساء) رقم 4001.

(3) رواه الأمام أحمد في مسنده 461/2، وأبو داوود في سننه في كتاب الترجل (باب: ما جاء في المرأة تتطيب للخروج) رقم 4174، وابن ماجه في سننه في كتاب الفتن (باب: فتنة النساء) رقم 4002.

وينبغي أن يُعوِّدَ المسلم بناته منذ الصغر على ارتداء الحجاب الشرعي- ولو لم يكن الأمرُ على وجه التكليف- لكي تتعودَ عليه ولا تجد صعوبة في ارتدائه فيما بعد. وما مَثَلُ ذلك إلا كَمَثَلِ الصلاة التي يؤمر بها الأطفال تعويداً عليها، فقد قال رسول الله ﷺ:

(مُرُوا أولادكم بالصلاة وهم أبناء سبع سنين، واضربوهم عليها وهم أبناءُ عشر سنين وفَرِّقُوا بينهم في المضاجع...)[1].

---

(1) رواه الأمام أحمد في مسنده، وأبو داوود، والحاكم، ورَمَزَ إليه السيوطي بالصحة وهو كما قال. انظر: فيض القدير للمناوي 521/5.

حكم الحجاب

الحجاب: واجب من الواجبات أُمِرَت المرأةُ المسلمة بالالتزام بـه، وهو عبادة مـن العبادات التي تتقرب بها المسلمة إلى الله - عز وجل - إذ تمتثل أمر ربها: فهو كفريضة الصلاة والصيام. وإذا تركت المرأة الحجاب جحوداً أو إنكاراً لفرضيته فهي كافرة مرتـدة عـن الإسلام، أما إذا تركته تقليداً للمجتمع الفاسد مع اعتقادها الجازم بأنه فرض لازم، فهي عاصية لربها، غير ممتثلة لأمر نبيها. والذي يدل على أن الحجاب فرض على المسلمات البالغات الحرائر قوله تعالى:

(يَا أَيُّهَا النَّبِيُّ قُل لِّأَزْوَاجِكَ وَبَنَاتِكَ وَنِسَاء الْمُؤْمِنِينَ يُدْنِينَ عَلَيْهِنَّ مِن جَلَابِيبِهِنَّ ذَلِكَ أَدْنَى أَن يُعْرَفْنَ فَلَا يُؤْذَيْنَ وَكَانَ اللَّـه غَفُورًا رَّحِيمًا) [سورة الأحزاب].

وقوله - سبحانه -:

(وَقُل لِّلْمُؤْمِنَاتِ يَغْضُضْنَ مِنْ أَبْصَارِهِنَّ وَيَحْفَظْنَ فُرُوجَهُنَّ وَلَا يُبْدِينَ زِينَتَهُنَّ إِلَّا مَا ظَهَرَ مِنْهَا وَلْيَضْرِبْنَ بِخُمُرِهِنَّ عَلَى جُيُوبِهِنَّ...) [سورة النور: 31].

أما غير المسلمة، فإنها - ولو لم تؤمر بالحجاب - لا يسمح لها أن تتعرى أمام الرجـال وتخرج على الناس بفتنتها، إذ ذلك يشجع على نشر الفساد في المجتمع، فأن المجتمع المسلـم فيه آداب اجتماعية يجب أن تطبق على الناس كلهم، ومنها قضية الحجاب الـذي تستوي في الأمر به المسلمة وغير المسلمة، ليظلَّ المجتمعُ نقياً نظيفـاً، محميـاً مـن الفسـاد. وذلك مـن السياسات الشرعية التي يجب على الحاكم المسلم أن يقوم بها.

شروط الحجاب الشرعي

لم يلزم الإسلام المرأة بشكل للملابس معين، إذ الشكل أو ما يسمى بـ(الموديل) يختلف من زمان إلى زمان ومن مكان إلى مكان، ولا نجد في القرآن الكريم والسنة النبوية نصاً يلزمها بشكل أو (موديل) للملابس التي ترتديها، وكل ما يأمرها به الإسلام: أن يكون زيُّها إسلامياً. وهناك شروط للحجاب الشرعي يجب الالتزام بها وهي:

1. أن يكون ساتراً لبدن المرأة- كله- لا يكشف منه شيئاً، وذلك لقول الله تعالى: (يُدْنِينَ عَلَيْهِنَّ مِن جَلَابِيبِهِنَّ). والجلباب: هو الثوبُ السابغ الذي يستر البدن كلّه: فتستر المرأة وجهها أن كانت بارعة الجمال يُخشى أن يفتتن بعضُ الناس بها، وهذا بلا خلاف. أما عند أمْنِ الفتنة، فقد ذَهَب جمهور المالكية والحنفية وبعض الشافعية وهو قول الظاهرية: إلى جواز كشف الوجه واليدين، على أن لا تزين وجهها وكفيها بزينة. وإذا كان فقهاؤنا- رحمهم الله- قد نصوا على أن الأمةَ- المملوكة- إذا كانت جميلةً جداً يُخشى أن يفتتنَ الناس بها، فأن عليها أن تحتجب، ويجب غضُّ البصر عنها، فكيف بالمرأة الحرة التي تتزيَّنُ بأحسن ما تجده، وتخرج إلى الناس في الشوارع مائلة مميلة لتجذب أنظارَ الناس لها؟!!

2. أن لا يكون زينةً في نفسه وذا ألوانٍ جذابة تَلفِتُ الأنظار، فإن الحجاب قد شُرِعَ ليستر زينةَ المرأة، فلا يُعقل أن يكون في نفسه زينة.

3. أن يكون كثيفاً غير رقيق، فأن الغرض من الحجاب لا يتحقق إلا إذا كان ساتراً لا يكشف، فإذا لم يكن كذلك لا يسمى حجاباً. ويدلُّ على ذلك حديثُ رسول الله ﷺ:

(صنفان من أهل النار لم أرهما: قوم معهم سياط كأذناب البقر يضربون بها الناس، ونساء كاسيات عاريات، مميلات مائلات، رؤوسُهُنَّ كأسنمة البُخت المائلة، لا يَدخُلنَ الجنةَ ولا يجِدن ريحها، وإنَّ ريحها ليوجد من مسيرة كذا وكذا)[1].

ويشرح أبن عبد البر هذا الحديث فيقول:

(أراد ﷺ اللواتي يلبسن من الثياب الشيء الخفيف الذي يَصفُ ولا يَستُر: فَهُنَّ كاسيات بالاسم، عاريات في الحقيقة)[2].

وعن عائشة- رضي الله عنها- أن أسماء بنت أبي بكر دَخَلَت على رسول الله ﷺ وعليها ثياب رقاق، فأعرض عنها رسول الله ﷺ وقال:

(يا أسماء: أن المرأة إذا بلغت المحيض لم يصلح أن يُرى منها إلا هذا وهذا- وأشار إلى وجهه وكفيه-)[3].

ودخل نسوة على أم المؤمنين عائشة- رضي الله عنها- وعليهنَّ ثيابٌ رقاق فقالت عائشة:

---

(1) رواه مسلم في كتاب اللباس والزينة (باب: النساء الكاسيات العاريات، المائلات المميلات) 1680/3، وفي كتاب الجنة وصفة نعيمها (باب: النار يدخلها الجبارون، والجنة يدخلها الضعفاء) 2192/4-2193.

(2) انظر: تنوير الحوالك شرح موطأ الأمام مالك للسيوطي 103/3، الناشر: مكتبة المشهد الحسيني، القاهرة.

(3) رواه أبو داوود 358/4، بتحقيق: عزت عبيد الدعاس. وهو حديث مرسل.

(إن كُنْتُنَّ مؤمنات: فليس هذا بلباسِ المؤمنات! وإن كنتن غير مؤمنات فَتَمَتَّعنَ به)[1].

وفوق ذلك، فقد اعتبر (ابن حجر) المرأة التي تلبس ثوباً رقيقاً يَصِفُ بشرتها قد وقعت في كبيرة من الكبائر[2].

وربما قرر (أبن حجر) ذلك، لأن الثوب الرقيق الذي يَصِفُ بشرة المرأة قد يَزِيدُ من فتنتها لمن ينظر إليها، لذلك استحقَّت دخول النار، كما ورد ذلك في أحاديث كثيرة، ولا يستحق دخول النار إلا من ارتكب محرَّماً.

4. أن يكون فضفاضاً واسعاً غير ضيق: فلا يبرزُ أو يصفُ تقاطيع جسمها، ولا يصوِّرُ أماكن الفتنة فيها. على أنّ المرأة- أيضاً- لا يجوز لها أن ترتدي ثياباً طويلة (كموضة الماكسي) مثلاً إذا كانت تلك الثياب تبرز استدارة صدرها أو حجم خصرها وما شابه ذلك، إذ الهدف من الحجاب: هو رفع الفتنة، ولا ترتفع إلا بالملابس الواسعة، فأن الضيقة منها تغري الرجال بهن، وهي وسيلة من وسائل نشر الفساد والانحلال في المجتمع.

5. أن لا يكون معطَّراً مُطيَّباً، لأن رسول الله ﷺ نهى المرأة أن تخرج من بيتها متطيبة، ذلك أنَّ رائحة الطيب في المرأة قد يحرِّكُ شهوة الرجل. وتزدادُ الحرمة إذا كانت نية المرأة في الطيب إحداث الفتنة والإثارة للرجال حين تمرُّ بمجالسهم ولكل امرئ ما نوى. يقول الرسولﷺ:

---

(1) حقائق ثابتة في الإسلام لابن الخطيب ص74، ط1، 1394هـ/ 1974، مطبعة الأفق.

(2) الزواجر لابن حجر 127/1.

(أيُّما امرأةٍ استعطرت، ثم مَرَّت على القوم لِيَجِدُوا ريحها فهي زانية)[1].

وعن أبي هريرة ﷺ: (أن امرأة مرَّت به تعصف ريحها، فقال: يا أمة الجبار، المسجد تريدين؟ قالت: نعم، قال: وله تطَّيبتِ؟ قالت: نعم، قال: فارجعي فاغتسلي، فأني سمعتُ رسول الله ﷺ يقول: **[ما من امرأةٍ تخرجُ إلى المسجد تعصف ريحُها، فيقبل الله منها صلاةً حتى ترجع إلى بيتها فتغتسل])**[2].

6. أن لا يُشبه ملابسَ الرجال: حرَّمَ الإسلام على المرأة أن تلبس لباسا يُشبه لباسَ الرجال. يدل على ذلك ما رواه أبو هريرة ﷺ قال:

(لَعَنَ رسولُ الله ﷺ الرجل يلبس لبسةَ المرأة، والمرأة تلبس لبسةَ الرجل)[3].

وقال صلوات الله وسلامه عليه:

(ثلاث لا يدخلون الجنة ولا ينظر الله إليهم يوم القيامة: العاق والديه، والمرأة المترجلة المتشبهة بالرجال، والديوث)[4].

---

(1) رواه الإمام أحمد في المسند وإسناده حسن 418/4، وأبو داوود في كتاب الترجل (باب: ما جاء في المرأة تتطيب للخروج) رقم 4173، والترمذي في كتاب الأدب (باب: كراهية خروج المرأة متعطرة) رقم 2787.

(2) أخرجه البيهقي 133/3، 246 من طريق الاوزاعي. وانظر: ما رواه ابن خزيمة في صحيحه، والمنذري في الترغيب والترهيب 85/3.

(3) رواه الإمام أحمد 325/2، وأبو داوود في 182/2، وابن ماجه 588/1، والحاكم 194/4.

(4) رواه الأمام احمد رقم 6180، والحاكم 7/1 و146/4- 147، والبيهقي 226/10.

وهذا النهي في التشبه عام يشمل التشبه بالملابس: بالبنطلونات والجاكيتات والأحذية والشعر...

7. أن لا يُشبهَ ملابسَ الكافرات: من القواعد المهمة في الشريعة الإسلامية عدم جواز تشبه المسلمات بالكافرين والكافرات، سواء كان ذلك التشبه بالملابس أو الأعياد أو العبادات.

يدل على ذلك ما رواه عبد الله بن عمرو بن العاص ﵄ قال:

(رأى رسولُ الله ﷺ عليَّ ثوبين مُعَصفَرَين فقال: **أن هذا من ثياب الكفار فلا تلبسها**)[1].

وقال ﷺ:

(..... **ومن تَشَبَّهَ بقومٍ فهو منهم**)[2].

ويتحدث شيخ الإسلام (ابن تيمية) في هذا الحديث فيقول:

(وهذا الحديث أقل أحواله أن يقتضي تحريم التشبه بهم، وإنْ كان ظاهره يقتضي كُفرَ المتشبه بهم كما في قوله: (ومن يتولهم منكم فإنه منهم))[3].

ويقول الصنعاني:

(والحديث دال على أنَّ مَنْ تَشَبَّهَ بالفُسَّاق كان منهم، أو بالكفار أو بالمبتدعة في أي شيء مما يختصون به من ملبوس أو مركوب أو هيئة

(1) رواه الإمام أحمد 162/2 و164 و193 و207 و211، ومسلم في كتاب اللباس والزينة (باب: النهي عن لبس الرجال الثوب المعصفر)، والنسائي 298/2، والحاكم 190/4.

(2) رواه الإمام أحمد رقم 5114 و5115 و5667، وابن عساكر.

(3) أهم قضايا المرأة المسلمة للدكتور محمد حسن أبو يحيى ص79، ط2، 1408هـ/ 1987، دار الفرقان، عمان- الأردن.

قالوا: فإذا تشبه بالكفار في زي، واعتقد أن يكون بذلك مثله كفر، فإن لم يعتقد ففيه خلاف بين الفقهاء: منهم من قال يكفر وهو ظاهر الحديث، ومنهم من قال: لا يكفر ولكن يؤدب)[1].

وربما كان من أسرار تحريم تقليد الكفار في ملابسهم- مثلاً-: أن اللابس لثياب فئة معينة يتأثر بأخلاق تلك الفئة ومنهج حياتها يقول شيخ الإسلام ابن تيمية رحمه الله:

(إن المشاركة في الهدي الظاهر، تورث تناسباً وتشاكلاً بين المتشابهين يقود إلى الموافقة في الأخلاق والأعمال. وهذا أمر محسوس، فأن اللابس لثياب أهل العلم- مثلاً- يجد في نفسه نوع تخلق بأخلاقهم، ويصير طبعه مقتضياً لذلك، إلاَّ أنْ يمنعه من ذلك مانع)[2].

وهكذا جاء النهي عن التشبه بأهل الكتاب والمشركين عاماً مطلقاً فهو يشمل اللباس وغيره.

8. أن لا يكون لباسَ شهرة: أي يراد به الاشتهار بين الناس، سواء كان ذلك الثوب نفيساً قد أُسرِفَ في تزيينه للتفاخر والتباهي والتكبر على خلق الله، أو كان قديماً بالياً يلبسه ليظهر للناس زهده في الدنيا! وهو يشمل- أيضاً- الثوب الذي يشتهر بين الناس لمخالفة لونه لألوان ثيابهم. ودليل هذا حديث رسول الله ﷺ:

---

(1) سبل السلام لمحمد بن إسماعيل الكحلاني ثم الصنعاني 175/4، ط4، 1379هـ/1960م، مطبعة مصطفى البابي الحلبي.

(2) اقتضاء الصراط المستقيم لشيخ الإسلام ابن تيمية ص11، بتحقيق: محمد حامد الفقي، الناشر: دار المعرفة، بيروت.

(من لبس ثوب شهرة في الدنيا ألبسَهُ الله ثوب مذلةٍ يوم القيامة، ثم ألهب فيه ناراً)[1].

ويقول شيخ الإسلام ابن تيمية:

(وَتُكرَهُ الشهرةُ من الثياب: وهو المترفع عن العادة، والمنخفض الخارج عن العادة)[2].

هذه هي شروط حجاب المرأة المسلمة. ولكن الذي يبعث على الأسى: أنَّ هذه الشروط تخطئ في تطبيقها كثيرات من الأخوات المحجبات: فقد صارت أثواب عدد ليس بالقليل منهن تحمل الألوان الصارخة التي تجذب العيون، وصار غطاء رؤوسهن كذلك، فوق التناسق الجذاب الذي يخترنه بين لون الثوب وغطاء الرأس، فيصير جمال الأختِ لابسةِ الحجاب يبدو بارعاً أكثر فيلفت الأنظار، ويجذب النفوس. وهكذا استطاع شياطين الأنس والجن من الضحك على الأخوات المسلمات بألوان أغطية الرأس والثياب وغير ذلك!

لقد نسيت الأخت المحجبة أو تناست أن المقصدَ من الحجاب: هو درء الفتنة وسد باب الفساد، وذلك بإخفاء جمال المرأة وزينتها وأناقتها عن الرجال الأجانب، لئلا يطمع فيها طامع من الفاسدين أو المفسدين.

---

(1) رواه أبو داوود 172/2، وابن ماجه 278/2.

(2) مجموع فتاوى ابن تيمية 138/22.

كيف تدرب البنت على الحجاب[1]

هناك خطوات مهمة ينبغي على ولي الأمر ملاحظتها في تدريب البنت على الحجاب:

1. يلقن الأطفال- ذكوراً وإناثاً- منذ الرابعة من العمر حب اللـه ورسوله، طمعاً في ثواب اللـه وجنته، ويُلَقَّنون- أيضاً- محبة الوالدين وطاعتهما، لأنَّ رضى اللـه مـن رضاهما، وللقصص المبسط أثر مهم في غرس هذه القيم لدى الأطفال.

2. توجه الطفلة إلى سَترِ جسدها كله أمام محارمها في البيـت مـا عـدا شعرها ورقبتها ووجهها وكفيها وقدميها، وتوجه إلى ستر سيقانها ويديها وصدرها أمام أبيها وإخوانها.

3. تُعود الطفلةُ منذ الخامسة من عمرها على تغطية شعرها كلما خرجت من البيت كي تتعود عليه وذلك بأسلوب تربوي شيق: كأن يحضر لها والدها غطاء للرأس، ويطلـب منهـا أن تغطي شعرها، ويشجعها على ذلك، ويشاركه أفراد الأسـرة بهذا المدح والثناء لتتشجـع علـى ذلك.

4. تُرَغَّبُ الفتاةُ في الحجاب الكامل منذ السادسة من عمرها بكلمات تطرب لها الطفلة كأن يقال لها: ينبغي أن تلبسي الحجاب مثل أمك وأختك، فترتدي الحجاب وهي راغبة فيه.

---

(1) عن كتاب تربية البنات في الأسرة المسلمة لخالد احمد الشنتوت ص98-100 بتصرف واختصار، ط1، 1411هـ/ 1991م.

5. يقرر الفقهاء من الشافعية أن البنت تحجب عندما تشتهى. وتتفاوت البنات في السن التي تشتهى بها حسب جمالها وصحتها والبيئة التي تعيش فيها. وتؤمر بالحجاب عندما يظن اشتهاؤها ولو لم تبلغ سن المحيض، فإن لم تحجب فتنت الناظرين إليها وأثم ولي أمرها بذلك.

6. أفضل الطرق في تربية البنات على الحجاب: أن تكون أمها أو أخواتها الكبيرات قدوة لها.

7. تلقن البنت منذ السابعة من عمرها ما يأتي:

أ- حفظ آيات وأحاديث الحجاب.

ب- تبيان فوائد الحجاب في الدنيا والآخرة.

8. تُخَوَّفُ البنتُ من السفور، وتُحذَّرُ من أضراره، وأولها: غضب اللـه ودخول النـار، وتقرأ لها النصوص من الآيـات الكريمـة والأحاديـث الشريفة في ذلك، كمـا يلومها الأب والأم والأخوة والأخوات إذا تركت الحجاب.. حتى إذا دخلت العاشرة مـن عمرها وتهاونت في ارتدائه تضرب قياساً على أمر الأولاد بالصلاة وهم أبناء سبع سنين، وضربهم علـى تركها وهـم أبناء عشر سنين.

الزينة والتبرج

يعرف (الماوردي) الزينة فيقول:

(الزينة ما أدخلته المرأة على بدنها حتى زانها وحسنها في العيون: كالحلي والثياب والكحل والخضاب، ومنه قوله تعالى (خذوا زينتكم عند كل مسجد))[1].

لقد كانت وظيفة الثياب في المجتمع الإنساني الأول: هو ستر الجسم ووقايته مما قد يصيبه من أخطار. وقد أضاف الإنسان إلى تلك الوظيفة- بعد أن ارتقت بالإنسان الحضارة والاجتماع- غرضاً آخر: هو التزين والأناقة، فما موقف الإسلام من زينة المرأة؟

إن من طبيعة المرأة الفطرية حبها الشديد في أن تتزين بكل زينة تقدر عليها. وليس في ذلك بأس، إذ الإسلام دين الفطرة لا يصطدم بها أو يقف في طريقها، لكنه ينظمها ويضبطها، ويجعلها لرجل واحد هو الزوج، ويشترك معه في الإطلاع على بعضها المحارم الذين حدَّدتهم الآية 32 من سورة النور. وهكذا أباح الإسلام للمرأة أن تتزين بما شاءت من الثياب- ولو كان حريراً- على أن لا تختار من الألوان ما يجذب الانتباه ويحرك الغريزة، وأن لا يُبرزَ الثوب أجزاء جسمها، إذ الهدف من الملبس في الإسلام أمران: ستر العورة والزينة، وقد امتن الله- عز وجل- على عباده بما هيأ لهم من لباس وريش فقال تعالى:

---

(1) تفسير الماوردي 120/3، بتحقيق: خضر محمد خضر، ط1، 1402هـ/ 1982م، مطابع مقهوي، الكويت.

﴿يَا بَنِي آدَمَ قَدْ أَنزَلْنَا عَلَيْكُمْ لِبَاسًا يُوَارِي سَوْءَاتِكُمْ وَرِيشًا وَلِبَاسُ التَّقْوَىٰ ذَٰلِكَ خَيْرٌ﴾ [سورة الأعراف: 26].

كما أن لها أن تتزين بالذهب والفضة والزينة الاعتيادية، ولها أن تتزين- كذلك- بالياقوت والزمرد والماس واللؤلؤ والمرجان، إذ لم يرد دليل في تحريم شيء من ذلك.

كما أباح لها الإسلام أن تتعطر بما شاءت من العطور والطيب... إن لها أن تتزَيَّنَ أمام زوجها بذلك كله، وتعرض أمامه كل ما في طبيعتها من أغراء من غير حرج في ذلك، ليسرَّ بها زوجُها، ويكثر حبه لها ورغبته فيها...!

أما الذي حرمه الإسلام، فهو أن تُظهر المرأة زينتها ومحاسنها وفتنتها وكل ما يحرك الغريزة الجنسية للبالغين من الذكور، سواء في إظهار محاسن رأسها أو وجهها أو يديها، أو اللباس الساتر للجسم أو غير الساتر. كما يعتبر من التبرج: لبس المرأة الملابس الضيقة التي تفصح عن عورتها، ولبسها القميص الذي يصور صدرها، ولبسها الأحذية الملفتة للنظر، ولبسها الملابس ذات الألوان الجذابة للرجل...

كما يعتبر من التبرج: وضع المرأة المساحيق ذات الألوان والروائح في وجهها، وتغييرها لحواجبها أو رموشها الطبيعية (ويعتبر من قبيل التبرج: كل تصنع تقوم به المرأة من مشي أو التواء خليع، أو صوت غنج ذي لين ودلال، أو تشبهها بالرجال)[1].

---

(1) أهم قضايا المرأة المسلمة ص96.

ولا يظنن أحد أن الإسلام لا يحب الجمال ولا يعنى به! لا... ولكن الذي يحرمه ذيوع الفتنة، فإن الجمال يحبه الله ويحبه عباده المؤمنون، والفتنة يحبها الشيطان ويحبها أتباعه الضالون. والمراد بالفتنة: إثارة الغرائز والشهوات في الحرام. والمرأة التي تتعمد ذلك ظالمة لنفسها، لأن العين تزني وزناها النظر. فكما أن الناظر يتحمل من الإثم ما يتحمل إذا تعمد في النظر الحرام، فكذلك تتحمل المرأة ذات الفتنة ما تتحمل. فهل ترضى المسلمة لنفسها أن تكون سبباً في الزنا بالعين؟!

لقد انحرف المجتمع المعاصر بالمرأة انحرافاً مخيفاً، واتخذ من زيها سلاحاً خطيراً يعصف بالأخلاق، وذلك بنشر الأزياء الفاضحة التي تظهر فيها المرأة عاريةً أو شبه عارية. هذا اللون من الأزياء ينحرف بالغريزة، ويدمر القيم، ويؤدي إلى كوارث كثيرة: فقد أدى إلى كثرة الجرائم، وشيوع فاحشة الزنا، وضعف الروابط الأسرية، بل تحطيمها وانعدام الثقة بين أفرادها وانتشار الطلاق لأتفه الأسباب، وانتشار الأمراض المستعصية التي لا عهد للناس بها من قبل، وشيوع الشذوذ الجنسي... ويصيب هذا الشقاء من تلك الملابس الفاضحة الرجل والمرأة معاً. أما الرجل، فلا يجد الاستقرار وهو يعاين في كل يوم مناظر ترهق الأعصاب، وتتعب النفس، وتدعو إلى الفتنة... كما يؤدي تبرج المرأة قبل هذا وبعده إلى الإساءة إلى المرأة نفسها، إذ صارت وسيلة من وسائل المتاجرة بها فقد أعلن الرئيس السابق للولايات المتحدة الأمريكية

(نيكسون) أن أرباح التجارة بالمرأة قد عادت على أصحابها بأكثر من ملياري دولار في عام 1972[1].

ونعود إلى شرقنا الإسلامي فنرى كثيرات من النساء حين تخرج الواحدة منهن إلى السوق أو لقضاء حاجة من حاجاتها- تخرج وهي ترفل بزينتها وأناقتها، فتلبس أحسن ما تجد من الثياب، وتتعطر بأحسن ما تجد من الطيب، ولا تقوم بشيء من ذلك في بيتها أمام زوجها..!

ولما كانت الآثار المدمرة التي تترتب على التبرج كثيرة كثيرة، ومن شأنها أن ترهق الأعصاب، وتفسد الأخلاق، وتصرف الناس عن الجد والعمل البناء، ومن شأنها- أيضا- أن تحطم المجتمع أفراداً وأسراً.. فقد أراد الله- سبحانه- أن يسد هذا الباب الذي يأتي على بنيان، المجتمع من القواعد، فدعا المرأة أن تحفظ جسمها من عبث العابثين، ليكون المجتمع- كله- عفيفاً طاهراً، بعيداً عن الرذائل والشرور!

---

(1) الإسلام أولاً للأستاذ عبد الحليم عويس ص57، الناشر: دار الاعتصام، القاهرة، 1976م.

التبرج وأخطاره الصحية

إن المرأة المسلمة تمتنع عن التبرج لا خوفاً من الأمراض التي قد تصيبها من تبرجها، ولكن استجابة لله الذي حرمه في محكم كتابه، وهل الإيمان إلا (ما وقر في القلب وصدقه العمل)؟! ومع هذا نورد هنا شيئاً مما قرره الطب الحديث في أمر تبرج المرأة، فما قول الطب الحديث في ذلك؟

1- **الملابس القصيرة وأخطارها:**

جاء في المجلة الطبية البريطانية .B.M.J الصادرة في 1972/1/15 في الصفة 120 ما يأتي:

(السرطان الخبيث (الميلانوما الخبيثة Malignant Melanoma) الذي كان من أندر أنواع السرطان أصبح الآن في تزايد، وأن عدد الإصابات في الفتيات في مقتبل العمر يتضاعف حاليا، حيث يصبن به في أرجلهن، وإن السبب الرئيس لشيوع هذا السرطان الخبيث، هو انتشار الأزياء القصيرة التي تعرض جسد النساء لأشعة الشمس فترات طويلة على مر السنة، ولا تفيد الجوارب الشفافة أو(النايلون) في الوقاية منه).

وناشدت المجلة أطباء الأوبئة أن يشاركوا في جمع المعلومات عن هذا المرض، وكونه وباءاً.

(ولقد حل العذاب الأليم- أو جزء منه- في صورة السرطان الخبيث، بل أخبث أنواع السرطان. وهذا المرض ينتج من تعرض الجسم لأشعة الشمس والأشعة فوق البنفسجية فترات طويلة: وهو ما توفره الملابس القصيرة في الحياة الاعتيادية، أو أزياء البحر على الشواطئ،

ويصيب كافة الأجناس بنسب متفاوتة. ويظهر أولا كبقعة صغيرة سوداء، وقد تكون متناهية الصغر غالباً في القدم أو الساق (وأحياناً بالعين)، ثم يبدأ بالانتشار في كل مكان واتجاه، بينما هو يزيد وينمو في مكان ظهوره الأول، فيهاجم العُقَدَ الليمفاوية بأعلى الفخذ، ويغزو الدم ويستقر في الكبد ويدمرها، وقد يستقر في كافة الأعضاء، ومنها العظام والأحشاء بما فيها الكليتان. ولربما يعقب غزو الكليتين البول الأسود نتيجة لتهتك الكلى بالسرطان الخبيث الغازي.. وقد ينتقل للجنين في بطن أمه... ولا يمهل هذا المرض صاحبه طويلاً. ولا يمثل العلاج بالجراحة فرصة للنجاة كباقي أنواع السرطان الخبيث، علماً بأنَّ هذا السرطان الخبيث لا يستجيب إطلاقاً للعلاج بجلسات الأشعة...)[1].

2- **الماكياج والجلد.**

قال الدكتور وهبة أحمد حسن من كلية الطب في جامعة الإسكندرية: (ماكياجات الجلد لها تأثيرها الضار، فهي مصنوعة من مركبات معادن ثقيلة مثل: الرصاص والزئبق، تذاب في مركبات دهنية مثل زيت الكاكاو، وكما أن كل المواد الملونة تدخل فيه بعض المشتقات البترولية، وكلها أكسيدات تضر بالجلد، وأن امتصاص المسام الجلدية لهذه المواد يحدث التهابات وحساسية. أما لو استمر استخدام الماكياجات، فأن لها تأثيراً ضاراً على الأنسجة المكونة للدم والكبد والكلى. فهذه المواد

(1) من مقال: الزي الإسلامي للمرأة ومزاياه للدكتور فاروق محمود ساهل، المنشور في مجلة (الوعي الإسلامي)، العدد (92) الصادر في 1972/9/11.

الداخلة في تركيب الماكياجات لها خاصية الترسيب المتكامل، فلا يتخلص منها الجسم بسرعة)[1].

وقال الدكتور حسن الحفناوي من ذوي الاختصاص بالأمراض الجلدية:

(... وأكثر أنواع التبقع الجلدي انتشاراً (التبقع الفطري). وهذا المرض منتشر جداً عند السيدات اللواتي يسرفن في استعمال المساحيق والكريم والمراهم والعطور، واللواتي يعرضن بشرتهن للشمس في المصايف)[2].

وقال الدكتور يعسوب سليمان من ذوي الاختصاص بالأمراض الجلدية في الموصل:

(أثبتت الدراسات الطبية في أنحاء العالم كافة منذ فترة طويلة أن هناك الكثير من الأمراض الجلدية الناتجة عن استعمال مستحضرات التجميل على الجلد والشفاه والشعر والأظفار، لأن هذه المستحضرات تحتوي على أنواع مختلفة من المواد الكيمياوية المخدشة والمهيجة للجلد وملحقاته، إضافة إلى إمكانية حصول ما يسمى بـ(اكزما الملامسة) في أجزاء الجلد المختلفة الملامسة لهذه المستحضرات. لذلك أنصح بضرورة تجنبها قدر المستطاع تفادياً من هذه الأمراض الجلدية المحتملة)[3].

---

(1) الموضة في التصور الإسلامي للزهراء فاطمة بنت عبد الله ص64، ط1، 1411هـ/ 1991م، مكتبة السنة، القاهرة.

(2) الموضة ص62.

(3) من كلمات كتبها الدكتور يعسوب سليمان وقد التقيته في عيادته في 1995/4/9.

الموضة خدعة

إذا كان لون الثوب وشكله يغير من وقت لأخر ومن مكان لأخر، فأن حجم الثوب طولاً وقصَراً و(موديلاً) يتغير- كذلك- فقد كان في فترة من الزمن يسمى (ميني جوب) أي قصيراً إلى ما فوق الركبة، ثم صار (ميكرو جيب) أي صغير الحجم ويرتفع إلى نهاية الركبة من أعلى، ثم صار (شانيل) أي: تحت الركبة مباشرة، ثم صار (ميدي) أي تحت الركبة بقليل، وقد يصل إلى منتصف الساق، ثم صار (ماكسي): وهو الثوب الطويل الذي ينسدل حتى يغطي القدمين...!!

وإذا كان حجم الثوب يتغير هكذا، فإن التغيير في (موديل الثوب) يتغير- كذلك- من عام إلى عام. فقد كان في أحد الأعوام واسعاً جداً، لكنه صار، في عام آخر ضيقاً جداً، ونجده في عام ثالث متهدِّلاً على بعضه في اتساع غريب.! هذا- كله- يدلُّ على الفوضى النفسية التي تحملها من قامت بلبسه. وحَدِّث ما شئت أن تُحَدِّث عن تلك (الموديلات) التي تنتشر بسرعة تذهل العقول وتحير الألباب، فيكتب لها الانتشار والذيوع في عام، ثم تندثر في عام آخر، ثم يكتب لها الانتشار بعد تطوير طفيف فيه في عام ثالث... وهكذا، فأن التغيير والتبديل والتطوير لم يأت اعتباطاً كيفما اتفق، بل بعد دراسة عميقة وتفكير دقيق، مستغلين (علم النفس) لرواج تلك الأزياء وذيوعها.

لقد خُدِعَت المرأةُ المسلمة وهي تسير لاهثةً في تقليد المرأة الغربية في زيها. لقد خدعها مصممو الأزياء وضحكوا عليها كثيراً. يقول صلاح

حمدي[1] الذي ذهب إلى (باريس) عاصمة الأزياء، وظل فيها ستة أشهر وهو يدرس خطوط المودة:

(ليس هناك في بلاد الموضة ما يسمى موضة، لقد خدعونا باسم الموضة، وضحكوا علينا، لترويج بضاعتهم، ولكنهم أبداً لا يستعملونها في بلادهم. والدليل: أني لم أجد في باريس ولا في أوربا كلها فتاة أو سيدة تلبس (الميني جيب) أو (الميكرو جيب) أو تلبس الفساتين الضيقة التي يستجير منها الجسد... لم أر هناك أثراً لما يغرق الأسواق على شكل بضائع مستوردة).

ويقول (إن المرأة المصرية (والعربية عموماً)- مع الأسف- خيالية أكثر من اللازم، وليست لها شخصية: فهي تجري وراء الموضة بدون وعي. فهي تلبس الثوب (الميكرو) رغم قِصر قامتها وسمنة ساقها، وتلبس (الميني) رغم البروز والمنحنيات الطبيعية في جسمها، لقد تركت حضارتها الأصلية لتجري وراء كل ما يَرِدُ من الخارج، سواء في اختيارها للألوان التي تلائم بشرتها، أو نوع النموذج المناسب لقوامها، أو نوع القماش الموجود في السوق.

والسبب: هو أن المرأة حين تختار نموذجاً (موديلاً معيَّناً) تنسى نقطتين مهمتين:

الأولى: أن الصورة في أيٍّ (كتالوج) يلعب بها خداع التصوير دوراً كبيراً.

---

(1) في جريدة (الجمهورية) التي تصدر في مصر بتاريخ 1969/2/12.

الثانية: النموذج (الموديل) له نسب معيَّنة لا تتفق مع مقاييس المرأة المصرية (والعربية عموماً).

وهكذا نجد أن المرأة المسلمة مخدوعة أشدَّ الخداع إزاء هذه التيارات الخطيرة التي تريد اجتياحها، وتدمير مقومات خلقها وشخصيتها)[1].

---

(1) الموضة ص76- 77.

المؤامرة على المرأة المسلمة

بداية المؤامرة

لم يدخل التبرج في المجتمعات الإسلامية وينتشر إلا بعد أن دخل المستعمرون في بلاد المسلمين، ووضعوا خططهم الماكرة في إفساد المرأة المسلمة وقاموا بتنفيذها. وقد نجحوا في ذلك: فاندفعت المسلمة بكل بلاهة مقلدةً المرأة الأوربية في لبسها وتبرجها وعرض مفاتنها أمام الرجال الأجانب. وقد اتخذت تلك المؤامرة خطوات عديدة: ففي سنة 1894 أصدر (مرقص فهمي) المحامي القبطي كتابه (المرأة في الشرق) دعا فيه إلى تحقيق أهداف خمسة، أولها: القضاء على الحجاب الإسلامي، وأخرها: زواج المسلمات من الأقباط. وبعد ذلك بقليل ألفَ (الكونت دار كير) كتابه (المصريون) وقد نال فيه من الحجاب الإسلامي، وقرار المرأة في بيتها. وقد رد (قاسم أمين) على كتاب (دار كير) بالفرنسية، مُفنِّداً اتهاماته لمصر والمصريين، معدِّداً فضائل الإسلام على المرأة المصرية، رافعاً من شأن الحجاب، مستنكراً ما تفعله بعض السيدات المصريات من التشبه بالأوربيات: بيد أن دفاعه كان دفاعاً تبريرياً ليس إلا، فوق ما يحتجنه من ذلة وخنوع..!! واهتبل بعض خصوم (قاسم أمين) الفرصة، ووشوا به إلى الأميرة (نازلي مصطفى فاضل) أمّ الملك فاروق، مدعين أن (قاسم أمين) يعنيها بتقليد الإفرنجيات إذ لم يكن في مصر غيرها تدعو لذلك وتخالط الرجال وتجالسهم في صالونها الذي جعلته مركزاً لدعوة الناس إلى التغريب بصورة عامة وإلى تحرير المرأة بصورة خاصة. وقد غضبت (الأميرة نازلي)، وتهددت وتوعدت إنْ لم يُصلح (قاسم أمين)

خطأهُ وَيعدل عن دفاعه عن الحجاب! فكان أن كتب كتابه (تحرير المرأة) سنة 1899، ودعا إلى نفس ما دعا إليه (مرقص فهمي) القبطي، عدا مسألة زواج المسلمات من الأقباط. وقد أكد (قاسم أمين) في كتابه (تحرير المرأة) على أن (حجاب المرأة بوضعه السائد ليس من الإسلام)، وناصَرَ دعوتهَ بعضُ الكتاب وعلى رأسهم (جرجي نقولا باز) الذي ألَّف كتابين أحدهما بعنوان (إكليل غار على رأس المرآة)، وثانيهما بعنوان (النسائيات). وقد ردَّ على (قاسم أمين) كثير من العلماء والأدباء، كما الفت الكتب في الرد عليه- أيضا- أما الشعراء فقد كتبوا القصائد الكثيرة في الرد على (قاسم أمين) ودعوته، ومن تلك القصائد: قصيدة احمد محرم التي يقول فيها:

أغرَّكِ يا أسماء، ما ظنَّ قاسم

أقيمي وراء الخدر فالمرء، واهمُ

تضيقين ذَرعاً بالحجاب وما به

سوى ما جَنَت تلك الرؤى والمزاعمُ

سلام على الأخلاق في الشرق كلهِ

إذا ما استبيحت في الخدور الكرائم

أقاسمُ لا تقذف بجيشك تبتغي

بقومك والإسلام ما الله عالِمُ

لنا من بناء الأولين بقية

تلوذ بها أعراضنا والمحارم

أسائل نفسي إذ دَلَفتَ تريدُها

أأنت من البانين أم أنت هادم؟

ولولا اللواتي أنت تبكي مصابها

لما قام للأخلاق في مصر قائم

ومنها:

هممنا بربات الحجال نريدها

أقاطيع ترعى العيش وهيَ سوائمُ

وإنَّ امرءاً يُلقي بليلٍ نعاجه

إلى حيث تستن الذئاب لظالم

وكل حياة تثلم العرض سبة

ولا كحياة جللتها المآثم

عفا الله عن قوم تمادت ظنونهم

فلا النهج مأمون ولا الرأى حازم

ألا إنَّ بالإسلام داءاً مخامرا

وإن كتابَ الله للداء حاسم

لقد كان موقف (قاسم أمين) حَرجاً من تلك الردود العلمية عليه، فلم يستطع تفنيدها. وكان الأخلق به أن يُراجع نفسه فيندم عمَّا خطهُ في قضية من أخطر قضايا العصر آنذاك.. لكنه لم يفعل ذلك، بل تمادى في غَيِّه ومضى في باطله، فكتب كتابه الأخر (المرأة الجديدة) في العام التالي لذلك العام. وقد بدت تبعَّيتُهُ للفكر الغربي فيه مكشوفة عريانة، بل تجرَّأ

في كتابه هذا، فحمل على المدنية الإسلامية، زاعماً أن طريق الإصلاح الاجتماعي لا يكون إلا في اقتفاء آثارِ الغرب وقطع الصلة بماضي أمتنا!

كان قاسم أمين قد ادَّعى في كتابه (تحرير المرأة): أنه لا يريد بالسفور إلا سفور الوجه فقط، لكنه في كتابه (المرأة الجديدة) صَرَّح بأنَّ (الحجاب عادة لا يليق استعمالها في عصرنا)!

ونترك (قاسم أمين) ودعوته، وننتقل إلى (سعد زغلول) الذي مَلَكَ قلوب المصريين فترةً من الزمن: فأنه لما تولَّى زعامة الشعب سنةَ 1919، دعا إلى إزاحة النقاب: وهي أول مرحلة من مراحل السفور. وتوالت دعوات هؤلاء وأولئك، فأثمرت ثمرات خبيثة لا يزال الناس يتجرعون غصصها ويعايشون ألمها. وممن رد على دعاة (تحرير المرأة) مصطفى صادق الرافعي رحمه الله فقال:

أراكِ تُرَجِّينَ الذي لستِ أهله

وما كل علم إبرة وثياب

كفى الزهر ما تندى به راحة الصبا

وهل للندى بين السيول حساب

وما أحمق الشاة استفرت بظلفها

إذا حسبت أن الشياه ذئاب

فَحَسبُكِ نُبلا قالةُ الناس أنجَبَت

وحَسبُكِ فخراً أن يصونك باب

دعي عنك قوماً زاحمتهم نساؤهم

فكانوا كما حف الشراب ذباب

تسـاووا فهـذا بيـنهم مِثـلُ هذه

وسـيـانِ معنىً يافِـعُ وكعـاب

ومـا عَجَبي أنَّ النسـاء ترجَّلَت

ولكن تأنيث الـرجـالِ عجـاب

الحجاب والمؤامرة

كانت السهام التي ريشت ورُمي به الحجاب الإسلامي كثيرة كثيرة، بل إنَّ دولاً عديدة سن الحاكمون فيها قوانين ضد الحجاب: فهذه تركيا التي كانت مَعقِلَ السلطنة العثمانية، تولى الحكم فيها (كمال أتاتورك)، واصدر قانونه بنزع حجاب المرأة، وكان يراقب تنفيذه ويعاقب من يخالفه أو يعارضه. وقد تم نزع حجاب المرأة التركية بالإرهاب والإهانة في الطرقات.. وقد عمل أتباعه من بعده في محاربة حجاب المرأة بكل ما أوتوا من قوة!

وهذه (إيران) حاربت الحجاب الإسلامي حرباً لا هوادةَ فيها. فما أن نصب الإنكليز (رضا بهلوي) سنة 1926 حتى قام بإلغاء الحجاب الشرعي، وكانت زوجته أول من كَشَفَت عن رأسها في احتفالٍ رسمي لتكون قدوةً للسافرات، وقد اضطهدت النساء اللاتي رفضن نزعٍ الحجاب، بل أن المرأة التي كانت تخرج من بيتها محجبة تعودُ إليه سافرة، لأن الشرطة تنزع عنها حجابها قسراً، وتستولي على عباءتها، فوق الإهانة التي تلاقيها من الشرطة آنذاك. وقد مُنِعَت الفتياتُ والمعلمات من دخول المدارس بالحجاب، بل مُنِعَ أيُّ ضابطٍ من السير في الشوارع بصحبة امرأة محجبة مهما كانت صلتها وقرابتها به.

وهذه (أفغانستان) التي تنكرت لبعض شرائع الإسلام قبل دخول القوات الروسية فيها، كانت قد أصدرت قانوناً يبيح السفور والتبرج، ويدعو المرأة إلى نزع حجابها، وذلك في عهد (محمد أمان)!

وهذه (الجزائر) التي قدَّمت مليون شهيد فداءاً لعقيدتها الإسلامية ووفاءاً لدينها، تنجح ثورتها الإسلامية التي قادها العلماء. ولكن ما أن حصلت على استقلالها حتى سُرقَت منها الروح الإسلامية بقدرة قادر، فقام (أحمد بن بيلاً) بتحكيم أنظمة كافرة بَدلَ أنظمة الإسلام، ودعا إلى خلع الحجاب، وكان مما قاله:

(إن المرأةَ الجزائرية قد امتنعت عن خلع الحجاب في الماضي، لأن فرنسا هي التي كانت تدعوها إلى ذلك! أما اليوم، فأني أطالب المرأة الجزائرية بخلع الحجاب من اجل الجزائر)[1].

وهذه (ألبانيا) كانت قد أصدرت قانوناً في عهد (أحمد زوغو) حاربت فيه الحجاب، ولكنها تمكنت أيام الحرب العالمية الثانية أن تعود إليه. ولما عاد (أنور خوجا) إلى الحكم شن على الحجاب حرباً شعواء أخرى. وهكذا الأمر في (روسيا) و(يوغسلافيا) و(الصومال) و(ماليزيا) و(تونس).

وهذه (جيهان السادات) وقفت من الحجاب وقفة الخصم، وكان مما قالته:

(إنني ضد الحجاب، لأن البنات المحجبات يخفن الأطفال بمظهرهن الشاذ، وقد قـرَّرتُ بصفتي مدرسةً بالجامعة: أن أطردَ اي طالبةٍ محجبةٍ في محاضرتي، فسوف آخُذُها من يَدِها وأقول لها: مكانك في الخارج)[2].

---

(1) واقعنا المعاصر للأستاذ محمد قطب ص260.

(2) المرأة وكيد الأعداء للدكتور عبد الله بن وكيل الشيخ ص41، ط1، 1412هـ دار الوطن، الرياض.

وحين نتأمل في اللواتي رفعن شعار محاربة الحجاب، نرى صلة وثيقةً بينهنَّ وبين القوى الاستعمارية التي تعمل ليل نهار في محاربة الإسلام وعلمائه.

فهذه (صفية زغلول)[1] زوجة (سعد زغلول) وابنة مصطفى فهمي رئيس الوزراء، التركي الأصل الذي عرف بخنوعه وخضوعه للاستعمار الإنكليزي... هذه المرأة رفعت شعار محاربة الحجاب!

وهذه (هدى شعراوي) ابنة (محمد سلطان باشا) الذي دعا إلى استقبال الإنكليز في مصر، بل رافَقَ الإنكليز في زحفه على العاصمة... كانت (هدى شعراوي) تُشَجِّعُ الفتيات على السفر إلى أوربا، لكي يعدن إلى مصر وقد حملن الثقافة الغربية، تقول بكل صراحة:

(... ومنذ ذلك اليوم قطعنا على أنفسنا عهداً أن نحذوَ حذوَ أخواتنا الغربيات في النهوض بجنسنا مهما كَلَّفنا ذلك)[2].

أما (درية شفيق) مؤسسة حزب (بنت النيل)، فكانت تستقبل في بريطانيا كما يستقبل رؤساء الدول، وهي التي دعت إلى إدخال قوانين الطلاق الأوربية في مصر.

وهكذا نرى مَن تربى على عين الكافر المستعمر من أبناء جلدتنا الذين يتكلمون بألسنتنا، يحرصون كل الحرص على هتك حجاب المرأة المسلمة، لأن في ذلك قضاءاً على سر قوة المسلمين أولاً، والإتيان على

(1) اسمها الحقيقي صفية مصطفى فهمي. وقد حملت لقب عائلة زوجها على طريقة الأوربيين.
(2) المرأة وكيد الأعداء ص36.

البقية الباقية من الآداب الإسلامية بعد ذلك. وقد كان التمسك بالخلق الإسلامي النبيل عـاملاً مهماً من عوامل بقاء المجتمع المسـلم مستعصياً على محـاولات الغـرب في انصـهاره في بوتقـة الثقافة الغربية. وهكذا يتضح لكل ذي عينين أن (حركـة الـدفاع عـن حقـوق المـرأة) في مصر، كانت وثيقةَ الصلة بالاستعمار البريطاني، ولم تظهـر عـلى الوجـود إلا بعـد دخـول بريطانيـا إلى مصر بسنوات قليلة!

وكدليل على ذلك ما كان من أمر (غلادستون) رئيس وزراء إنكلترا الذي كان يعلن على رؤوس الأشهاد: أنه (ما دام هذا القرآن موجوداً في أيدي المسلمين فلن تستطيع أوربا السيطرة على الشرق، ولا أن تكون هي نفسها في أمان)[1].

ولم يُترك تصريحُ (غلادستون) هذا تذروه الرياح، بل عمل المستعمرون على وضع خطة دقيقة للقضاء على هذا القرآن الذي أزعج الساسة الغربيين. وتتمثل تلك الخطة بالقضاء عـلى حجاب المرأة المسلمة، فوق ما خططوا وبيتوا لهذه الأمة التي كانت ولا تـزال كـذلك تغـط في سبات نوم عميق، فيقول (غلادستون):

(لن يستقيم حال المشرق ما لم يرفع الحجاب عن وجه المرأة ويغطى به القرآن)[2].

---

(1) الموضة في التصور الإسلامي ص48.
(2) الموضة في التصور الإسلامي ص40.

ولم يكن (غلادستون) هو وحده العازف على قيثارة التضليل هـذه لتحطيم المجتمـع الإسلامي، بل ان مخططات صليبية كثيرة كانت قد ضربت على الوتر نفسه، ويتمثل شيء مـن تلك المخططات فيما قالته (أنا مليجان):

(ليس هنـاك طريق لهدم الإسلام أقصر مسـافة... مـن خروج المـرأة المسـلمة سافرةً متبرجة)[1].

أما (مورو بيرجر)- وهو يهودي أمريكي- فيقول في كتابه (العالم العربي اليوم):

(المرأة المسلمة المتعلمة: هي ابعدُ أفراد المجتمـع عـن تعـاليم الـدين، وأقـدرُ أفـراد المجتمع على جرّ المجتمع كله بعيداً عن الدين)[2].

(1) الموضة في التصور الإسلامي ص49.
(2) الموضة في التصور الإسلامي ص49.

لماذا الحجاب الإسلامي؟

الحجاب: هو ما تستر به المرأة جسمها. فكان- وما زال كذلك- رمز الرزانة والوقار، مانعاً من الغواية، وداعياً إلى العفة والحياء، وحافظاً للحرمات، وهو الذي يُبعِدُ عنها مَن ساء خلقهم وماتت القيم النبيلة في نفوسهم، ويبعدها- أيضاً- عن الاختلاط الذي هو أس الشرور ورذيلة الرذائل. وكأنَّ الحجاب الذي تلبسه المرأة المسلمة رسالة موجهة إلى الناس كلهم تخاطبهم فيها قائلة: إنني امرأة مسلمة، متحلية بالعفاف، متزينة بالحياء متطهرة بالتقوى، ساترة لعورتي، فاحترموني ولا تؤذوني. وبهذا تزداد مهابةً في عيون الناس وقلوبهم..!

هذا الخلق الكريم الذي دعا إليه الإسلام لا نجد له نظيراً أو مثيلاً في أرقى أمم العالم وأعلاها حضارة وثقافة فضلاً عن غيرها، فأن المجتمعات الغربية اليوم مع ما وصلت إليه من (تقنية) و(تكنولوجيا) لا تتحرج النساء فيها عن كشف ما أمر الله أن يستر من أجسادهن. وما اللباس عند القوم ألا لمجرد الزينة ليس إلا من غير أن يولين الستر كثير اهتمام! أما الإسلام، فقد شرع اللباس فيه من أجل الستر أولاً، وللزينة بعد ذلك. وهكذا يعمل هذا الدين على درء المفاسد عن الفرد والمجتمع.

لقد كان من أهم أسرار قوة العالم الإسلامي في عصوره الزهراء ومقاومته لكل لون من ألوان الفناء في عصور الانحطاط، واستعصائه على الترويض للانخراط في الفكر الغربي، يكمن في احتفاظ الأسرة المسلمة بزيها الإسلامي البعيد عن التحلل والفساد. ولم يغفل أعداء الإسلام عن ذلك، فاخذوا يصوبون سهام حقدهم إلى الأسرة المسلمة بغية

إفسادها، وينسبون سر تأخر المسلمين إلى حجاب المرأة المسلمة، وعدم محاكاة- المسلمة- للأوربية في زيها ونمط حياتها. يقول محمد طلعت حرب:

(إن رفع الحجاب والاختلاط: كلاهما أمنية تتمناها أوربا من قديم الزمان لغاية في النفس يدركها كل من وقف على مقاصد أوربا بالعالم الإسلامي)[1].

ويقول:

(أنه لم يبق حائل يحول دون هدم المجتمع الإسلامي في الشرق- لا في مصر وحدها- إلا أن يطرأ على المرأة المسلمة التحول، بل الفساد الذي عم الرجال في الشرق)[2].

ويقول:

(إن إرادة الوصول إلى تغيير حال المرأة المسلمة شيء كامن في نفوس الفرنج، لذلك كانوا يطالبون به كل من حادثهم من أدباء الشرق وعلمائه، حتى إنك ترى الواحد منهم متى ناظرته مشفقاً على المرأة المسلمة إشفاقاً غريباً، ويرثي لحالها، ويصدر منه من الأقوال ما يدل على جهله بحالة المرأة وحقوقها في الإسلام)[3].

---

(1) أهداف الأسرة في الإسلام والتيارات المضادة لحسين محمد يوسف ص10، ط2، 1398هـ/1978م، دار الاعتصام، القاهرة.
(2) أهداف الأسرة في الإسلام ص10.
(3) أهداف الأسرة في الإسلام ص10.

ولابد لنا أن نشير هنا إلى أن المجتمعات الغربية التي أثارت الشبهات تلو الشبهات

عن قضية الحجاب الإسلامي، إنما أرادت- فوق ذلك- أن تطعن هذا الدين بكل مكر وخبث!.

فلم تكن قضية الحجاب غير مدخل من مداخلهم للطعن بتشريعات القرآن والسنة!!

قالوا في الحجاب

من الأقوال المأثورة التي جرت مجرى الأمثال: (العاقل من اتعظ بغيره). فماذا حصدت المجتمعات الغربية من تهتك المرأة وخلاعتها غير الفجور والمجون الذي حطم الأسر وزلزل كيان المجتمع من الداخل؟! وهذه مقتطفات من أقوال فلاسفتهم ومفكريهم وقادتهم، لعلها تكون عبرة لمن أراد أن يعتبر!

1. قام حزب (الاتحاد والترقي) بعد أن نجح في الانقلاب على السلطان عبد الحميد الثاني في تركيا وتولى زمام الحكم فيها بتقليد أوربا تقليداً أعمى، وتنكَّرَ لكل ما يمت إلى الإسلام بصلة. ومن ذلك التقليد: أن صارت البنات المتبرجات يقدمن باقات من الزهور لمن يحل ضيفاً على تركيا من الملوك والرؤساء.ولما قام (غليوم) إمبراطور (ألمانيا) بزيارة لتركيا، أراد حزب (الاتحاد والترقي) أن يظهر له تمدنهم! فأخرجوا في استقباله عدداً من بنات المدارس المتبرجات، وقدمنَ له باقات من الأزهار. لكن (غليوم) بدت عليه علامات التعجب لما رأى، وقال للمسؤولين الأتراك:

(إني كنت آمُلُ أنْ أُشاهد في تركيا الحشمة والحجاب بحكم دينكم الإسلامي، وإذا بي أشاهد التبرج الذي نشكو منه في أوربا، ويقودنا إلى ضياع الأسرة وخراب الأوطان وتشرد الأطفال)[1]؟؟!!

---

(1) تحفة العروس للأستاذ محمود مهدي الاستانبولي ص357، ط6، 1405هـ/ 1985م.

2. قالت الصحفية الأمريكية (هيلسيان ستانسبري) وقد زارت في مصر المدارس والجامعات ومراكز الأحداث وبعض الأسر في مختلف الأحياء وهي صحفية متجولة تراسل أكثر من 250 صحيفة أمريكية، وعملت في الإذاعة والتلفزيون والصحافة أكثر من 20 سنة، ولها مقال يومي يقرؤه الملايين.. قالت ناصحة المجتمع العربي:

(... إن المجتمع العربي مجتمع كامل وسليم. ومن الخليق بهذا المجتمع أن يتمسك بتقاليده التي تُقَيِّدُ الفتاةَ والشابَ في حدود المعقول. وهذا المجتمع يختلف عن المجتمع الأوربي والأمريكي: فعندكم تقاليد موروثة تحتم تقييد المرأة، وتحتم احترام الأب والأم، وتحتم أكثر من ذلك عدم الإباحية الغربية التي تهدد اليوم المجتمع والأسرة في أوربا وأمريكا...

لهذا أنصح: بأن تتمسكوا بتقاليدكم وأخلاقكم، وامنعوا الاختلاط، وقَيِّدُوا حريةَ الفتاة، بل ارجعوا إلى عصر الحجاب فهذا خير لكم من إباحية وانطلاق ومجون أوربا وأمريكا...)[1].

3. وقالت الدكتورة (لورا فاجليري) الأستاذة بمعهد الدراسات الشرقية بميلانو:

(لكي يجنب الإسلام المرأة الفتنة ونتائجها، أمرها بالتحجب وتغطية كل جسدها عدا ما تمنعه الضرورة: كعينيها وكفيها. ولم يكن ذلك نتيجة أي انتقاص من قدر المرأة أو ضغط لإرادتها، ولكن لحمايتها من رغبة

(1) فقه السنة لسيد سابق 218/2، ط2، 1392هـ/ 1973م، دار الكتاب العربي، بيروت.

الرجل. وهذه القاعدة البالغة القدم الخاصة بحجاب المرأة وما يترتب عليه من حياة خلقية كان لها أثرها في الدول الشرقية ... فلم يعرف احتراف البغاء إطلاقاً إلا حيث عرف النفوذ الأجنبي، ولا يستطيع المرء إنكار قيمة هذا الكسب الاجتماعي. ورغم أن عادة الحجاب، وعدم مساهمة المرأة المسلمة في الحياة العامة تمثل خسارة من وجهة نظر معينة، فمن ناحية أخرى كانت هذه العادة مصدر فائدة لا تقدر للمجتمع الإسلامي)[1].

4. وقال عالم الإنكليز المعروف الأستاذ (هلتن).

(إن أحكام الإسلام في شأن المرأة صريحة في وفرة العناية بوقايتها من كل ما يؤذيها ويشين سمعتها، ولم يضيق الإسلام في الحجاب كما يزعم بعض الكتاب، بل أنه تمشى مع مقتضيات الغريزة والمروءة)[2].

5. وقالت كاتبة إنكليزية مكثت بضعة أشهر في مصر تتصل بالنساء المحجبات وتدرس أوضاعهن عن كثب، وقد خرجت من دراستها بنتيجة طيبة حملتها إلى بلادها يوم عادت إليها، فكتبت مقالا بعنوان (سؤال أحمله من الشرق إلى المرأة الغربية) قالت في أخره:

(إذا كانت هذه الحرية التي كسبناها أخيراً وهذا التنافس الجنسي، وتجريد الجنسين من الحجب المشوقة الباعثة التي أقامتها الطبيعة بينهما- إذا كان هذا سيصبح وكل أثره أن يتولى الرجال عن النساء، وأن يزول

<hr>

(1) تفسير الإسلام للدكتورة لورا فاجليري ص 58-59، ترجمة: احمد أمين عز العرب، سلسلة الثقافة الإسلامية.
(2) الإسلام والحضارة العربية للأستاذ محمد كرد علي 94/1، ط3، 1968م، مطبعة لجنة التأليف والترجمة والنشر، القاهرة.

من القلوب كل ما يحرك فيها أوتار الحب الزوجي- فما الذي نكون قد ربحناه؟ لقد والله تضطر هذه الحالة إلى تغيير خططنا، بل قد تستقر طوعاً وراء الحجاب الشرقي، لنتعلم من جديد فن الحب الحقيقي)[1].

_____

(1) وحي القلم للأستاذ مصطفى صادق الرافعي 223/1، ط8، دار الكتاب العربي، بيروت.

صرخة وإهابة

فيا أيتها الأخت المسلمة:

هل تستجيبين لله ورسوله وقد دعاك لما فيه خيرك في الدنيا وسعادتك في الآخرة، أو تستجيبين لدعاة (الموضة) الذين يريدونك سلعة رخيصة مبتذلة؟!

هل تقولين (سمعنا وأطعنا) إذا سمعت حكم الله ورسوله في الحجاب، أم تجادلين في ذلك، وتستجيبين لدعاة التهتك والفجور؟!

أيجوز لمن آمنت بالله واليوم الآخر أن تجادل في حكمه تعالى، وتعرض عما أنزله الله في محكم كتابه أو نص عليه رسوله ﷺ ؟ وهل الإيمان إلا الطاعة والانقياد له سبحانه؟!

أيتها الأخت المسلمة:

لقد أراد لك الإسلام أن تكوني ملكة محجبة، فكيف ترضين أن تكوني سوقاً مبتذلة؟! لقد أراد الإسلام صيانتك وحفظك كالدرة الغالية، فكيف ترضين أن تكوني سلعة مبتذلة، تزدحم بك الشوارع والأسواق من غير حاجة وضرورة؟!

لقد حدَّ لك الإسلام حدوداً، فكيف ترضين بالخروج عن حدود الله ورسوله؟!

لقد أراد الإسلام أن يدخلك الجنة، فَلِمَ تأبين دخولها، وذلك حين تعرضين عن شرع الله وتستجيبين لدعاة الميوعة والتحلل؟!

لقد أراد لك الإسلام أن تكون مثال الكمال بعيدة المنال، فكيف ترضين أن تكوني ملتقى عيون الفساق والفجار؟!

أيتها الأخت المسلمة:

إنا غيورون عليك وعلى عرضك، وإن أخشى ما نخشاه أن تقعي في حبائل شياطين الأنس من الفاسدين والمفسدين، فترتكسي في خزي الدنيا وخسارة الآخرة!!

أيتها الأخت المسلمة:

إن في إتباعك لشريعة الله سعادة لك في الدنيا والآخرة.. إنه يبعث في نفسك الطمأنينة، ويشيع في حياتك الرضا؛ فاستجيبي لله وللرسول إذا دعاك لما فيه خيرك في الدنيا وسعادتك في الآخرة، ولا تلتفتي إلى الذين يريدون إنزالك من عليائك... لا تنظري إلى انتقاداتهم، فأنهم يريدونك سلعة مبتذلة لإشباع شهواتهم ليس إلا، نحن نريد لك سعادة الدنيا وجنة الآخرة!

أيتها الأخت المسلمة:

إذا وسوس لك الشيطان، فتذكري وعيد الله للعاصين بالنار، وإذا غرتك الدنيا وزينتها فتذكري القبر وظلمته، وإذا اشتقت لنعيم الدنيا فلا تنسي وعد الله للمؤمنين بالنعيم المقيم في الآخرة، فنعيم الجنة دائم لا يبدل ولا يحتاج منا إلى خوف من ضياعه.

أيتها الأخت المسلمة:

(إذا غرك جمالك فتذكري عظامك في القبر... تذكري المرض وضياع الجمال. لو شاءت لك الأقدار أن تأخذي صورة لنفسك بأشعة (X)

151

الأشعة السينية على رأسك ووجهك ورقبتك، فانظري إلى نفسك بدون اللحم والشحم والجلد

والشعر! إنه شيء مرعب ومخيف)[1].

هدانا اللـه وإياك لطاعته، ووفقنا وإياك لاجتناب معصيته!!

(1) رسالة إلى الأخت المسلمة في الجامعة للدكتور نظمي خليل أبو العطا ص43، الناشر: مكتبة النور، القاهرة.

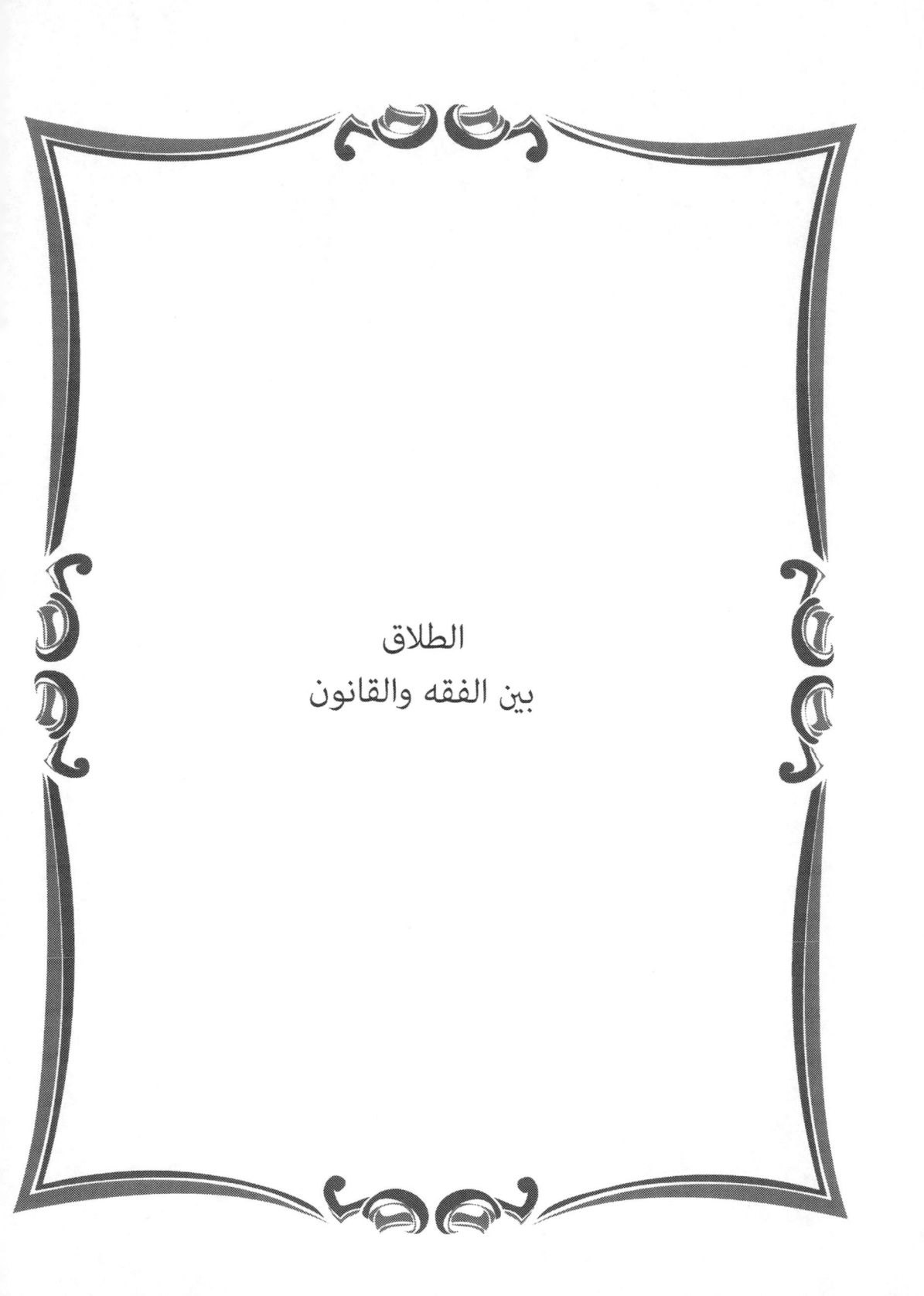

الطلاق
بين الفقه والقانون

عمل المرأة

بين الإسلام والغرب

مقدمة

الحمد لله حمداً يبلّغني رضاه، والصلاة والسلام على عبده ورسوله محمد، وعلى آلـه الطيبين، وصحبه المخلصين الصادقين، وعلى من اتبع هداه إلى يوم الدين.!

أما بعد....،

فإن موضوع مشاركة المرأة الرجل في أعماله، من الموضوعات المهمة، التي أثارت جدلاً في أوساط الناس قديماً وحديثاً: فمنهم من دعا المرأة إلى العمل خارج البيت، محاولاً جلب الأدلة العقلية من هنا وهناك لتبرير دعوته، مستشهداً بالعالم الغربي وما حققـه مـن إنجازات حضارية كبيرة، فهم يريدون أن يقتفوا أثر الغرب في هذا؛ إذ صار عمل المرأة خارج بيتها- بزعمهم- ضرورة من ضرورات الحياة، ومنهم من وقف موقفاً مضاداً لذلك: وهؤلاء قد أعلنوا حربهم على عمل المرأة خارج البيت، مستشهدين بأدلتهم العقلية والنقلية عـلى ذلـك، فـوق استشهادهم بالواقع البائس الذي وصلت إليه المرأة الغربية يوم نزلت إلى ميدان العمل. أمـا الصنف الثالث من الناس، فقد وقف موقفاً وسطاً بـين الـرأيين: فهـو يقـول بجـواز أن تعمـل المرأة، ولكن بشروط وضوابط...

ولابد لنا أن نقرر هنا أن قضية عمل المرأة لم تظهر في شرقنا الإسلامي إلا بعد أن هيمن المستعمرون على البلاد الإسلامية، واندفعت البعثات تلو البعثات من شباب المسلمين إلى الغرب للدراسـة في جامعاتهـا

ومعاهدها... وهناك تأثر ببريق الحضارة المادية الخلاب عدد ليس بالقليل من أولئك الدارسين، فعادوا إلى بلادهم يحملون الدعوة إلى اقتفاء الغرب في كثير من الأشياء، ومنها: عمل المرأة خارج البيت.

وفي هذا البحث حديث في المرأة الغربية، وكيف نزلت إلى ميدان العمل، وما تعانيه اليوم من نكد وشقاء، وماذا نتج عن عملها من نتائج سيئة، والشروط التي يجب أن تتوافر في عمل المرأة، وماذا قالوا في عمل المرأة، وأنهيت البحث بخاتمة. سائلاً من الله الهداية والسداد، والله يقول الحق وهو يهدي السبيل هو نعم المولى ونعم النصير!

كيف نزلت المرأة الغربية إلى ميدان العمل

لم تخرج المرأة الغربية إلى ميدان العمل إلا وهي مكرهة على ذلك؛ إذ كان الإقطاعيون يمتلكون الأرض ومن عليها: فكان الفلاحون يلاقون من شظف العيش وقسوته ما يلاقون. وحين ظهرت الثورة الصناعية، ترك الملايين من القرويين والفلاحين قراهم واتجهوا إلى المدن، لعلهم يحصلون على لقمة العيش بعزة وكرامة هناك، بعد ذلك العذاب الذي نالهم من افتئات الإقطاعيين وجورهم، فقد كانوا يسيمونهم سوء العذاب! وتلقفت المدن أولئك الفارين من جحيم الإقطاعيين في مصانعهم الجديدة التي كانت بحاجة إلى عمال يديرونها. لقد كان أولئك الفلاحون يعقدون الآمال على مجيئهم إلى المدن وعملهم في المصانع، ويمنُّون أنفسهم ويحلمون بحياة الرغد والهناء... لكنهم أصيبوا بخيبة أمل مريرة حين اصطدموا بواقع مظلم كئيب؛ إذ لم يعطهم أولئك الجشعون من الرأسماليين إلا الفتات الذي لا يكاد يقيم أَوَدَهم، مقابل ذلك التعب والنصب، والساعات الطويلة التي يقضونها في العمل. وقد بلغ سوء حالة العمال منتهاها آنذاك؛ إذ كانت المعامل تفتقر إلى أقل المواصفات الصحية الجيدة... وهكذا انتشرت الأمراض الفتاكة بينهم: فمات من مات، وتعطّل عن العمل من تعطّل! أما أسر العمال الذين ظلوا في قراهم، فقد ذاقوا من الفقر المدقع والعوز البائس والحاجة الكاوية ما ندر وجوده! إذ لم يستطع أولئك القرويون الذين هاجروا إلى المدن أن يرسلوا لأهليهم ما يسد حاجتهم من العيش، كما لم يتمكنوا من جلبهم إلى المدن لسوء الحالة فيها. وظلت النساء في انتظار أرباب الأسر الذين تركوا قراهم، لكنهم لم

يعودوا، وكانت الأمراض الكثيرة تفتك بهم وتغتالهم. فإن لم يأخذهم الموت ظلوا في فقرهم وبؤسهم وشقائهم. وهكذا اضطرت النساء والأطفال إلى الهجرة إلى المدن، لعلهم يتمكنون من الحصول على لقمة العيش....!! أما الرأسماليون وأصحاب المعامل، فقد استغلوا فرصة نزول المرأة إلى ميدان العمل، فوقفوا أمام العمال الذين صاروا يطالبون بزيادة أجورهم وقفة عداء، إذ كانت المرأة تتقاضى أجراً أقل مما يتقاضاه الرجل. وهكذا استغل هؤلاء الجشعون المرأة أبشع استغلال: فكانت تعمل الساعات الطويلة بأبخس الأجور!

هذه الحياة البائسة التي كانت تعايشها المرأة الغربية هي التي حملت طائفة من المفكرين والأدباء على تكوين الحركة الإنسانية (Humanitarian Movemcnt) لتجعل حداً لاستغلال الرأسماليين للطبقة العاملة وبخاصة الأطفال. واستطاعت هذه الحركة من سن قوانين تمنع تشغيل الأطفال، لكن الرأسماليين ظلوا يمتصون دماء المرأة! فلم تنزل المرأة إلى ميدان العمل إلا لحاجتها الكاوية إليه!!

المرأة العاملة في الغرب اليوم

إن وضع المرأة العاملة في الغرب اليوم- على الرغم من الحقوق التي حصلت عليها- لا يزال متردياً. ويكفينا أن نعلم أنها تحصل على أقل من أجر الرجل في كثير من مجالات العمل. إن المرأة هناك تحاول جهدها أن تقترن برجل لتتخلص من حياة الوحدة القاسية، وفي زواجها تقوم هي بدفع المهر للرجل، على العكس مما عليه المسلمون؛ إذ أوجبت الشريعة الإسلامية ذلك على الرجل لا المرأة، فوق أن الرجل في المجتمع

الغربي غير مسؤول عن نفقة زوجته، وأما هي فمسؤولة مع الرجل عن الإنفاق على أولادهما، كما أنها لا حقّ لها في التصرف بملكيتها في كثير من الأحيان إلا بموافقة زوجها، بل إن المرأة التي تقترن برجل تتنازل عن اسم عائلتها، فتصبح حاملة لاسم عائلة زوجها! وتلاقي المرأة ما تلاقي من الشقاء والحياة الضنك، إذ كثيراً ما يمل الرجلُ زوجته، فيخادن امرأة أخرى، وذلك أمر يسير لمن يطلبه في العالم الغربي، فتضطر هذه المسكينة إلى تناول حبوب منع الحمل!! بل إن القوانين الغربية اضطرت إلى إباحة (الإجهاض). ففي أوائل السبعينات كانت مليون امرأة تجهض في أمريكا كل سنة[1]. ومثل ذلك يقع في أوربا، ولا نعلم كم وصل العدد بعد تلك السنوات! وما أروع ما دبجه يراع العلامة (أبي الأعلى المودودي) رحمه الله، مبيناً حياة المرأة الغربية المعاصرة فيقول:

(كان من نتائج ذلك (النظام الرأسمالي): أن أصبحت المرأة كلاً على زوجها، وأصبح الولد عبئاً على أبيه، وتعذّر على كل فرد أن يقيم أَوَدَ نفسه، فضلاً عن أن يعول غيره من المتعلقين به. وقضت الأحوال الاقتصادية أن يكون كل واحد من أفراد المجتمع عاملاً مكتسباً. فاضطرت جميع طبقات النساء- من الأبكار والأيامى والثيبات- أن يخرجن من بيوتهن لكسب الرزق رويداً. ولما كثر بذلك اختلاط الصنفين واحتكاك الذكور بالإناث، وأخذت تظهر عواقبه الطبيعية في المجتمع، تقدَّم هذا التصور للحرية الشخصية وهذه الفلسفة الجديدة للأخلاق فهدأ من

(1) عمل المرأة في الميزان للدكتور محمد علي البار ص19، ط1، 1401هـ/ 1981م، الدار السعودية.

قلق الآباء والبنات والإخوة والأخوات والبعولة والزوجات، وجعل نفوسهم المضطربة تطمئن إلى أن الذي هو واقع أمام أعينهم لا بأس به، فلا يوجد منه خيفة، إذ ليس ذلك هبوطاً وتردِّياً، بل هو نهضة وارتقاء (Emancipation) وليس فساداً خلقياً، بل هو عين اللذة والمتعة التي يجب أن يقتنيها المرء في حياته، وأن هذه الهاوية التي يدفع بهم إليها الرأسمالي ليست بهاوية إلى النار، بل هي جنة تجري من تحتها الأنهار)[1].

نتائج عمل المرأة

هناك نتائج سيئة كثيرة نتجت عن عمل المرأة في الغرب، تركته يتقلب على جمر الغضى ويئن من ويلاتها. ولا نريد في هذا البحث الصغير استقصاء تلك النتائج وتعديدها، بل نريد أن نأتي بأمثلة قليلة منها وهي غيض من فيض، ليعتبر بها أولو النهى، ولتكون ذكرى لأولي الألباب:

1. تدل البحوث الطبية على وجود تغييرات حصلت في جسم المرأة العاملة أدّت وتؤدي إلى فقدان أنوثتها في نهاية المطاف من غير أن تتحول إلى رجل. وهذا النوع من النساء أطلق عليهن اسم الجنس الثالث. وتدل الإحصاءات على أن أكثر عقم الزوجات العاملات لم يكن بسبب مرض عضوي ظاهر، بل بسبب ما طرأ على كيان المرأة العاملة في

(1) الحجاب لأبي الأعلى المودودي ص68- 69، ط2، 1384هـ/ 1964م، دار الفكر، دمشق.

الغرب، بعد أن انصرفت انصرافاً مادياً وذهنياً وعصبياً عن الأمومة التي فُطِرَت عليها، ومحاولتها المساواة مع الرجل، ومشاركته في عمله. وهكذا تضمر تدريجياً وظائف الأمومة، فيكثر العقم ونضوب اللبن بين العاملات حين تندمج المرأة في أعمال الرجل، وتنصرف عن وظيفة الأمومة التي خُلِقَت لها.

2. ظهرت في الغرب- نتيجة عمل المرأة- ظاهرات خطيرة، منها: ضرب الأطفال الصغار ضرباً مبرّحاً ينتهي بهم إلى الوفاة أو الجنون أو التشوهات الجسدية! وقد أطلقت المجلات على هذا المرض الجديد اسم (مرض الطفل المضروب Battered Baby Syn) وتذكر مجلة (هيكساجين) الطبية (Hexagon Vol. No.5, 1978) أن كثيراً من مستشفيات أوربا وأمريكا يوجد فيها من هؤلاء الأطفال المضروبين ضرباً مبرّحاً من أمهاتهم، وفي بعض الأحيان من آبائهم.

(وفي عام 1967 دخل إلى المستشفيات البريطانية أكثر من 6500 طفل مضروب ضرباً مبرّحاً أدى إلى وفاة ما يقرب من 20% منهم، وأصيب الباقون بعاهات جسدية وعقلية مزمنة. وقد أصيب المئات منهم بالعمى، كما أصيب مئات آخرون بالصمم.. وفي كل عام يصاب المئات من هؤلاء الأطفال بالعته والتخلف العقلي الشديد والشلل نتيجة الضرب المبرّح)[1].

---

(1) عمل المرأة في الميزان للدكتور محمد علي البار ص110.

ويحلل الدكتور آبلي رئيس أقسام الأطفال في مستشفيات بريستول المتحدة من مدينة بريستول ببريطانيا فيقول:

(إن هؤلاء الأمهات يواجهن أزمات نفسية خطيرة أدت بهن إلى ضرب أطفالهن ضرباً مميتاً، أو مؤدياً إلى عاهات مستديمة... وإن أغلب هؤلاء الأمهات لسن مجرمات بطبيعتهن، ولكن وجود الأم بدون زوج، لتواجه الطفل الذي لا يكف عن الصراخ يفقدها اتزانها وعواطفها... وقد لوحظ أن كثيراً من هؤلاء الأمهات يكرهن أولادهن كرهاً شديداً، حيث ينغّص هؤلاء الأطفال على أمهاتهن حياتهن)[1].

3. لا تستطيع المرأة العاملة أن تقدم رعاية متواصلة لأطفالها الصغار؛ لأن الوقت الذي تقضيه في العمل يستنفد أكثر طاقاتها. وقد خلق الله المرأة وجعل طبيعتها تتلاءم مع وظيفتها كأم تُعْنَى بتربية أطفالها وترعى شؤون الأسرة والبيت. ولما تركت المرأة بيتها وخرجت مشاركة الرجل في أعماله، أصاب الأطفال ما أصابهم من أمراض نفسية واجتماعية وخُلُقية. جاء في تقرير لهيئة الصحة العالمية:

([إن كل طفل مولود يحتاج إلى رعاية أمه المتواصلة لمدة ثلاث سنوات على الأقل، وإن فقدان هذه الرعاية يؤدي إلى اختلال الشخصية لدى الطفل، كما يؤدي إلى انتشار جرائم العنف الذي انتشر بصورة مريعة في المجتمعات الغربية]. وطالبت هذه الهيئة الموقرة بتفريغ المرأة للمنزل، وطلبت من جميع حكومات العالم أن تفرغ المرأة، وتدفع لها

---

(1) عمل المرأة في الميزان ص110- 111.

مرتباً شهرياً إذا لم يكن لها من يعولها، حتى تستطيع أن تقوم بالرعاية الكاملة لأطفالها. وقد أثبتت الدراسات الطبية والنفسية: أن المحاضن وروضات الأطفال لا تستطيع القيام بدور الأم في التربية، ولا في إعطاء الطفل الحنان الدافق الذي تغذيه به)[1].

4. قلة المواليد لكثرة استخدام حبوب (منع الحمل) وتحديد النسل. وقد شعرت الأمم التي اتسع نطاق عمل المرأة فيها بذلك الخطب الكبير الذي يهددها ويأتي على بنيانها من القواعد، فصارت تضع حوافز مادية للأسر التي تنجب عدداً كثيراً من الأطفال. وهذا ما قامت به (فرنسا) و(ألمانيا) و(روسيا)... بل إن هذا ما تفعله إسرائيل- أيضاً- على نطاق واسع. وهكذا يؤدي عمل المرأة إلى قلة السكان بدل الزيادة؛ إذ المرأة- في الغالب- لا تستطيع أن تقوم بمسؤولية الحمل والرضاعة وتربية الأطفال مع العمل خارج البيت.

والعجيب كل العجب- وإن شئت فقل لا عجب- أن يكتب الذيوع والانتشار لحبوب منع الحمل وتحديد النسل في البلاد الإسلامية وبخاصة البلاد العربية التي تعتبر خالية من السكان بالنسبة إلى البلاد غير الإسلامية؛ لأن الأمهات- بزعمهن- لا يستطعن القيام بتربية عدد كثير من الأطفال.

5. أدى عمل المرأة خارج البيت إلى تزلزل الأخلاق بكثرة المخالطات بين الرجال والنساء، الأمر الذي أدى إلى أن تفقد المرأة خَفَرها وحياءها وعفتها وطهرها. يقول العالم الطبيعي (أنطون نيميلون)

---

(1) عمل المرأة في الميزان ص57- 58.

في كتابه (بيولوجية المرأة)، مبيناً عواقب انتشار الفاحشة بسبب مشاركة المرأة الرجل في عمله فيقول:

(الحق أن جميع العمال قد بدت فيهم أعراض الفوضى الجنسية، وهذه حالة جد خطرة تهدد النظام الاشتراكي بالدمار، فيجب أن تحارب بكل ما أمكن من الطرق؛ لأن المحاربة في هذه الجهة ذات مشكلات وصعوبات. ولي أن أدلكم على آلاف من الأحداث يعلم منها أن الإباحية الجنسية قد سرت عدواها لا في العمال الأغرار فحسب، بل في الأفراد المثقفين من طبقة العمال أيضاً...)[1].

6. أدى عمل المرأة خارج بيتها إلى تفكك الأسر، ووقوع المشكلات المعقدة بين الزوج وزوجته، فكثرت حوادث الطلاق وتشرد الأطفال.

شروط إسلامية في عمل المرأة

الأصل أن تظل المرأة متفرغة لشؤون بيتها وزوجها وأطفالها... ولكن قد تصيبها أحوال قاسية تضطر فيها إلى العمل: كفقد رب الأسرة، أو إصابته بعاهة تمنعه من العمل... ففي هاتين الحالتين وأمثالهما يجوز للمرأة أن تعمل خارج بيتها على أن تراعي الشروط الآتية:

1. أن يوافق والداها أو من يقوم مقامهما عند فقدهما على العمل. وإذا كانت متزوجة فلابد من موافقة زوجها؛ إذ موافقته واجب ديانةً وقضاءاً، وموافقة الوالدين ومن يقوم مقامهما واجب ديانة.

---

(1) ماذا عن المرأة للدكتور نور الدين عتر ص146- 147، ط1، 1390هـ/ 1971م، مطبعة البلاغ، حلب.

2. أن يكون عملها سالماً من الاختلاط والخلوة بالرجال الأجانب، ذلك أن الاختلاط أو الخلوة داء وبيل ينتج عنه ما ينتج من آثار سيئة كثيرة. ويكفينا نهي رسول الله ﷺ عن الخلوة بقوله عليه السلام:

(لا يخلون رجل بامرأة إلا مع ذي محرم)[(1)].

وفي رواية:

(ما خلا رجل بامرأة إلا دخل الشيطان بينهما)[(2)].

3. أن تستر جسدها- كله- بحضرة الرجال الأجانب، وتبتعد عن كل لون من ألوان الفتنة في الملبس أو الزينة أو التعطر: فلا ترتدي الملابس الشفافة ولا الضيقة التي تلفت الأنظار إليها، ذلك أن العمل ليس ميداناً من ميادين إبراز المفاتن وعرض الأزياء.

4. أن تلتزم بالأخلاق الإسلامية، وتكون جادة في حديثها، وقد أوصى الله صفوة نساء العالم زوجات النبي ﷺ بقوله:

(فَلَا تَخْضَعْنَ بِالْقَوْلِ فَيَطْمَعَ الَّذِي فِي قَلْبِهِ مَرَضٌ وَقُلْنَ قَوْلًا مَّعْرُوفًا)[(3)].

5. ينبغي أن يكون عملها منسجماً مع طبيعتها وقدرتها: كالتعليم والتمريض والولادة والخياطة... وأن لا تكلف بعمل لا طاقة لها به؛ ذلك أن طبيعة المرأة تختلف عن طبيعة الرجل، وتتباين قدرتها عن قدرته

---

(1) رواه البخاري في كتاب النكاح (باب لا يخلون رجل بامرأة إلا معها ذو محرم) رقم 5233، ومسلم في كتاب الحج (باب سفر المرأة مع محرم إلى حج وغيره) رقم 1341.
(2) رواه الطبراني عن أبي أمامة.
(3) سورة الأحزاب.

بصورة عامة. وهـذا الاختـلاف في الطبيعـة والقـدرة يحتـم أن تختلف المـرأة عـن الرجـل في التخصص بالعمل.

قالوا في عمل المرأة

1. قالت الكاتبـة الشهيرة (أنارورد) في مقالـة لهـا نشرتها في جريـدة (الاسترن ميل) الإنكليزية:

(... لأن تشتغل بناتنا في البيوت خوادم أو كالخوادم خير وأخف بـلاء مـن اشـتغالهن في المعامل، حيث تصبح البنت ملوثة بأدران تذهب برونق حياتها إلى الأبد... ألا ليت بلادنا كبلاد المسلمين، فيها الحشمة والعفاف رداء... إنه عـار عـلى بـلاد الإنجليـز أن تجعل بناتها مـثلاً للرذائل بكثرة مخالطة الرجال، فما لنا لا نسعى وراء ما يجعل البنت تعمل بما يوافق فطرتها الطبيعية من القيام في البيت، وترك أعمال الرجال سلامة لشرفها)[1].

2. وقال الفيلسوف الاقتصادي (جون سيمون) في مجلة المجلات:

(النساء قد صرن الآن نساجات وطباعات... الخ وقد استخدمتهن الحكومـة في معاملها. وبهـذا فقـد اكتسـبن بضـعة دريهـمات، ولكـنهن في مقابـل ذلـك قـد قوضـن دعـائم أسرهـن تقويضاً)[2].

3. قام معهد (غالوب) في أمريكا باستفتاء عام حول رأي النساء العاملات في عمل المرأة، فإذا هو ينشر الخلاصة الآتية:

---

(1) عقبات الزواج للأستاذ عبد اللـه علوان ص121.
(2) المرأة بين الفقه والقانون للدكتور مصطفى السباعي ص176.

(إن المرأة متعبة الآن، ويفضل 75 بالمائة من نساء أمريكا العودة إلى منازلهن. كانت المرأة تتوهم أنها بلغت أمنية العمر، أما اليوم، وقد أدْمَت عثرات الطريق قدميها، واستنزفت الجهود قواها، فإنها تود الرجوع إلى عشها والتفرغ لاحتضان فراخها)[1].

4. قال الأستاذ محمد جميل بيهم:

(أجمع المصلحون المجددون في الشرق أمثال غاندي[2] وفيصل الأول، ومحمد علي جنة (جناح)، وسعد زغلول، وعبد الرحمن شهبندر، وهم غير طبقة رجال الإصلاح المحافظين، على أنه ليس من صالح الشرق أن يفسح المجال لنسائه لكي يخرجن من خدورهن إلى ميادين الكسب. وهو الصواب عينه؛ لأن المرأة التي تنصرف إلى الأعمال الخارجية يخسر بيتها وزوجها وأولادها من الراحة المنزلية بقدر ما تربح من المال خارج المنزل؛ وذلك لأن الزواج يخلق للمرأة واجبات لا تستطيع الخادمات- مهما كن حاذقات- سد فراغها، هذا إذا بقي في

(1) المرأة في الإسلام وفي الحضارة الغربية للأستاذ محمد جميل بيهم ص20، ط1، دار الطليعة، بيروت.

(2) رد الزعيم غاندي على سؤال وجهته له جريدة باريسية بحديث جاء فيه: نعم يجب ألاّ تنزل المرأة عن عرشها لكيلا ينهدم نظام (الحياة)، وكيف تجد السعادة مأوى في بيت تشتغل صاحبته على الآلة الكاتبة كل النهار، وتتناول غداءها في المطاعم، وتذهب إلى البيت لتنام فقط؟! ومن ذا الذي يُعنى بالأطفال؟ ثم ما قيمة البيت بغير الأطفال الذين هم زينة الحياة الدنيا واللؤلؤة الساطعة في أحقر الأكواخ؟!

المستقبل خادمات، وأن العالم الغربي في أوربا وأمريكا لا يكابر في هذا الموضوع، بل إنه لا يزال يجنح عملياً إلى فكرة لزوم المرأة دارها، حتى أن نسبة النساء اللواتي يقتصرن على الشؤون المنزلية في الولايات المتحدة- وهي أكثر البلاد تطرفاً في حرية المرأة- لا تزال تبلغ حداً عالياً)[1].

5. وقال العلامة الإنكليزي (ساموئيل سمايلس) وهو من أركان النهضة الإنكليزية، وله كتب مهمة ترجم أغلبها إلى الفرنسية:

(إن النظام الذي يقضي بتشغيل المرأة في الفابريكا مهما نشأ عنه من الثروة للبلاد، فإن نتيجته كانت هادمة لبناء الحياة المنزلية؛ لأنه هاجم هيكل المنزل وقوَّض أركان الأسرة، ومزق الروابط الاجتماعية. فإنه بسلبه الزوجة من زوجها، والأولاد من أقاربهم صار بنوع خاص لا نتيجة له إلا تسفيل أخلاق المرأة، إذ وظيفة المرأة الحقيقية هي القيام بالواجبات المنزلية: مثل ترتيب مسكنها، وتربية أولادها، والاقتصاد في وسائل معيشتها مع القيام بالاحتياجات البيتية، ولكن المعامل تسلخها من كل هذه الواجبات، بحيث أصبحت المنازل غير منازل، وأضحت الأولاد تشب على عدم التربية، وتلقى في زوايا الإهمال، وطفئت المحبة الروحية، وخرجت المرأة عن كونها الزوجة الظريفة، والقرينة المحبة للرجل، وصارت زميلته في العمل والمشاق، وباتت معرضة للتاثيرات

---

(1) الإسلام والأسرة للشيخ معوض عوض إبراهيم ص41- 42، دار النشر للجامعيين.

التي تمحو غالباً التواضع الفكري والأخلاقي الذي عليه مدار حفظ الفضيلة)[1].

6. وقالت محررة (مع المرأة) في جريدة الأهرام تحت عنوان (قولي الحقيقة... المرأة العاملة تتمنى أن تعود امرأة):

(توليتُ المرافعة في قضية خاسرة، ودافعت عن مكانة المرأة العاملة وأنوثتها، ولكن يبدو أنني سأكف عن مرافعتي، بعد أن تبينت أنني خسرت القضية بهذا الجواب الذي وصلني من واحدة منا، صاحبته سيدة، تشغل مركزاً محترماً، وتعمل من خمس وعشرين سنة! تقول لي بالحرف الواحد:

إما أنك تخدعين نفسك، وإما أنك ما زلت في أول سنوات العمل. إن الرجال على حق فيما يقولون، فالمرأة العاملة فقدتْ أنوثتها فعلاً بالعمل، وقد يدهشك أنني أتمنى بعد أن أمضيت مدة طويلة في العمل المضني- وأشعر أن غيري كثيرات يشاركنني هذا التمني- ألا أخرج من بيتي، وألا أترك أولادي صباح كل يوم لأذهب إلى مكتبي، ولكنني أعملُ وأشقى لأفقد أنوثتي فعلاً في سبيل (العناد). إنني مثلكِ أخشى أن يقول الرجال: إننا تراجعنا عن ميدان العمل وفشلنا، ولذلك فأنا وغيري نضحي بأنفسنا لكي نغيظ الرجال. قولي الحقيقة: إن المرأة مهما تقدمت في عملها، فهي لا تحب أن تُصبح رجلاً، بل تتمنى أن تتمتع بأنوثتها إلى أقصى حد!! حالة واحدة تتمنى فيها المرأة أن تعمل، عندما يكبر الأولاد،

(1) دائرة معارف القرن العشرين لمحمد فريد وجدي 8/ 639، ط3، 1971م، دار المعرفة، بيروت.

ويذهب كل واحد منهم إلى حال سبيله، وفي هذه الحالة تستشعر رغبة شديدة في العمل، إذ لم يعد هناك ما يذكرها بأنوثتها، إنها تعود إلى العمل بإحساس الرجل لا بإحساس المرأة)[1].

7. قال الفيلسوف الفرنسي (اجوست كومت) في كتابه (النظام السياسي على مقتضى الفلسفة الوضعية):

(ينبغي أن تكون حياة المرأة بيتية، وألا تُكلّف بأعمال الرجال؛ لأن ذلك يقطعها عن وظيفتها الطبيعية، ويفسد مواهبها الفطرية. وعليه فيجب على الرجال أن ينفقوا على النساء دون أن ينتظروا منهن عملاً مادياً كما ينفقون على الكتاب والشعراء والفلاسفة. فإذا كان هؤلاء يحتاجون لساعات كثيرة من الفراغ لإنتاج ثمرات قرائحهم، كذلك يحتاج النساء لمثل تلك الأوقات ليتفرغن فيها لأداء وظيفتهن الاجتماعية: من حمل ووضع وتربية...)[2].

8. نشرت جريدة الأهرام في عددها الصادر يوم 29/ 5/ 1961 تحت عنوان: (أستاذة جامعية تنصح طالباتها بالزواج) قالت الجريدة:

(ها أنا قد بلغت الستين من عمري، وصلت فيها إلى أعلى المراكز، نجحت وتقدمت في كل سنة من سنوات عمري، وحققت عملاً كبيراً في المجتمع، كل دقيقة في يومي كانت تأتي علي بالربح. حصلت على شهرة كبيرة، وعلى مال كثير، أتيحت لي الفرصة أن أزور العالم كله، ولكن هل أنا سعيدة الآن بعد أن حققت كل هذه الانتصارات؟

---

(1) الإسلام والأسرة ص38- 39.

(2) إسلامنا للسيد سابق ص220، دار الكتاب العربي، بيروت.

لقد نسيت في غمرة انشغالي في التعليم والتدريس والسفر والشهرة أن أفعل ما هو أهم من ذلك كله بالنسبة للمرأة... نسيت أن أتزوج، وأن أنجب أطفالاً وأن أستقر! إنني لم أتذكر ذلك إلا عندما جئت لأقدم استقالتي، شعرت في هذه اللحظة أنني لم أفعل شيئاً في حياتي، وأن كل الجهد الذي بذلته طول هذه السنوات قد ضاع هباء... فسوف أستقيل، وسيمر عام أو اثنان على استقالتي، وبعدها ينساني الجميع في غمرة اشتغالهم بالحياة! ولكن لو كنت قد تزوجت وكونت أسرة كبيرة، لتركت أثراً أكبر وأحسن في الحياة. إن وظيفة المرأة الوحيدة هي أن تتزوج، وتكوّن أسرة، وأي مجهود تبذله غير ذلك لا قيمة له في حياتها هي بالذات. إنني أنصح كل طالبة تسمعني أن تضع هذه المهام أولاً في اعتبارها، وبعدها تفكر في العمل والشهرة)[1].

9. قال قاسم أمين قبل وفاته بعام ونصف، وكان قد اقترن اسمه بتحرير المرأة:

(لقد كنت أدعو المصريين قبل الآن إلى اقتفاء أثر الترك بل الإفرنج في تحرير نسائهم، وغاليتُ في هذا المعنى حتى دعوتهم إلى تمزيق ذلك الحجاب، وإلى اشتراك النساء في كل أعمالهم ومآدبهم وولائمهم... ولكني أدركت الآن خطر هذه الدعوة بما اختبرته من أخلاق الناس... فلقد تتبعت خطوات النساء في كثير من أحياء العاصمة والإسكندرية لأعرف درجة احترام الناس لهن، وماذا يكون شأنهم معهن إذا خرجن حاسرات،

---

(1) إسلامنا للسيد سابق ص227- 228.

فرأيت من فساد أخلاق الرجال بكل أسف ما حمدت اللـه على ما خذل من دعوتي، واستنفر

الناس إلى معارضتي)[1].

ماذا عن عمل المرأة[2]

(إنك إذا رحت تبحث عن حقيقة الرقي الذي تجنيه المرأة في المجتمع من هجر البيت

إلى السوق والعيادة والمكتب... لا تجد إلا الخسارة الظاهرة والصفقة البائرة.

لقد خرجت المرأة الأوربية والأمريكية إلى السوق والمصنع، والشارع والمرقص تبتغي في

ذلك وغيره لقمـة العيـش...! فـماذا صـنعت لنفسـها مـن كرامـة، ومـاذا صنع لهـا الأوربيـون

والأمريكيون...؟

لقد أرخصوها، وابتذلوا إنسانيتها، وأهدروا كل قيمة أدبية لها. فسكرتيرة المكتب فتـاة

جميلة ولا تغني عنها فتاة أخرى دونها في الجمال- ولو كانت أذكى وأفضل- وبائعة المتجر

فاتنة مثيرة لتثير رغبات الشراء، ورغبات الغرائز جميعاً... والجالسة إلى صندوق النقود لا تصل

إلى كرسيها إلا بكفاءة واحدة: هي الإغراء لإرضاء الزبائن! فما معنى هذا كله؟

المعنى: أن القوم لم ينظروا إليها إلا على أنها ذات أنوثة قديرة على الإثارة ومضاعفة الكسب، وهذا هو

الرقيـق بعينـه، الرقيـق الحـر أو المتحـرر (!!) يسـاق إلى أسـواق النخاسـة تحـت سياط الحاجـة والفاقـة... لا

---

(1) عمل المرأة في الميزان ص7.

(2) عن كتاب ماذا عن المرأة ص160- 162.

للخدمة في المنازل حيث الصون والستر، بل للابتذال في المتاجر، حيث تعرض الفتاة أثمـن خصائص أنوثتها سلعة لقاء اللقمة التي تقيم أودها)!!

زوجة تحكي مأساتها

إن اللـه عز وجل- رضي لنا كتاباً إذا اعتصمنا به كان أماناً لنا من كثير مـن المشكلات والمصائب، وواقياً لنا من الرزايا والبلايا بمشيئة اللـه! ولو أننا جعلنا أهواءنا تبعـاً لمـا جـاء بـه الرسول ﷺ، ولم نسر وراء الغرب سراعاً نقلد ونقتبس على غير هدى لما نَزَل بساحتنا ما نشكو منه.

إن البلاء الذي نزل بالبلاد الإسلامية- ومنها البلاد العربية- من جراء اقتفائها أثر الغرب وتقليده، فيما يحل وما لا يحل، وما يصح وما لا يصح، يتعاظم يومـاً بعد يوم وما يشكو منه بلد من المغرب العربي، يشكو منه كـل بلد تقريباً في المشرق العربي. لقد بـرزت مشكلات، ونزلت بالناس مصائب وما كان لها أن تبرز وتنزل لو لم نتبع الغرب ونمش خلفه.

لقد عرضت امرأة مسلمة شكواها في بلد عربي (سوريا) في جريـدة سيارة، لعلهـا مشكلة كثيرات من النساء في العديد من بلاد المسلمين. فمما قالته المرأة في شكواها.

(أنا سيدة في العقد الثالث مـن العمر، مـن عائلـة محافظـة ومحترمة، تزوجت منـذ خمسة عشر عاماً من رجل كل ما يمتاز به أنه حسن السيرة والسلوك، موظف في إحدى دوائر الدولة براتب ضئيل جداً، لا يكاد يكفي ما تتطلبه لوازم الحياة الضرورية، ولكني تحملت ذلك بكل سرور، وكنت قانعة، وكانت قناعتي مصدر سعادتي، مع العلـم أني كنت أعيش في منـزل

أهلي حياة رفاهية وبذخ، وتجنبت الاحتكاك كثيراً مع أهلي حتى لا أرى الفرق الكبير بين حياتي وحياتهم.

وأرى من الضروري أن تعلم أن أهلي هم الذين وافقوا على زواجي منه مع معارضتي الشديدة لهذا الزواج. ومع كل ذلك وجدت نفسي راضية بما أراده الله لي. وأنجبت أربعة أطفال، وازداد دخله مع زيادة الأولاد والحمد لله، وأرسلنا أولادنا إلى أحسن المدارس، وأنا وزوجي نضحي بكل شيء في سبيل تعليمهم، حتى إن زوجي يضحي بمصروفه الخاص من أجل نفقاتهم المدرسية ومتطلباتهم. ولكن يا سيدي حدث ما لم يكن في الحسبان: فقد بدأت الموظفات تفد إلى دوائر الدولة إلى حد أن أصبح في كل غرفة أكثر من موظفة، بينما لا يكون بين هذه الموظفات إلا رجل واحد، وكان زوجي من بين الموظفين الذين ابتلاهم الله بأن يجلسوا كل يوم أمام بنتين أو ثلاث من الصباح حتى الثانية بعد الظهر، أي ست ساعات متوالية. طبعاً كان بلاءً في أول الأمر، لأنه كان رجلاً فاضلاً غيوراً وله ضمير، ولكنه أصبح عصبياً؛ لأن عمله توقف، والهدوء الذي كان ينشد أصبح معدوماً، فلكل واحدة أصدقاء وصديقات في الجامعة يأتون لزيارتها وتبدأ النكات والضحك والمزاح. وهكذا تمضي ست ساعات من اليوم دون أي عمل، وبدأ زوجي يأتي بعمل الدائرة إلى البيت لإنجازه، وأهمل عمله الإضافي الذي كنا نسدد منه كثيراً من المصروفات عن أجرة المنزل، وأهملني وأطفاله، وأصبح عبوس الوجه حاد الطباع، لا يكاد يكلمه أحد أطفاله حتى ينهال عليه ضرباً مبرحاً، وعندما أسأله عما آل إليه حاله يقول: قولي للدولة أن تمنع

هذا، فأنا إنسان. وأبدأ أسمع منه ما يجري بين هذه وذلك من أمور، وهو يرى بعينيه ويسمع بأذنيه ولا يمكنه أن يتكلم.

وبعد: يا سيدي أتعلم ماذا جرى؟ لقد جرفته الدوامة، وأصبح المال القليل الذي كان ينفق على الأولاد ومدارسهم وأكلهم وملبسهم ودوائهم لا يكفي لأناقته وحده. وبدأت تتراكم الديون علينا وبالأحرى علي أنا؛ لأنه لم يعد يهمه من البيت إلا أن يأكل به وينام، وكأنه ليس مسؤولاً عنه، وبدأت الخلافات تزداد، وشعر الأولاد بإهمال والدهم لهم فأصبحوا لا يهابون أحداً، حتى البنات، وبدأت أخلاقهم يا سيدي بالانحلال، وهذا ما كنت أخافه وأخشاه! وهكذا يا سيدي تقوّضت سعادتي، وانهار هذا المنزل الذي بنيته بقناعتي وصبري ونكران ذاتي.

سيدي: هذه هي مشكلتي، بل مشكلة كل زوجة ابتلاها الله بأن يكون زوجها موظفاً، ألا تراها جديرة بالاهتمام؟ ألا تراها مشكلة أمة ومستقبل جيل؟ فأنا لا ألوم زوجي ولا أي رجل. وماذا تريد من الرجل أن يفعل أمام الإغراء: أيغمض عينه؟ وخاصة عندما يبقى في كثير من الأحيان مع إحداهن منفرداً)[1]؟!

خاتمة

خلق الله الرجل والمرأة، وركّب في كل منهما خصائص: فمما اختص به الرجل- في الغالب- قوة عضلاته، وقدرته على مزاولة الأعمال المرهقة، وجلده وصبره... لذلك اندفع في العمل المضني: فهو

(1) المرأة بين الفقه والقانون للدكتور مصطفى السباعي ص281- 283.

يتعب وينصب في تحصيل لقمة العيش والحياة الهانئة. أما المرأة فقد اختصت بمشاق أخرى من الحمل والوضع والرضاعة والحضانة وتربية الأولاد: فهي في كـل شـهر تحيض فتضطرب حالتها الصحية، وتقل شهيتها للطعام، وتصاب بآلام كثيرة من صداع في الرأس، وآلام في البطن، وضعف في التفكير...

وإذا حملت المرأة ازدادت آلامها أكثر من ذي قبل: فيبدو الضعف عليها واضحاً في الأشهر الثلاثة الأولى من الحمل. أما في أشهر حملها الأخيرة، فإن آلامها تكثر حتى تصير عـاجزة عن أداء الأعمال التي كانت تمارسها بصورة طبيعية قبل الحمل والله- عز وجل- يقول: (ووصينا الإنسان بوالديه حملته أمه وهنا على وهن وفصاله في عامين)[1].

وعندما تلد المرأة تظل مـدة أربعين يوماً أو ستين مريضة، تتحمـل فيها مـن الآلام الكثيرة ما تتحمل!

أما فترة الرضاعة والحضانة، فتستغرق عامين، يشارك الرضيع أمه في طعامهـا وغـذائها، ويفقدها كثيراً من قوتها!

لذلك أراد الإسلام للمرأة أن تقوم بالأعمال التي لا تتنـافر مـع طبيعتهـا وتكوينهـا، ولم يقيد حقها في العمل إلا بما يحفظ لها عزتها وكرامتها وراحتها. ويصونها عن التبذل والسقوط.

لقد ضمن الإسلام للمرأة حياة سعيدة هانئة، ولم يجعلها بحاجة إلى عمل خارجي في الأحوال الاعتيادية، فألقى على كاهل الرجل الجد والنصب والتعب للحصـول علـى لقمـة العيش وأعفى المـرأة مـن ذلك... فـما

---

(1) سورة لقمان: 14.

176

دامت المرأة غير متزوجة ولا معتدة من زوج، فتكون نفقتها على أصولها وفروعها حسب ما قرره فقهاؤنا ﷺ. وإذا تزوجت المرأة، فإن الزوج يصير مكلفاً بالقيام بشؤونها، وإذا طلقت فإن الزوج ينفق عليها مادامت في العدة ويدفع لها مؤخر الصداق، وينفق على أولاده منها، ويدفع أجور حضانتهم وإرضاعهم، والمرأة لا تكلف بشيء من ذلك. أما إذا لم يكن للمرأة مورد يسد حاجتها، فإن دولة الإسلام هي المسؤولة عن ذلك، ويكون الإنفاق عليها من بيت مال المسلمين.

إن المرأة في الغرب لم تنزل إلى ميدان العمل إلا بعد أن نكل الرجل عن سد حاجاتها، فصارت مرغمة على العمل، ولو كانت تملك من الأمر شيئاً لما أقدمت على العمل. يقول الدكتور محمد يوسف موسى- رحمه الله-:

(ولعل من الخير أن أذكر هنا أني حين إقامتي بفرنسا، كانت تخدم الأسرة التي نزلت في بيتها فترة من الزمن، فتاة يظهر عليها مخايل أو علائم كرم الأصل، فسألت ربة الأسرة: لماذا تخدم هذه الفتاة؟ أليس لها قريب يجنبها هذا العمل غير الكريم لكسب ما تقيم به حياتها؟ فكان جوابها: إنها من أسرة طيبة في البلدة، ولها عم غني موفور الغنى، ولكنه لا يُعنى بها ولا يهتم بأمرها، فسألت: لماذا لا ترفع الأمر للقضاء للحكم عليه بالنفقة؟ فدُهشت السيدة من هذا القول، وعرفتني أن ذلك لا يجوز لها قانوناً.

وحينئذ أفهمتها حكم الإسلام في هذه الناحية، فقالت: من لنا بمثل هذا التشريع؟! لو أن هذا جائز قانوناً عندنا، لما وجدت فتاة أو سيدة

177

تخرج من بيتها للعمل في شركة أو مصنع أو معمل أو ديوان من دواوين الحكومة مثلاً)[1].

وبعد....،

فهل آن لنا أن ندرك عظمة هـذا الـدين في كل حكـم مـن أحكامـه، وأن نتمسـك بـه ونعضّ عليه بالنواجذ، ونحكّمه في كل شأن من شؤون حياتنا، ونعتقد اعتقاداً جازماً بصلاحه للتطبيق في كل زمان وفي كل مكان، وأن به- وحده- لا بسواه تكون سـعادتنا في الـدنيا وفوزنـا في الآخرة؟!!

(ربنا لا تزغ قلوبنا بعد إذ هديتنا وهب لنا من لدنك رحمة إنك أنت الوهاب)

---

(1) الإسلام حاجة الإنسانية إليه للدكتور محمد يوسف موسى ص256- 257.

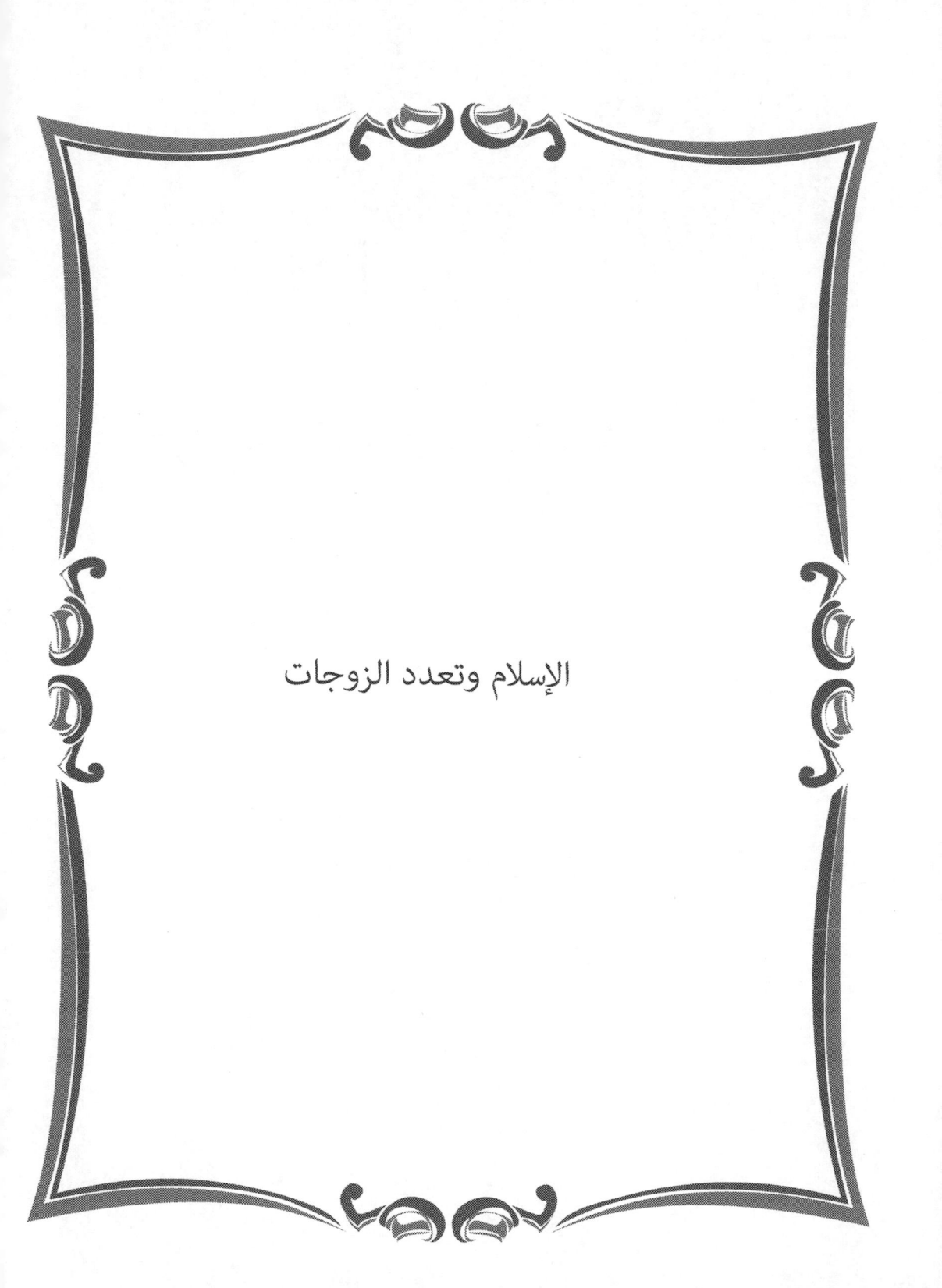

الإسلام وتعدد الزوجات

الطلاق

بين الفقه والقانون

الحمد لله والصلاة والسلام على رسول الله وعلى آله وأصحابه أجمعين.

مقدمة

ظل العالم الأوربي قروناً طويلة متصدياً للإسلام، يشن الحرب عليه بين آونة وأخرى لأسباب كثيرة، عرف من خلالها مكامن القوة في المسلمين وأسبابها، وما يجره ابتعادهم عن منبع قوتهم. ولقد جرب هذا الغرب كل سلاح، وتوسل بكل وسيلة، وجند كل من استطاع تجنيده لزحزحة الإسلام من الحياة، وحصره بين جدران المساجد الأربعة، فألغى أحكامه في الديار التي ابتليت باستعماره واستعباده، واستبدل قيمه ومثله بقيم الإسلام ومثله، ونشَّأ على عينه أجيالاً من شباب المسلمين هم إلى الضلال أقرب منهم إلى الهدى، ليس لهم من الإسلام إلا اسمه، بل إن العديد منهم غدوا يرون في الانتساب إلى الإسلام رجعية، ورأوا أن يعملوا على إلغاء ما تبقى من أحكام الإسلام في مجال الأسرة: من زواج وطلاق ونفقة وعدة وميراث وغير ذلك؛ إتماماً لوأد الإسلام والقضاء عليه...!

وقد عمل الغرب على تمويه حقائق الإسلام، مفسراً نصوصه على غير وجهها، أو محمّلاً إياها فوق ما تحتمل، أو باتراً من نصوص الإسلام فقرات لا تفهم مستقلة عما قبلها وعما بعدها جهلاً من بعضهم، وحقداً وكيداً من بعضهم الآخر.

ومن تشريعات الإسلام التي أولاها الأوربيون جل جهدهم نقداً وتشهيراً تشريع الطلاق!

وكان الخطأ الأكبر الذي وقع فيه كتاب أوربا وأمريكا: هو تناسيهم أو جهلهم موقف الإسلام ومعالجته لقضايا الشقاق التي تقع بين الزوجين منذ الأيام الأولى وحتى النهاية، وما قرره الإسلام على الرجل- بعد وقوع الطلاق- من التزامات كثيرة كبيرة ومنها: حضانة الأولاد، ودفع المهر المؤجل... الخ وكيف دعا الإسلام إلى احترام رابطة الأسرة ولم يرضَ بحلها، واتبع أساليب عدة في الحفاظ على كيان الزوجية، فما المراد بالطلاق في الإسلام؟

الطلاق: تصرف شرعي يصدر من الزوج أو من يقوم مقامه وكالة وتنتهي به رابطة الزوجية.

ولابد لنا أن نستعرض ولو استعراضاً مجملاً- في الأقل- موقف الأمم قبل الإسلام من مسألة الطلاق وما كانوا عليه من أعراف وقوانين، ليتبين لنا كيف قام الإسلام بخطوات عظمى لم يسبقه إليها أحد قبله ولا بعده في إعطاء المرأة حقوقها وبخاصة في أمر الطلاق.

الطلاق لدى الرومان

لقد باشر الرجل الطلاق منذ عصور قديمة، بل واغلة في القدم، ولم يكُ من حق المرأة أن تطلبه، حتى جاءت الدولة الرومانية التي ضعفت فيها أواصر الأسرة، ففشا الطلاق... ثم تغير هذا القانون، فصار للمرأة الحق في تطليق زوجها في العصر (الكلاسيكي)، وكان الطلاق يتم بين الزوجين إذا رغب أحدهما في ذلك. وقد قيد الإمبراطور (قسطنطين) حرية الزوجين في الطلاق، لكن خلفه (جوليانوس) أعاد قانون الطلاق إلى سالف عهده.

الطلاق لدى اليونان

أما في اليونان، فكان الزوج يطلق زوجته بسبب وبدون سبب. ولم يكُ من حق الزوجة أن تطالب بالطلاق إلا في حالتين:

1. إذا قصر الزوج في واجباته الزوجية، أو انغمس في حياة الرذيلة واللهو والمجون.

2. إذا أساء لزوجته إساءة بالغة.

وإذا علمنا أن الزوج كان يزوج مطلقته إذا شاء، ويوصي بها إلى شخص آخر بعد موتـه، ويطلق زوجته إذا كانت عقيماً ويسترد ما أعطاه لأبيها... أدركنا أن هذا القانون لم تستفد منه المرأة شيئاً؛ لأنه كان قانوناً نظرياً فقط.

الطلاق في اليهودية

أما الديانة اليهودية، فقد أباحت الطلاق كذلك: جاء في سفر التثنية إصحاح 24 عدد 1: (إذا أخذ رجل امرأة وتزوج بها، فإن لم تجد نعمة في عينيه؛ لأنه وجد فيها عيب شيء، كتب لها كتاب الطلاق ودفعه إلى يدها، وأطلقها من بيته). وعلى هذا أباحت اليهودية الطلاق لسبب من أسباب ثلاثة:

1. الزنا.

2. العقم.

3. العيب في الخلْق- بسكون اللام- أو الخلُق.

ولم يكن ذلك فقط، بل توسعت اليهودية كثيراً بأمر الطلاق، حتى صار قانونهم يجبر الزوج الذي بقي مع زوجته عشر سنين ولم تنجب أن يطلقها. وإذا ثبت على المرأة ارتكابها الفاحشة، فإن الزوج يجبر على تطليق زوجته حتى ولو غفر هو لها!

الطلاق في النصرانية

تنقسم النصرانية إلى ثلاث طوائف إزاء الطلاق:

1. الكاثوليك: وهم لا يجيزون الطلاق مطلقاً، ودليلهم ما جاء في إنجيل متى إصحاح 5 عدد 31: (وقيل من طلق امرأته فليعطها كتاب طلاق... وأما أنا فأقول لكم: إن من طلق امرأته إلا بعلة الزنا يجعلها تزني). واستدلالاً بما جاء في بعض الأناجيل كإنجيل متى ومرقس ذهبوا إلى تحريم الطلاق تحريماً مطلقاً؛ لأن عقد الزواج لا يجوز انفصامه- كما يقولون-!

2. البروتستانت: ذهبوا إلى جواز الطلاق في حالتي الزنا، وتغير الأديان فقط، ودليلهم في ذلك ما جاء في إنجيل متى ولوقا وغيرهما من أن المسيح عليه السلام وعظ الناس بموعظة عرفت بـ(موعظة الجبل) وقال فيها: (من طلق امرأته إلا لعلة الزنا فقد جعلها زانية، ومن تزوج مطلقة فقد زنا)...

ومن قواعدهم- كذلك- أن من يغير دينه يعتبر ميتاً حكماً، ولا ريب أن الميت الحقيقي ينفسخ نكاحه، فكذلك الميت الحكمي.

3. الأرثذكس: وأكثر المذاهب النصرانية تساهلاً بأمر إباحة الطلاق هو المذهب الأرثذكسي، حيث أجاز الطلاق في حالة الزنا كما نص الإنجيل، وأجازه كذلك إذا بقيت المرأة مع زوجها لمدة ثلاث سنين عقيمة، أو لسبب مرض معد، أو لعدم الوفاق بين الزوجين والخصام الطويل بينهما. وهذه أمور لم ينص عليها الإنجيل، إلا أنهم توسعوا بها وأجازوها، في الوقت الذي أنكر المحافظون من المذهب نفسه هذا التوسع الذي لا سند له من الإنجيل، وقد حصل هذا التوسع في أمر الطلاق بمصر حين أجازت مجامعهم الملية الطلاق.

الطلاق في الجاهلية

ولم يكن في الجاهلية عدد للطلقات محدد، بل كان الزوج يطلق زوجته مرات ومرات ثم يراجعها كي يلحق بها الضرر! حدث عروة عن عائشة ﷺ قالت: (كان الناس والرجل يطلق امرأته ما شاء أن يطلقها وهي امرأته إذا ارتجعها وهي في العدة وإن طلقها مائة مرة أو أكثر...)[1].

الطلاق في الإسلام

ولقد جاء الإسلام وأباح الطلاق، ولكنه جعله في أضيق الحدود، وصوره بأنه أبغض الحلال إلى الله تعالى، ولم يجعل الرجل حراً في إيقاعه متى شاء وكيف شاء، بل قيده بقيود وضوابط كثيرة، ولم يحرم

---

(1) رواه الترمذي برقم 1192 وانظر: نيل الأوطار للشوكاني 6/ 283 الطبعة الأخيرة.

الزوجة من هذا الحق، بل منحه لها ولكن في حدود وقيود معينة... والقرآن الكريم يلفت نظر الأزواج الذين هم بصدد الطلاق، طالباً منهم التريث والتمهل قبل الإقدام على مثل هذا الأمر الخطير فيقول سبحانه:

(وَعَاشِرُوهُنَّ بِالْمَعْرُوفِ فَإِن كَرِهْتُمُوهُنَّ فَعَسَى أَن تَكْرَهُواْ شَيْئًا وَيَجْعَلَ اللهُ فِيهِ خَيْرًا كَثِيرًا)[1].

ويفسر الإمام الطبري هذه الآية فيقول: (وعاشروهن بالمعروف وإن كرهتموهن، فلعلكم إن تكرهوهن، فتمسكوهن، فيجعل الله لكم في إمساككم إياهن على كره منكم لهن خيراً كثيراً من ولد يرزقكم منهن، أو عطفكم عليهن بعد كراهتكم إياهن)[2].

وقد دعا الرسول ﷺ إلى الزواج وعدم الطلاق فقال:

(تزوجوا ولا تطلقوا فإن الله لا يحب الذواقين ولا الذواقات)[3] بل نفر الرسول ﷺ من الطلاق حتى ذكر بأن المؤمن لا يحلف بالطلاق فقال:

(ما حلف بالطلاق وما استحلف به إلا منافق)[4].

وقال:

(أيما امرأة سألت زوجها طلاقاً من غير ما بأس فحرام عليها رائحة الجنة)[5].

---

(1) سورة النساء: 19.
(2) تفسير الطبري 4/ 313، ط2، مطبعة مصطفى البابي الحلبي.
(3) رواه الطبراني عن أبي موسى.
(4) رواه ابن عساكر عن أنس. وانظر تفسير القرطبي 18/ 149.
(5) رواه أصحاب السنن وحسنه الترمذي. أنظر التاج 2/ 337.

بل جعل الرسول الطلاق من غير سبب مبيح من قبيل التلاعب بحدود الله فقال:

(**ما بال أقوام يلعبون بحدود الله، يقول أحدهم: قد طلقتك قد راجعتك**)[1].

وقال:

(**أبغض الحلال إلى الله الطلاق**)[2].

ولقد قرر بعض الفقهاء- رحمهم الله- بأن الأصل في الطلاق الحظر، يقول كمال الدين ابن الهمام:

(والأصح حظره- يعني الطلاق- إلا لحاجة)[3].

ويقول الكاساني:

(الأصل هو الحظر والكراهة إلا أنه رخص للتأديب)[4].

ويقول ابن عابدين:

(إن الأصل فيه- الطلاق- الحظر بمعنى أنه محظور إلاً لعارض يبيحه، وهو معنى قولهم: (الأصل فيه الحظر)، والإباحة للحاجة إلى الخلاص، فإذا كان بلا سبب، أصلاً لم يكن فيه حاجة إلى الخلاص، بل يكون حمقاً وسفاهة رأي، ومجرد كفران النعمة، وإخلاص الإيذاء بها وبأهلها وأولادها... فحيث تجرد عن الحاجة المبيحة له شرعاً يبقى على

---

(1) رواه ابن ماجه برقم 2017.

(2) رواه أبو داؤد برقم 2178، وابن ماجه عن ابن عمر برقم 2018.

(3) شرح فتح القدير لكمال الدين بن الهمام 3/ 22، 1316هـ طبعة بولاق.

(4) بدائع الصنائع 3/ 95.

أصله من الحظر، ولهذا قال تعالى: (فَإِنْ أَطَعْنَكُمْ فَلَا تَبْغُوا عَلَيْهِنَّ سَبِيلًا))[1].

وقد قرر الفقهاء- وهم على حق فيما قرروا- بأن عقد الزواج في إنشائه إذا دل على التوقيت يعتبر باطلاً، ذلك لأن الله تعالى شرع عقد الزواج ليكون مؤبداً.

على أن الزواج- فوق ما تقدم- سنة، وقد يصير واجباً في بعض الحالات، ولكن الطلاق تفويت لهذا الواجب، وقطع للسنة، لذلك صار منهياً عنه ومكروهاً، وهو أبغض الحلال إلى الله، ولكنه رخص فيه للضرورة مع كراهته الشديدة إذا دب الشقاق بين الزوجين.

الصلح خير

وقد اتبع الإسلام أعدل الطرق وأقومها لتستقر الحياة الزوجية، حيث حمّل كلاً من الزوجين مسؤولية مهمة يسأل عنها أمام الله إذا قصر فيها، يقول الرسول ﷺ:

(... والرجل راع في أهله ومسؤول عن رعيته، والمرأة راعية في بيت زوجها ومسؤولة عن رعيتها...)[2].

ولم يجعل الإسلام الطلاق أول الحلول إذا نشأ بين الزوجين خلاف، بل جعله نهاية المطاف حين لا تجدي كل الأساليب في الإصلاح بينهما،

---

(1) ابن عابدين 3/ 427.
(2) رواه البخاري في كتاب النكاح والجمعة (باب: الجمعة في القرى والمدن)، ومسلم في كتاب الإمارة (باب: فضيلة الإمام العادل).

وحين تخفق جميع الوسائل في جمع شمل الأسرة ورأب صدعها. وقبل أن يقدم المسلم على الطلاق، يأمره الإسلام باتباع أساليب إصلاحهن إذا رأى منهن ما يكره، وقد رسم القرآن الحكيم طرقاً قويمة للزوج في إصلاح زوجته إذا رأى منها نشوزاً أو ما يدل عليه، وذلك كالوعظ والإرشاد أولاً، والهجر في المضاجع ثانياً، وضربها ضرباً غير مبرّح بعد ذلك، قال تعالى:

(وَاللاَّتِي تَخَافُونَ نُشُوزَهُنَّ فَعِظُوهُنَّ وَاهْجُرُوهُنَّ فِي الْمَضَاجِعِ وَاضْرِبُوهُنَّ فَإِنْ أَطَعْنَكُمْ فَلاَ تَبْغُواْ عَلَيْهِنَّ سَبِيلاً)[1].

الضرب

وقد ضيق الإسلام دائرة هذا الضرب إلى حد كبير، حتى كان شريح القاضي إذا بلغ منه الغضب مبلغه، يتناول السواك ويشير إلى زوجته مهدداً به وهو القائل:

رأيت رجالاً يضربون نساءهم

فشُلّت يميني حين أضرب زينبا

وشريح هذا من كبار علماء التابعين، وكان قد اختاره أمير المؤمنين عمر بن الخطاب ﷺ قاضياً على البصرة، وقالوا: إنه قد بقي في دست القضاء مدة ستين سنة وقيل أكثر.

ولقد نهى الرسول ﷺ عن ضرب النساء إلا لحاجة ملحة ملحفة، ولقد كره حتى في هذه الحالات الضرب فقال عن الذين يضربون نساءهم:

(1) سورة النساء: آية 34.

(لا تجدون أولئك خياركم)[1] بل روى ابن سعد في طبقاته قـول الرسـول ﷺ في النهـي

عن ضرب النساء. فقيل له أنهن قد فسدن فقال: (اضربوهن ولا يضرب إلا شراركم)[2].

ولقد كتب الفقهاء كثيراً في شأن هذا الضرب يقول الشوكاني:

(فإن اكتفى بالتهديد ونحوه كان أفضل، ومهما أمكن الوصول إلى الغرض بالإيهام لا

يعدل إلى الفعل، لما في وقوع ذلك من النفرة المضادة لحسن المعاشرة المطلوبة في الزوجيـة إلا

إذا كان في أمر يتعلق بمعصية الله، وقد أخرج النسائي عـن عائشة قالـت: [ما ضرب رسـول

الله ﷺ امرأة له ولا خادماً قط، ولا ضرب بيده شيئاً قط إلا في سبيل اللـه، أو أن تنتهك

محـارم اللـه] وفي الصحيحين: [لا يجلد أحدكم امرأتـه جلد العبد ثم يجامعهـا في آخر

اليوم])[3].

ومن هـذا يتبـين لنـا أن الانتقـال إلى الضرب لا يكـون إلا حين تخفـق جميـع الوسـائل

السلمية في إصلاحها.

شذوذ

على أن المرأة قد تصاب بانحراف نفسي لا تجدي معه جميع وسائل الإصلاح السلمية، وهذا الانحراف

هو انحراف- سيكولوجي- يطلق عليه علماء النفس اسم (الماسوشزم Masoshizim) فلا تستقيم المصابة بهذا

---

(1) نيل الأوطار 6/ 238.

(2) الطبقات الكبرى 7/ 148.

(3) نيل الأوطار 7/ 238.

الانحراف إلا إذا وجدت من زوجها معاملة قاسية حسية ومعنوية، وتجد هذه المرأة الشاذة المزاج في المعاملة القاسية لذة وراحة- ولو كانت تظهر خلاف ذلك- وهكذا يكون الضرب دواءً شافياً في مثل هذه الحالات القليلة الشاذة، يقول عالم أوربي من علماء النفس G.A.Hadfield في كتابه (علم النفس والأخلاق):

(وغريزة الخضوع تقوى أحياناً، فيجد صاحبها لذة في أن يكون متسلطاً عليه، ويحتمل لذلك الألم بغبطة... والزوجة من هذا النوع تزداد إعجاباً بزوجها كلما ضربها وقسا عليها... ولا شيء يحزن بعض النساء مثل الزوج الذي يكون رقيق الحاشية دائماً، لا يثور أبداً على الرغم من تحديهن، ولا يعرف شقاء هذه العيشة ولا التوق إلى الزوج الذي يستطيع أن يثور- ولو مرة واحدة- إلا النسوة اللاتي جربن الحياة مع زوج من هذا الطراز)[1].

طرق الإصلاح

وتستطيع الزوجة إن خافت من زوجها نشوزاً أو إعراضاً- قبل الانتقال إلى تلك الخطوة- أن تفاتح زوجها، أو بالعكس، بعيداً عن أسرتيهما، كي تكون أسرارهما مخفية لا يطلع عليها أحد، وفي هذا يقول القرآن الحكيم:

(وَإِنِ امْرَأَةٌ خَافَتْ مِن بَعْلِهَا نُشُوزًا أَوْ إِعْرَاضًا فَلَا جُنَاحَ عَلَيْهِمَا أَن يُصْلِحَا بَيْنَهُمَا صُلْحًا وَالصُّلْحُ خَيْرٌ)[2]. وإذا لم يفلح الزوجان في هذه المفاتحة، واستمر الخلاف

(1) مقارنة الأديان 3- الإسلام- للدكتور أحمد شلبي ص226، ط4، 1973م.
(2) سورة النساء: 128.

أو ازداد، فقد رغب الإسلام في التحكيم: وذلك بأن يختار الزوج حكماً من أهله، وتختار المرأة حكماً من أهلها، ويجتمع الحكمان، ويعملان على الإصلاح بين الزوجين. وربما أراد القرآن الحكيم هذا لتكون الأسرار الزوجية مخفية عن أعين الناس لا يطلع عليها إلا القليل من أقرباء الزوج والزوجة. وأمر القرآن أن يقوم بمهمة الإصلاح حَكَمان: حكم من أهله، وحكم من أهلها؛ لأنهما أكثر حرصاً من غيرهما- عادةً- على لمّ شملهما وإصلاح ذات بينهما.

وإذا تأملنا قوله تعالى: (إِن يُرِيدَا إِصْلَاحًا يُوَفِّقِ اللّه بَيْنَهُمَا)، نرى أن الشارع الحكيم يحض فيه الحَكَمين على أن يبذلا وسعهما في الإصلاح، ويقوي عزيمتيهما على ذلك، حتى إن سيدنا عمر ﷺ كان يلوم الحكمين إذا لم يتمكنا من التوفيق بين الزوجين، وكان يقول لهما: لو أردتما الإصلاح لكان ذاك لأن الله يقول: (إِن يُرِيدَا إِصْلَاحًا يُوَفِّقِ اللّه بَيْنَهُمَا).

ومن الأمور التي ينبغي أن نلاحظها ونحن نقرأ هذه الآية الكريمة: أن الشارع الحكيم قال ذلك وسكت، ولم يذكر فيما إذا لم يوفق الحكمان في مهمتيهما؛ لأن الإسلام لا يحب الطلاق ولا يشجع عليه، ولكنه حيلة من لا حيلة له في الوفاق.

ولا ريب أن هذه الطرق في الإصلاح كافية- إن كان للإصلاح مكان- فإن حصل الصلح فبها ونعمت ولا يجوز للزوج أن يطلقها؛ لأن الله يقول: (فَإِنْ أَطَعْنَكُمْ فَلاَ تَبْغُواْ عَلَيْهِنَّ سَبِيلاً). فإذا فرط منه الزمام وطلقها يكون قد ارتكب محرماً، وهو آثم عند الله عز وجل. فإذا استحكم الخلاف وتمكن ولم تجد هذه الطرق في الإصلاح نفعاً، وصار أمر إيقاع

الطلاق لابد منه إذ يكون عند ذاك في صالح الرجل والمرأة معاً، فقد أمر الإسلام أن يوقع الرجل الطلاق في طهر لم يحدث في خلاله اتصال بين الزوجين؛ ذلك أن رغبة الرجل في المرأة تكون شديدة إذا كانت طاهرة، وتكون الرغبة أقل إن كانت حائضة. فإذا أوقع الرجل الطلاق في طهر لم يمسسها فيه، كان ذلك دليلاً على أن النفرة القوية قد استحكمت وتمكنت بين الزوجين. والقرآن يأمر أن يكون الطلاق في أول أيام عدة النساء فيقول:

(إِذَا طَلَّقْتُمُ النِّسَاء فَطَلِّقُوهُنَّ لِعِدَّتِهِنَّ)[1]. ويوقع الرجل طلقة واحدة فقط، وتبقى المرأة المطلقة في بيت زوجها طوال مدة العدة: ينفق عليها كل ما تحتاجه من المطعم والملبس والمسكن... قال تعالى:

(لَا تُخْرِجُوهُنَّ مِن بُيُوتِهِنَّ وَلَا يَخْرُجْنَ إِلَّا أَن يَأْتِينَ بِفَاحِشَةٍ مُّبَيِّنَةٍ)[2] وذلك لعله أن يراجع كل من الرجل والمرأة نفسيهما فيصلحا أخطاءهما؛ لأن هذا الانفصال الجسدي قد يكون سبباً في تقويم المخطئ من الزوجين أولاً، ولأن أمل الإصلاح بينهما يصير قوياً، فتكثر دواعي الرجعة والإصلاح بين الزوجين إذا كانت المطلقة- في العدة- في بيت الزوجية، خاصة وإن فترة العدة طويلة تستغرق ما يقرب من ثلاثة أشهر لغير الحامل، وتستغرق مدة الحمل كلها للحامل.

---

(1) سورة الطلاق: 1.

(2) سورة الطلاق: 1.

الإشهاد على الطلاق

ويستحسن أن يكون الطلاق أمام شاهدين يقول الفخر الرازي في تفسير قوله تعالى:

((وأشهدوا ذوي عدل منكم)، أي: مروا أن يشهدوا عند الطلاق وعند الرجعة ذوي عدل منكم)[1] ويقول القرطبي:

(أمر بالإشهاد على الطلاق، وقيل على الرجعة)[2]. ونقل الطبري عن السدي في تفسير قوله تعالى (وأشهدوا ذوي عدل منكم) قال: (على الطلاق والرجعة)[3]. وقال ابن حزم:

(فإن راجع ولم يشهد فليس مراجعاً لقول الله تعالى: (فَإِذَا بَلَغْنَ أَجَلَهُنَّ فَأَمْسِكُوهُنَّ بِمَعْرُوفٍ أَوْ فَارِقُوهُنَّ بِمَعْرُوفٍ وَأَشْهِدُوا ذَوَيْ عَدْلٍ مِّنكُمْ)[4].

وقد يكون هذا الإشهاد على الطلاق سبباً في الإصلاح دون إيقاع الطلاق، فتعود الحياة الزوجية كما كانت، حيث سيحول كل من الشاهدين بكل طاقتيهما دون إيقاع الطلاق.

وإذا تدبرنا آيات القرآن المجيد في أمر الطلاق، نجد أنها تدعو أن يكون الطلاق أمام شاهدين، قال تعالى: (وَأَشْهِدُوا ذَوَيْ عَدْلٍ مِّنكُمْ وَأَقِيمُوا الشَّهَادَةَ لِلَّهِ ذَلِكُمْ يُوعَظُ بِهِ مَن كَانَ يُؤْمِنُ بِاللَّهِ وَالْيَوْمِ الْآخِرِ وَمَن يَتَّقِ اللَّهَ يَجْعَل لَّهُ مَخْرَجًا)[5]،

---

(1) التفسير الكبير للإمام الفخر الرازي 30/ 34، ط1.
(2) تفسير القرطبي 18/ 157.
(3) تفسير الطبري 28/ 137.
(4) المحلى لابن حزم 10/ 251، منشورات المكتب التجاري، بيروت.
(5) سورة الطلاق: 2.

ولربما كان المقصود بالمخرج في هذه الآية هو المخرج من الطلاق، لاتساق المعنى مع إيقاع الطلاق أمام شاهدين؛ ذلك أن الشاهدين سيعظان المرأة والرجل على السواء، ولربما تفتح قلباهما للإصلاح، فتذهب تلك الغمة والكارثة، ويتخلص الزوجان من تلك المصيبة. أليس هذا هو المخرج الذي عناه القرآن؟

على أن الإشهاد- فوق ما تقدم- يخفف من حوادث كثيرة ربما يقع بعضها بعد الطلاق إذا لم يفلح الشاهدان في إقناع الزوج على عدم إيقاعه، ويقلل من التسرع في أمره. وذكر المفسرون في تفسير قوله تعالى: (لَعَلَّ اللَّهَ يُحْدِثُ بَعْدَ ذَٰلِكَ أَمْرًا) بمراجعة الزوج لزوجته. ومع كل هذا فلو طلق الرجل زوجته مع كل الاحتياطات التي ذكرناها، فإن الشريعة لم تكلف الزوج أي عمل شاق كان إذا أراد إرجاع زوجته، بل اكتفى بكلمة واحدة تصدر منه فقط كقوله لزوجته (راجعتك) أو ما شابه ذلك ليعيد زوجته إلى نكاحه الأول. أما إذا انقضت العدة ولم يراجعها، فإن الإسلام يحرص كذلك على إعادة الزوجية، غير أن الطلاق بعد انتهاء العدة يتحول إلى طلاق بائن بينونة صغرى، فإذا اتفق الزوجان على العودة فذلك ما يدعو له الإسلام ولكن بعقد ومهر جديدين، وتعود الحياة الزوجية كما كانت من قبل.

ونلاحظ في قوله تعالى: (وَبُعُولَتُهُنَّ أَحَقُّ بِرَدِّهِنَّ) أن الشارع الحكيم يحض الرجل المطلق على الرجوع إلى زوجته المطلقة؛ لأن الرجل أو المرأة بعد الطلقة الأولى قد يندمان على ما فرط منهما فيعزمان على الرجوع إلى حياتهما الزوجية، والفقهاء المسلمون لم يغفلوا هذا الأمر. جاء في بدائع الصنائع:

(قد يندم الرجل إذا تبين خطأه، ولهذا أمره أن يطلق طلقة واحدة رجعية، يسترجع ما فاته بالمراجعة إذا لم يستطع الصبر عليها مثلاً، أو بنى أمر طلاقه على شيء تبين له فيه الخطأ والفساد)[1].

الإحسان في الطلاق

ولابد لنا أن نشير إلى أن الطلاق في الإسلام دواء لإزالة الأضرار الناتجة عن سوء العشرة الزوجية، وليس وسيلة للانتقام من المرأة وإلحاق الضرر بها. والإسلام يطلب من الزوج أن يكون محسناً في طلاقه، متمثلاً في الأخلاق العالية والسجايا الناصعة، وهذا هو الشأن في المسلم دائماً وأبداً، فلا يظلم ولا يفتات على زوجته المطلقة. وقد دعا الإسلام الأزواج الذين طلقوا نساءهم إذا عزموا على مراجعتهن أن تكون المراجعة بنية الإصلاح والعودة إلى الحياة الزوجية الدائمية وتناسي ما مضى، ونهى أن تكون المراجعة بنية الإضرار بالزوجة: كتطويل عدتها لا رغبته في استمرار العلاقة الزوجية. وإذا راجع الرجل زوجته بنية الإضرار بها يكون قد ارتكب محرماً، ويكون آثماً لمخالفته ما شرعه الله، وقد قرر القاسمي في تفسيره بأن الرجل إذا راجع زوجته بغير نية الإصلاح يكون قد ارتكب محرماً، ودليله في ذلك قوله تعالى: (وَلاَ تُمْسِكُوهُنَّ ضِرَارًا لَّتَعْتَدُواْ وَمَن يَفْعَلْ ذَلِكَ فَقَدْ ظَلَمَ نَفْسَهُ وَلاَ تَتَّخِذُوَاْ آيَاتِ اللّهِ هُزُوًا) فإن قوله: (ومن يفعل) يهدينا إلى حرمة ذلك. ومما استدل به- كذلك- لتعزيز رأيه قوله تعالى: (وَلَهُنَّ مِثْلُ الَّذِي عَلَيْهِنَّ بِالْمَعْرُوفِ).

---

(1) بدائع الصنائع 3/ 95.

عود إلى الإصلاح

فإذا راجع الرجل زوجته بنية استمرار الزوجية وعدم الإضرار بها ثم حدث شقاق بين الزوجين، فإن الإسلام يعطي الرجل والمرأة معاً على السواء ما أعطاه لهما أول مرة من فرص مفاتحة بعضهم بعضاً، ووعظ الرجل زوجته، وهجرها في المضجع فالضرب غير المبرّح، فإن لم تجد هذه الطرق نفعاً انتقلا إلى التحكيم، فإن تمكنت المشكلات ولم تحل، طلق الرجل زوجته طلقة ثانية كما طلق أول مرة، وعندئذ لم يبقَ أمامه إلا طلقة واحدة فقط. فإذا راجع الرجل زوجته ثم حدثت الخلافات، ومرا بنفس الدور الذي ذكرناه من قبل، ثم طلق طلقة ثالثة حرمت عليه زوجته، وانفصم عقد الزوجية؛ لأنه لم يعد هناك أمل في أن يعيشا بهدوء وسلام وأمان، وتكون المودة والرحمة التي ذكرها القرآن قد ذهبت من قلبيهما، فأصبحت هذه المرأة كما يقول القرآن (فَلَا تَحِلُّ لَهُ مِن بَعْدُ حَتَّىٰ تَنكِحَ زَوْجًا غَيْرَهُ). وَوَقْعُ هذه الآية على العربي في تنفيره من الطلاق كان شديداً جداً، إذ كان (العربي) في ذلك المجتمع معروفاً بالشهامة والغيرة و الأنفة والعزة، وكان تشمئز نفسه وتنقبض، ولا يكاد يتصور كيف يرضى لنفسه من يطلق زوجته، ثم تنقضي عدتها، وتقترن بآخر ويدخل بها دخولاً صحيحاً وكان الزواج بنية الدوام وعدم التأقيت، ثم يطلقها الثاني، فيعود زوجها الأول ليتزوجها مرة أخرى بعد أن قضت فترة من الزمن مع رجل آخر في نكاح صحيح!! وما ذاك إلا لينفر الناس من الطلاق ويبغضه إليهم.

تبعات كبيرة

على أن الإسلام ألقى على كاهل الرجل تبعـات كثيرة كبيرة إذا طلق زوجته، وهـذه التبعات تجعله- مع ما تقدم من مثيرات النخوة والغيرة- لا يقدم على الطلاق إلا بعد أن يفكر طويلاً بشأنه، فإذا صدر منه الطلاق وجب عليه أن يوفي المرأة صداقها المؤجـل، وينفق عليها ما تحتاجه مادامت في العدة: من المطعم والمشرب والملبس والمسكن، وإذا كان له أولاد صغار، فتكون حضـانتهم للأم ولأقربائها مـن بعدها كأمها وأختها وخالتها... حتى يبلغـوا السـن القانونية، وينفق الرجل من ماله على حضـانة الأولاد حتى ولو كانت الأم هـي التي تقـوم بذلك، والقرآن يقول: (فَإِنْ أَرْضَعْنَ لَكُمْ فَآتُوهُنَّ أُجُورَهُنَّ)[1]. وهكذا تكون الفرقة قد حصلت بين هذين الزوجين اللذين لا يمكن أن يعيشا معاً. ولو أباحت الشريعة للزوج الذي طلق ثلاثاً أن يراجعها لعاد الخصام والشقاق مرة أخرى، ولعاد الـزوج إلى الطـلاق وهلـمّ جـراً وجرجـر... وكلما طالت مدة الحياة الزوجيـة بيـنهما ازدادت مشكلاتها وتعقـدت، لـذلك جعل الشارع الحكيم للرجل طلقتين فقط يحق أن يراجع زوجته بعدهما، فإن طلق الثالثة حرمـت عليـه، وهذا الأمر في مصلحة الزوج والزوجة معاً.

---

(1) سورة الطلاق: 7.

متعة المطلقة

وقد دعا الإسلام أن تكرم المرأة حتى في طلاقها، وذلك حيث يمتع الرجل مطلقته بمبلغ من المال يكون تعويضاً لها عما لحقها من ضرر الطلاق. وتذهب الظاهرية إلى وجوب هذه المتعة لكل مطلقة؛ إذ هي تخفف عنها بعض الشيء من آلام الفرقة، وسماها القرآن متعة لتحمل معنى الراحة. ولا تكون راحة المطلقة في هذه المتعة التي يمتعها الرجل لمطلقته، بل تكون بما يصحبها من الإحسان إليها ومعاملتها معاملة طيبة، وتبقى المرأة المطلقة في بيت زوجها حتى تنقضي عدتها، وتكون هذه المتعة كأنها شهادة من الزوج على زوجته المطلقة تثبت أنها بريئة، وأنه يكنّ لها الحب إلا أن المزاجين لم يتفقا فلم يتمكنا من العيش معاً. وهذه المتعة تخفف وقع الطلاق عن المرأة، خاصة بعد أن يتسامع الناس ما أعطاه الرجل لمطلقته؛ إذ لم يعطها ذلك إلا وهو يضمر لها الود والحب.

المرأة والخلع

وكما نهى القرآن الأزواج أن يتخذوا الطلاق وسيلة للإضرار بالمرأة، نهاهم كذلك عن التضييق عليها واتخاذه وسيلة لاسترداد المهر منها أو ابتزاز أموالها قال تعالى: (وَإِنْ أَرَدتُّمُ اسْتِبْدَالَ زَوْجٍ مَّكَانَ زَوْجٍ وَآتَيْتُمْ إِحْدَاهُنَّ قِنطَارًا فَلاَ تَأْخُذُواْ مِنْهُ شَيْئًا أَتَأْخُذُونَهُ بُهْتَاناً وَإِثْماً مُّبِيناً {20/4} وَكَيْفَ تَأْخُذُونَهُ وَقَدْ أَفْضَى بَعْضُكُمْ إِلَى بَعْضٍ وَأَخَذْنَ مِنكُم مِّيثَاقًا غَلِيظًا)[1] اللهم إلا إن خافا من حياتهما الزوجية المتعثرة ألا يقيما حدود

---

(1) سورة النساء: 21- 22.

الله إذا استمر سوء العشرة بين الزوجين: إما لبغضها الزوج، أو لفساد أخلاقه. فعن ابن عباس ﷺ أن امرأة ثابت بن قيس أتت النبي ﷺ فقالت: يا رسول الله، ثابت بن قيس ما أعتب عليه في خلق ولا دين ولكني أكره الكفر في الإسلام- أي أكره أن أقصر في حقه- فقال رسول الله ﷺ: **أتردين عليه حديقته؟**

قالت: نعم

قال رسول الله ﷺ: (**اقبل الحديقة وطلقها تطليقة**)[1]... فإن حصل ذلك فيجوز أن تعطيه المهر، أو شيئاً يتفقان عليه ابتغاء خلاصها من نكد عيشها برضاها هي، وفي هذا يقول القرآن الكريم: (وَلاَ يَحِلُّ لَكُمْ أَن تَأْخُذُواْ مِمَّا آتَيْتُمُوهُنَّ شَيْئًا إِلاَّ أَن يَخَافَا أَلاَّ يُقِيمَا حُدُودَ اللّهِ فَإِنْ خِفْتُمْ أَلاَّ يُقِيمَا حُدُودَ اللّهِ فَلاَ جُنَاحَ عَلَيْهِمَا فِيمَا افْتَدَتْ بِهِ)[2] وهذا ما يسمى بالخلع.

قصة الهجر

وإذا كان الإسلام قد جعل للزوج على زوجته أن يهجرها إذا نشزت، فقد جعل في الوقت نفسه لها أن تهجر زوجها إذا نشز هو، فقد قرر الإمام مالك ﷺ بأن المرأة- في هذه الحالة- لها أن ترفع أمرها إلى القاضي، فيعمل القاضي على وعظه وإرشاده، فإن انتهى عن غيه وإساءته وإلا أمر لها القاضي بالنفقة، ولم يلزمها بالطاعة فترة يحددها القاضي.

---

(1) رواه البخاري برقم 5273، والنسائي في باب ما جاء في الخلع.
(2) سورة البقرة: 229.

الطلاق للضرر

وإذا كان الإسلام قد جعل للرجل حق الطلاق، فقد جعل في الوقت نفسه حقاً للمرأة في الطلاق، ويكون بوساطة القاضي إذا امتنع زوجها عن الإنفاق عليها، أو كان عاجزاً عن النفقة، أو كان بالزوج مرض سار خطير لا يرجى شفاؤه، أو يشفى ولكن بعد مدة طويلة، أو غاب عن زوجته سنة أو أكثر، وذلك تفادياً للأضرار التي تلحقها.

وقد أعطى الإسلام كلاً من الرجل والمرأة الحق في الطلاق إذا وجد بصاحبه مرضاً منفراً لا يرجى شفاؤه، أو كان بالرجل أو المرأة علة تمنع من الاتصال الجنسي كالجب والعنة والخصاء في الرجل، والقرن والرتق وما شابه ذلك في المرأة.

طلاق التفويض

وفي الفقه الإسلامي طلاق يسمى (طلاق التفويض) وصورته: أن يقول الرجل لزوجته طلقي نفسك إذا شئت، أو متى شئت، فإذا قال لها ذلك، كان من حقها أن تطلق نفسها.

الشرط في عقد الزواج

وقد منح الإسلام للمرأة كذلك حق الطلاق إذا كانت قد اشترطت على زوجها في عقد الزواج شرطاً صحيحاً ثم أخل الزوج بهذا الشرط كما هو مذهب الحنابلة. ومما قرره المالكية أن المرأة إذا نشزت وطلبت الطلاق حكم القاضي لها على أن يكون خلعاً وتدفع للزوج المهر أو بعضاً من المهر.

الطلاق في مرض الموت

وإذا أساء الزوج في استعمال حقه في الطلاق وطلق زوجته في مرض موته كي يحرم زوجته من الإرث، فإن الإسلام عامله بنقيض مقصده، فورّث المرأة بعد موت زوجها ما لم تتزوج كما هو مذهب الإمام أحمد بن حنبل، بل ذهب الإمام مالك إلى أكثر من ذلك حين أجاز توريثها من زوجها الأول والثاني.

لمحات عن الطلاق في بعض دول العالم

لقد ثبت بما لا يقبل الشك أن الزوجين المخفقين- غير المتناسبين- لا يمكن أن يستمرا في حياتهما الزوجية بهدوء وراحة، بل لابد لهما من الفراق حتى ولو حرم دينهما ذلك كما حدث في أمريكا. فبالرغم من أن أمريكا دولة نصرانية ولا يبيح دينها الطلاق، فقد أباح قانونها الطلاق، وقيده بوقوعه أمام القاضي، حتى بلغت نسبة الطلاق في أمريكا سنة 1948 40% (أربعين في المائة) ولعل نسبة الطلاق الآن جاوزت الـ60% (ستين في المائة).

وبلغت نسبة الطلاق في ألمانيا الغربية 35% فيمن دون سن الخامسة والعشرين، وقد صدر القانون الألماني الذي لا يزال ساري المفعول في أمر الطلاق في ألمانيا سنة 1946 وقد جعل من أسباب الطلاق:

1. الإخلال بالالتزامات الزوجية.

2. تصدع الحياة الزوجية تصدعاً خطيراً.

3. الجنون.

4. المرض المعدي أو المنفر.

5. هجر أحد الزوجين منزل الزوجية لمدة ثلاث سنوات.

وبلغت نسبة الطلاق في باريس 20% بينما لا تتجاوز في المدن الفرنسية الأخرى 11%.

وقد أجاز القانون الفرنسي الطلاق في 12/ 4/ 1945 في الحالات الآتية ولا يزال معمولاً

به إلى الآن:

1. زنا أحد الزوجين.

2. الحكم بعقوبة بدنية شائنة.

3. إذا أساء أحد الزوجين إلى صاحبه إساءة بالغة، أو أهانه إهانة جسيمة مـما يتعـذر

معها استمرار الحياة الزوجية المشتركة.

أما غيبة الرجل الطويلـة عـن زوجتـه، أو إصابته بمـرض منفـر، أو بـالجنون، أو حـدوث

شقاق طويل بين الزوجين، فإن القانون الفرنسي في هذه الحـالات كلها لا يبيح الطلاق، فـأي

النظامين أكثر رأفة ورحمة بالمرأة؟

أما في الاتحاد السوفيتي فيكفينا أن نذكر ما نشرته جريدة الأهـرام المصريـة في عـددها

الصادر في 26/ 4/ 1966م نقلاً عن صحيفة (برافدا) الناطقة باسم الحزب الشيوعي السوفيتي،

حيث نشرت مقالاً للخبير الاجتماعي الدكتور (خارشيف) قال فيه:

(إن حالة من كل تسع حالات تنتهي بالطلاق في الاتحاد السوفيتي، وإن السبب الرئيس لهذه الظاهرة الاجتماعية هو فساد الأخلاق، وعلى الأخص الإدمان في شرب الخمور...).

ويقول البروفيسور خارشيف- أيضاً-:

(إن عدداً كبيراً من الأزواج يعيشون معا أقل من ثلاث سنوات، ويعيش بعضهم معاً بضعة أسابيع، أو أشهر فقط)[1].

على أن هذه النسبة قليلة جداً إذا قيست بنسبة الطلاق في الاتحاد السوفيتي قبل هذه الفترة، تلك الزيادة المخيفة التي جعلت المسؤولين على الرغم منهم يصدرون قوانين عام 1944م التي دعوا فيها إلى التحكيم عند نشوء الخلاف بين الرجل وزوجته، وأوجبوا كذلك تسجيل العقود. ثم أصدرت الحكومة بعد ذلك أنظمة سنة 1946م التي تقضي بعدم إباحة الطلاق إلا في نهاية المطاف، وعند استنفاد جميع وسائل التفاهم.

أما المجتمع الإنكليزي، فهو مجتمع بروتستانتي يبيح الطلاق إذا دب الخلاف بين الرجل وزوجته وتعذر الوفاق، فقد توسع بأمر إباحة الطلاق كثيراً بعد أن كان مباحاً لسببين اثنين.

هذا التقييد في أمر الطلاق جاء بنتائج سيئة على المجتمع الإنكليزي، حيث صار الزوجان يتفقان على اصطناع شهود الزور، ليمثل الشهود أمام القضاء ويشهدوا بأن أحدهما يعامل الآخر بقسوة، أو لإثبات جريمة الزنا على أحدهما، وهي مبررات كثيراً ما يتفق الزوجان عليها ليتخلصا

---

(1) الفكر الإسلامي والمجتمع المعاصر للدكتور محمد البهي ص143، ط2، 1971م.

من زواجهما المخفق- ولو أدى الحال بهما إلى دخول هذا المدخل كما يقول الفيلسوف الإنكليزي (برتراندرسل)- حتى صدر قانون سنة 1937م الذي توسع في إباحة الطلاق أكثر من ذي قبل، إذ جعل من أسباب الطلاق:

1. زنا أحد الزوجين.

2. الهجر لمدة ثلاث سنوات.

3. ارتكاب بعض الجرائم المخالفة للآداب.

4. المرض العقلي إذا استمر خمس سنوات.

وقد صدر بعد ذلك قانون تنظيم دعاوى الزواج سنة 1950م الذي لم يغير من قانون الطلاق سوى النزر اليسير. وهكذا توسع المجتمع الإنكليزي بأمر إباحة الطلاق حتى صار يصدر أمره بالتفريق بين الزوجين إذا اتفقا على الطلاق، أو إذا ادعى أحدهما أن زواجهما غير ناجح.

أما في إيطاليا فإن قانونهما لا يبيح الطلاق- سواء الديني أو الوضعي- إلا بالموت فقط! وقد اضطرت الحكومة أن تصدر قانوناً يبيح الطلاق في 2/ 12/ 1970م ونفذ العمل به في 12/ 12/ 1970م.

ومما هو معروف أن إيطاليا متعصبة تعصباً شديداً ضد إباحة الطلاق، ويوم سمحت بإباحته بلغ عدد الزوجات اللاتي طلقن أكثر من مليون!

وكانت المظاهرات قبل هذه الفترة تخرج من هنا وهناك مطالبة بسن قانون يبيح الطلاق. ومن اللافتات التي حملها المتظاهرون آنذاك

(الحيوانات لا تطلق، ولكن الشعوب المتحضرة تفعل ذلك)، وقد قال المتظاهرون بأن في إيطاليا أكثر من خمسة ملايين زواج غير شرعي؛ لأن قانونهم لا يبيح الطلاق!

على أن نسبة الطلاق في الدول الغربية التي لا يبيح دينها الطلاق أكثر بكثير من الدول الإسلامية التي أباح دينها الطلاق للضرورة القصوى. وينبغي ألا يغرب عن بالنا بأن إيطاليا وغير إيطاليا ممن أباحوا الطلاق لم يضعوا ضمانات للمرأة مثلما وضع لها الإسلام.

أما القانون اليوناني، فقد أبيح الطلاق فيه سنة 1920م ثم صدر قانون سنة 1946م الذي لا يزال العمل به سارياً فقد حدد الطلاق بما يأتي:

1. الزنا.

2. جريمة تعدد الزوجات- كذا-.

3. الاعتداء على الحياة.

4. الهجر المتعمد.

5. تصدع الحياة الزوجية.

6. المرض العقلي.

7. المرض بالبرص.

8. الغيبة.

أما في السويد، فإن طلاقاً واحداً يحدث بين كل ست أو سبع زيجات كما جاء في الإحصاءات التي أعدتها وزارة الشؤون الاجتماعية بالسويد. ولا يضع القانون السويدي أية عقبة أمام الزوجين اللذين يبغيان الطلاق. وإذا طلب أحدهما الطلاق فإن أي سبب كان يقدمه يتم لأجله الطلاق.

الطلاق في الغرب

وإذا كان كثير من الغربيين اليوم يشن حملة شعواء على من يسمح بإباحة الطلاق، فإن هؤلاء أو بعضهم لهم بعض العذر في ذلك، حيث أنهم ينظرون إلى الطلاق في الإسلام بنفس المنظار الذي ينظرون به إلى أوضاع الطلاق في الدول الغربية، وما يجر من مآس كثيرة مزقت المجتمع الغربي شر ممزق، حتى أصبحت الدلائل تنذر بتهافت وسقوط ذلك المجتمع... ولو كان هؤلاء أو أكثرهم يعلمون عن موقف الإسلام من قضايا الطلاق لما وقفوا منه هذا الموقف المخجل، بل لانقلب كثير منهم داعياً ومبشراً بهذا النظام الذي يعمل على سعادة المرأة والرجل على السواء.

إن الرجل الغربي اليوم يطلق لأتفه الأسباب، بل يطلق في كثير من الأحيان بلا سبب، ولهذا لا تدوم رابطة الزوجية في المجتمع الغربي في كثير من الأحيان سوى أيام قليلة. وهذه الحقيقة ذكرها عدد من الباحثين والباحثات. فهذه باحثة اجتماعية زارت القاهرة سنة 1382هـ وكتبت عن مشاهداتها في مصر وفي الدول الغربية، ومما قالته هذه الباحثة عن المرأة في أوربا وأمريكا: أن المرأة هناك تتزوج في دقائق وتطلق بعد ساعات، ولا يكلفها هذا أكثر من إمضاء قرش وعريس ليلة أو بضع ليال. وهكذا زواج وطلاق مرات ومرات!

والذي يتابع قراءة بعض الصحف والمجلات، يرى العجب العجاب من الأسباب التي يبررون من أجلها الطلاق! فهذه زوجة تطلب من زوجها أن يطلقها لأنه يغني دائماً أغنية مطلعها (ليتني كنت أعزباً)!

وهذا زوج يشمئز من زوجته لأنها تغط في نومها فيطلقها!

وهذه زوجة في باريس عمرها 66 سنة طلقت زوجها وعمره 73 سنة لأنه كان يحرك شفتيه دون كلام ليؤكد لها أنها لا تسمع!

وذاك رجل طلق زوجته لأنها لا تحب كلبه المدلل!

وتلك تطالب زوجها أن يطلقها لأن زوجها لم يلبس في أحد الأيام (بجامة) في النوم!

وهذه تطلب من القاضي أن يطلقها؛ لأن زوجها لم يرتد في أحد الأيام ملابس الطعام أثناء الأكل!

وهذه أخرى تطلب الطلاق لأن زوجها لم يحلق رأسه كما تريد هي.

هذه هي بعض مبررات المجتمع الغربي في الإقدام على الطلاق... فإذا كان للمجتمع الغربي بعض المبررات في إلغاء الطلاق أو تقييده، فإن المجتمع الإسلامي خال من أمثال هذه السخريات والمهازل التي تقع في المجتمع الغربي.

من أضرار منع الطلاق

لقد أدى عدم السماح بالطلاق في بعض الدول سابقاً إلى مآس كثيرة، حيث ابتلي كثير من الأبناء والبنات بأمراض نفسية وعقد إذا دب بين الآباء والأمهات شقاق؛ ذلك أن الولد يعمل على إرضاء أمه ولا يريد إغضاب والده، فيضطر إلى مداراته ويؤيده في أقواله وأفعاله وإن لم يكن مؤمناً بها، فيتعلم النفاق منذ الصغر، فيصير مزدوج الشخصية، ويكون قد تعلم الكذب والدجل والغش من نعومة أظفاره، وفي ذلك من الأثر السيئ على أخلاق الجيل ما لا يخفى على أحد. وكم سمعنا عن أناس فارقوا

بلادهم- وهي عزيزة عليهم- لأنهم لم يتمكنوا من الاستمرار مع زوجاتهم في حياتهم الزوجية...

وكم سمعنا عن أناس أقدموا على قتل أنفسهم، أو قتل زوجاتهم؛ لأن شرعهم وقانونهم لا يسمح لهم بالطلاق؟

قالوا في الطلاق

لقد اعترف كثير من كبار فلاسفة النصارى والمستشرقين بأن الطلاق ضرورة لابد منها فهذا العلامة الإنكليزي (بنتام Bentham) وهو من كبار فلاسفة النصارى يقول في كتابه (أصول التشريع):

(حقاً إن الزواج الأبدي هو الأليق بالإنسان، والملائم لحاجته، والأوفق لأحوال الأسرة والأولى بالأخذ. ولكن إن اشترطت المرأة على الرجل ألا تنفصل عنه حتى ولو حلت في قلوبهما الكراهية الشديدة مكان الحب، لكان ذلك أمراً منكراً لا يسيغه أحد من الناس. على أن هذا الشرط موجود بدون أن تطلبه المرأة، إذ القانون الكنسي يحكم به فيتدخل بين العاقدين حال التعاقد ويقول لهما: أنتما تقترنان لتكونا سعيدين فلتعلما أنكما تدخلان سجناً سيحكم غلق بابه، ولن أسمح بخروجكما وإن تقاتلتما بسلاح العداوة والبغضاء)[1].

ويقول أحد فقهاء الغربيين:

---

(1) حقوق الإنسان في الإسلام للدكتور علي عبد الواحد وافي ص142، ط4، 1387هـ/ 1967، مطبعة نهضة مصر، القاهرة.

(الطلاق شر، لكنه شر لابد منه لصلاح المجتمع؛ لأنه العلاج الوحيد لشر قد يكون أكثر منه بلاء)[1].

ويقول المستشرق الفرنسي أتيين دينيه:

(على أن الكنيسة قد أساءت كذلك في مسألة الطلاق بمثل ما أساءت في أمر التوحيد. وذلك بمخالفتها لقوانين الطبيعة: أنظر هل أشد من الحكم على زوجين شابين لم يستطيعا لبعضهما صبراً، وقد خاب ظنهما في الزواج ولم يدركا السعادة التي طلباها من وراء ذلك هل أشد من الحكم عليهما بأن يخلدا يقضيان بقية أيامهما في عذاب ونكد وشقاء! كذلك إذا كان أحدهما عاقراً، أو كان غير كفء لزميله، هل يحرم الآخر من أن يبني لنفسه بآخر وأن يقيم له عائلة من جديد)[2].

التربية الإسلامية والطلاق

إن القانون الأرضي الذي يفرض سيطرته وهيمنته بالحديد والنار لا يملك من تغيير أوضاع الناس وحملهم على فكرة ما، ولكن التربية الإسلامية المتوافقة مع الفطرة الإنسانية تملك تغيير الأفراد والمجتمع، وذلك بالتوجيهات الإسلامية العالية التي يطبقها المسلم حين يطبقها وهو يتقرب إلى الله عز وجل. لذلك نرى القرآن الكريم يذكر المسلم بالله،

(1) سماحة الإسلام للدكتور أحمد محمد الحوفي ص220، سلسلة دراسات إسلامية 4، مكتبة نهضة مصر، القاهرة.

(2) أشعة خاصة بنور الإسلام لأتيين دينيه ص34، سلسلة الثقافة الإسلامية. وانظر كذلك: محمد رسول الله تأليف دينيه ص338، ط3.

ويوصله به في كثير من الأوامر والنواهي، نجد ذلك في آيات الطلاق كقوله تعالى:

(تِلْكَ حُدُودُ اللـه فَلاَ تَعْتَدُوهَا وَمَن يَتَعَدَّ حُدُودَ اللـه فَأُوْلَئِكَ هُمُ الظَّالِمُونَ)[1].

(وَتِلْكَ حُدُودُ اللـه يُبَيِّنُهَا لِقَوْمٍ يَعْلَمُونَ)[2].

(وَتِلْكَ حُدُودُ اللـه وَمَن يَتَعَدَّ حُدُودَ اللـه فَقَدْ ظَلَمَ نَفْسَهُ)[3].

(وَلاَ تُمْسِكُوهُنَّ ضِرَارًا لِّتَعْتَدُواْ وَمَن يَفْعَلْ ذَلِكَ فَقَدْ ظَلَمَ نَفْسَهُ وَلاَ تَتَّخِذُوَاْ آيَاتِ اللـه هُزُوًا)[4].

(وَاعْلَمُواْ أَنَّ اللـه يَعْلَمُ مَا فِي أَنفُسِكُمْ فَاحْذَرُوهُ)[5].

وبعد:

فإن تشريع الطلاق في الإسلام أمر استثنائي لا يصار إليه إلا في نهاية المطاف وعند الضرورة القصوى، حين يفقد الزوجان أي أمل في العيش معاً... وما مثل الطلاق في الإسلام إلا كمثل من يقدم على عملية جراحية خطيرة. إن الإنسان لا يقدم على مثل هذه العملية إلا إذا خشي من تفشي المرض في سائر الجسد وازدياده، ولا أمل له في الشفاء حتى لو استعمل جميع الحبوب، وكل الأدوية، وسائر العقاقير الطبية... فإذا فقد المريض مثل هذا الأمل، كان لابد له أن يقدم على هذه العملية الجراحية؛

---

(1) سورة البقرة: 229.

(2) سورة البقرة: 230.

(3) سورة الطلاق: 1.

(4) سورة البقرة: 231.

(5) سورة البقرة: 235.

كي يتخلص من الآلام أولاً، ويضمن عدم تسربه إلى باقي أعضاء الجسم بعد ذلك.

أخي المسلم:

من حق الإسلام علينا أن نقدمه إلى الناس واضحاً- كطبيعته- وضوح الشمس في رابعة النهار.

ومن حق الإسلام علينا- كذلك- أن نرد عنه سهام الكائدين وطعنات المارقين.

ولأمتنا علينا أن نهديها به سواء السبيل، وأن نضيء المصابيح لشبابها من بعد ما كاد يزيغ قلوب فريق منهم، لعلها تجد منهم من يقتدي بأبي بكر في قوة إيمانه، وبعمر في صلابته في الحق، وتعلقه به، وبعثمان في حيائه وسخائه، وبعلي في علمه وشجاعته.

وهذا الذي قدمناه لك مجمل من القول في الطلاق وهو- أي الطلاق- قليل من قليل مما بقي من أحكام الإسلام في واقع هذه الأمة، أرجو الله أن ينفع به وبأمثال له تضم إليه لتنير درباً وتفتح قلباً، وتهدي ضالاً والله حسبنا ونعم الوكيل.

حوار حول تقييد الطلاق

قال لي صاحبي وهو يحاورني: إن الأخذ ببعض القوانين والنظم التي تراعى فيها المصلحة شيء ضروري لابد منه ليسير المجتمع في خط التطور والتقدم.

قلت له: أي هذه النظم تعني وما وجه المصلحة فيها؟؟

قال: أعني تقييد الطلاق وجعله بيد القاضي، فلا يقع طلاق أي من الرجال إلا إذا أقام الدعوى في المحكمة، واقتنع القاضي بوجاهة الأسباب التي تدعوه إلى الطلاق، ووافق على إيقاع الطلاق! واسترسل صاحبي في حديثه معدداً- ما تصوره- من نفع عميم وخير كثير يحققه المجتمع عند تطبيق هذا النظام، مخمناً كم من الأسر التي أضحى تشتتها وتصدعها وانفصامها قاب قوسين أو أدنى... فيجيء هذا النظام ليلم الشعث، ويسد الثغر، ويجبر الوهن، ويداوي السقم!!

قلت له: ليس الأمر كما تظن، وليس في هذا النظام ما تتصوره من المصالح!

قال: كيف وقد لجأت إلى جعل الطلاق بيد القاضي دول كثيرة؟

قلت له: إن مسألة تقييد الطلاق ليس من بنات أفكارك، فقد سبقك إليها ناس كثيرون... من أولئك بعض الكتاب في مصر، اقترحوا قبل أكثر من تسعين سنة أن يسن قانون يمنع الرجل من إيقاع الطلاق خارج المحكمة، وقد حملوا- آنذاك- المبررات نفسها التي تتفضل أنت بإيرادها الآن، وكان ذلك سنة 1916م. وقد جعلوا في قانونهم ذاك غرامة مالية لا تتجاوز 100 دينار- آنذاك- أو بالحبس لمدة لا تزيد عن ثلاثة أشهر على كل من يوقع

طلاقه خارج المحكمة. غير أن هذا القانون قبر في مهده ولم يكتب له النجاح، إذ انبرى لنقده وتفنيده فقهاء مصر الذين أبطلوا بأدلة دامغة وحجج ناصعة إخفاق هذا القانون في ديار المسلمين، لمخالفته للشريعة الإسلامية. وليست مصر وحدها التي اخفق فيها هذا النظام، فقد أخفقت تونس كذلك، حين قيدت حق الرجل في الطلاق وجعلته لا يقع إلا في المحكمة. وهذا القانون ليس إسلامياً ولا يمت إلى الإسلام بسبب من قريب ولا من بعيد، بل هو أحكام القانون المدني الفرنسي قلباً وقالباً، أرادوا ترجمته إلى العربية، وألبسوه عقالاً وعباءة عربية، ولكنهم لا يريدون التصريح بذلك، فاتبعوا أساليب الطلاء والتمويه على الناس. جاء في الفصل الثلاثين من قانون الأحوال الشخصية في تونس (لا يقع الطلاق إلا لدى المحكمة).

وهنا ظهرت على قسمات وجه محدثي علامات التعجب فأسرع سائلاً: ما وجه مخالفة هذا النظام للشريعة الإسلامية؟

قلت له: اسمع ما رسمه الإسلام في الإصلاح بين الزوجين إذا دب خلاف أولاً، ثم مخالفة تقييد الطلاق للإسلام بعد ذلك:

أما عن الأول فقد اتبع الإسلام أساليب عدة مع الرجل والمرأة معاً ليحافظ على كيان الأسرة من التصدع والتشتت والتشقق والتمزق، من ذلك قوله تعالى مخاطباً الرجال:

(وَعَاشِرُوهُنَّ بِالْمَعْرُوفِ فَإِن كَرِهْتُمُوهُنَّ فَعَسَى أَن تَكْرَهُواْ شَيْئًا وَيَجْعَلَ اللّهُ فِيهِ خَيْرًا كَثِيرًا)[1].

(1) سورة النساء: 19.

وقوله ﷺ:

(لا يفرك مؤمن مؤمنة إن كره منها خلقاً رضي منها آخر)[1].

وقوله:

(... والرجل راع في أهله ومسؤول عن رعيته، والمرأة راعية في بيت زوجها ومسؤولة عن رعيتها...)[2].

وقد دعا الإسلام المرأة- إن خافت من بعلها نشوزاً أو إعراضاً- أن يفاتح أحدهما الآخر فيما حصل، لعلهما يتمكنان من التغلب على مشكلاتهما. وإذا خاف الرجل من نشوز زوجته وعظها، فإن لم ينفع هجرها في المضجع، فإن لم ينفع ضربها ضرباً غير مبرّح. فإن ازدادت المشكلات ولم تحل أمر الإسلام أن تشكل محكمة صغرى: يختار الرجل حَكَماً من أهله، وتختار المرأة حَكَماً من أهلها، فإن حلت المشكلات فذلك ما يدعو له الإسلام، وإلا طلق الرجل تطليقة واحدة رجعية، تعتد بعدها في بيت الزوج. وهكذا نرى الإسلام وضع حلولاً قويمة للإصلاح بين الزوجين- إن كان للإصلاح مكان- فإن لم تجدِ هذه الطرق نفعاً فلا معنى لوضع الطلاق بأيدي القضاة!

وأما عن مخالفة هذا النظام للإسلام، فقد جعل الإسلام إيقاع الطلاق حقاً للزوج، وهذا ما أجمع عليه العلماء قديماً وحديثاً، وآيات القرآن الحكيم صريحة في ذلك كل الصراحة كقوله تعالى:

---

(1) رواه مسلم حديث 1091.

(2) متفق عليه.

(وَإِذَا طَلَّقْتُمُ النِّسَاء فَبَلَغْنَ أَجَلَهُنَّ فَأَمْسِكُوهُنَّ بِمَعْرُوفٍ أَوْ سَرِّحُوهُنَّ بِمَعْرُوفٍ)[1].

وقوله تعالى:

(وَإِن طَلَّقْتُمُوهُنَّ مِن قَبْلِ أَن تَمَسُّوهُنَّ وَقَدْ فَرَضْتُمْ لَهُنَّ فَرِيضَةً فَنِصْفُ مَا فَرَضْتُمْ)[2].

وقوله تعالى في الطلاق الثالث:

(فَإِن طَلَّقَهَا فَلاَ تَحِلُّ لَهُ مِن بَعْدُ حَتَّىَ تَنكِحَ زَوْجًا غَيْرَهُ)[3].

ألا ترى أن الشارع الحكيم جعل إيقاع الطلاق إلى الرجل في هذه الآيات الكريمة كلها من غير أن يقيده بإذن أحد؟

قال صاحبي: يبدو أن الأمر كما تقول، ولكن ما تقول في حديث ابن عمر حين طلق زوجته وهي حائض؟ أليس قد أمره بمراجعتها؟

قلت له: إن هذا الحديث دليل لي وليس لك، حيث يدل دلالة بينة على أن إيقاع الطلاق يكون حقاً للرجل من غير أن يقيد بإذن أحد. وهنا تناولت كتاب (بلوغ المرام) وقلت له: اسمع الحديث الذي أردت أن تجعله حجة علي:

(عن ابن عمر ﵄: أنه طلق امرأته وهي حائض في عهد رسول الله ﷺ فسأل عمر رسول الله ﷺ عن ذلك. فقال: **مره فليراجعها، ثم ليمسكها**

(1) سورة البقرة: 231.

(2) سورة البقرة: 237.

(3) سورة البقرة: 230.

حتى تطهر، ثم تحيض، ثم تطهر، ثم إن شاء أمسك بعد، وإن شاء طلق قبل أن يمس،

فتلك العدة التي أمر اللـه أن تطلق لها النساء) متفق عليه.

ألا ترى يا صاحبي أن ابن عمر ﷺ لم يطلق بإذن النبي ﷺ ولكنه ﷺ أمضى طلاقه؟ ثم

إن قوله: (مُرهُ فليراجعها) دليل على أن الطلاق قد وقع، إذ المراجعة لا تكون إلا عن طلاق...!

قال: إن هذا ليس بحجة، فهل لديك دليل صريح على أن الرسول ﷺ جعلها تطليقة؟

قلت: نعم. في رواية أخرى للبخاري جاء فيها (وحسبت تطليقة). وهناك أحاديث

أخرى في هذا المعنى تفيد ما ذكرته لك.

قال: لقد تبينت الآن أن الأدلة من القرآن الحكيم والسنة النبوية المطهرة تقضي بتحريم

هذا التقييد، ولكن قل لي: هل هناك أضرار تنبعث من وراء هذا التقييد؟

قلت له: إن أضرار ذلك كثيرة وفوق أن تحصى، وما من حكم نهى القرآن عنه إلا لعلل

ربما عرفنا بعضها أو لم نعرف. وفي موضوعنا الذي نتكلم فيه: قد يقع بين الرجل والمرأة ما يقع

من أمور يلحق كشفها إضراراً بسمعة الرجل أو المرأة أو كليهما، ويريد الرجل طلاق زوجته

لأسباب هو يعرفها ولا يريد كشفها، فهل من مصلحتيهما أن تكشف أسرارهما أمام القاضي لأن

الطلاق لا يقع إلا أمام القضاة؟

قال: لا بالطبع.

قلت: إن قلوب النـاس بيـد اللـه: فقـد تـرى شخصاً وتحبه مـن أول مـرة

مـن غـير أن يكـون بينكـما سـابق معرفـة، وقـد تـرى آخـر فتنفـر منـه نفسيـاً مـن

غير أن تعرفه من قبل أو تسمع عنه أي شيء كان، وهـذه أمـور نفسية لا يستطيع إنسـان التحكم فيها أو تغييرها أو تبديلها، فإذا حـدث أن أراد رجـل تطليـق زوجتـه لأسبـاب نفسية وعجز كل علماء النفس عن إقناعه بعدم الطلاق، وتدخل القانون فمنعه من إيقاع الطلاق أو لم يعتبر طلاقه شيئاً فماذا سيكون مستقبل الأسرة؟ أتستطيع الاستمرار في هـذه الحيـاة بأمـان من غير أن يقع من المحاذير الشيء الكثير؟

ألم تر أو تسمع عما يقع من مآسٍ وخطوب مفزعة كثيرة، وما يحل بكثير من الأسر مـن نكبات مؤلمة كانت نتيجة حتمية للتضييق غير المعقول في بعض الـدول في أمـر الطـلاق؟ هذا وإن نظام تقييد الطلاق قد يؤدي إلى استمرار العلاقة المحرمـة بـين الرجـل والمـرأة، إذ الرجل يطلق خارج البيت ولكن القاضي لا يعتد بطلاقه ولا يوقعه، أليس هذا محرماً في الإسلام؟

ثم أليس ذلك إهداراً لآدمية الرجل، بينما لـه أن يـزوج بناتـه وأولاده، ويبيـع ويشتـري بمبالغ طائلة قد يكون فيها غبن، فهل نقيم عليه قيّما في كل ذلك، في الوقت الذي هو مستقيم حسن السلوك يسعى لمصلحته وما ينفع؟؟ ثم هـل يكـون مستقبل الأسرة سـعيداً والرجـل والمرأة على طرفي نقيض؟

قال: لا، هو كما تقول، ولكن لماذا تجردون القاضي من كل سلطة؟

قلت له: إن الإسلام لم يجرد القاضي مـن كـل سلطة- كمـا تظـن- بـل أعطـاه سلطة لم يعطها له أي قانون كان من قوانين العالم، وقد اعترف بهذه الحقيقة كبار رجـال القانون مـن غير المسلمين قبل المسلمين!

لقد أجاز الإسلام للقضاء التدخل وإبداء رأيه، بل جعل الإسلام للقاضي أن يطلق عن الرجل إذا كانت هناك ضرورة للطلاق وتترتب عليه مصلحة، كما إذا غاب الرجل عن زوجته فترة طويلة قدرها بعض الفقهاء بسنة وقدرها غيرهم بأكثر من هذا. وكما إذا حصل للرجل إعسار حتى صار لا ينفق على زوجته...

قال: ولكن نسبة الطلاق في الدول الإسلامية عالية جداً، فلابد من وضع حد لهذه الظاهرة المخيفة المفزعة المروعة.

قلت له: لقد تمردت دول الغرب على التعاليم التي وضعها رجال الدين المسيحيون في تحريم الطلاق، وقد اضطروا إلى إباحته، ولكنهم قيدوه بموافقة القاضي كما تريد أنت للمسلمين اليوم، ولكن كم كانت نسبة الطلاق؟

ربما تعجب- يا صاحبي- أشد العجب إذا قلت لك: بأن نسبة الطلاق في دول الغرب عالية، وعالية جداً، ويكفينا أن نذكر أن نسبة الطلاق في الولايات المتحدة الأمريكية وصلت سنة 1948 إلى 40% (أربعين من كل مائة) ولذلك قال أحد المفكرين الأمريكيين مشفقاً جزعاً: أخشى أن يأتي يوم لا تبقى فيه أسرة في أمريكا، فماذا تكون نسبة الطلاق في الدول الإسلامية إذا قيست بنسبة الطلاق في أمريكا؟ لعلها تكون 3% (ثلاثة من كل مائة) أو أقل. علماً بأن الرجل الغربي لا تقع عليه أعباء مالية مهمة إذا أوقع الطلاق، بينما كلف الإسلام المسلم بنفقات كثيرة إذا أقدم عليه من دفع مهر المرأة المؤجل، والنفقة عليها مادامت في العدة، والإنفاق على حضانة أولاده وإرضاعهم ولو كانت هي التي تقوم بذلك...!

قال صاحبي: ولكن بعض الأزواج يتعسفون باستعمال حقهم في الطلاق، ويظلمون المرأة، ويلحقون بها وبعائلتها أضراراً فهل يترك حبل الزوج المتعسف على الغارب؟

قلت له: لا، لا يترك حبل الزوج المتعسف على غاربه، ومن واجب ولي الأمر أن يفرض عقوبة مالية على كل من يسيء استعمال حقه في الطلاق ويتعسف فيه!

وإذا كان لولي الأمر أن يحجر على أموال السفهاء الذين يسيئون التصرف في ثرواتهم، فإن له أيضاً أن يفرض عقوبات مالية على كل متعسف في طلاقه؛ لأن الأسرة- وهي مصنع الأجيال- أكثر أهمية من كل مال، وهذه العقوبات المالية تعوض المرأة عما لحقها من أضرار. وقبل أن أسترسل في حديثي سألني قائلاً: ولكن من أي باب من أبواب الفقه الإسلامي تدخل هذه العقوبات على المطلِّق؟

قلت له: من باب المتعة التي فرضها على الزوج لمطلقته. وقد عرفها الفقهاء بأنها (مبلغ من المال يدفعه الزوج لمطلقته، تعويضاً عما أصابها من بؤس وفاقة بطلاقه إياها) وقد اختلف الفقهاء في تقديرها؛ لأن تقديرها أمر اجتهادي، على ألا يبلغ هذا المقدار مبلغاً كبيراً ينوء بحمله الزوج، وقد أخذ القانون السوري بذلك، فنص في الفصل الخامس تحت عنوان طلاق التعسف م117: (إذا طلق الرجل زوجته وتبين للقاضي أن الزوج متعسف في طلاقها دون سبب معقول، وأن الزوجة سيصيبها بذلك بؤس وفاقة، جاز للقاضي أن يحكم لها على مطلقها بحسب حال ودرجة تعسفه بتعويض لا يتجاوز مبلغ نفقته سنة فوق نفقة العدة، وللقاضي أن

يجعل دفع هذا التعويض جملة أو شهرياً بحسب مقتضى الحال)[1]. ولا مانع من أن يكون تعويضها لأكثر من سنة إذا اقتضت الضرورة ذلك. والضرورة تقدر بقدرها.

وهنا التفت إلي صاحبي قائلاً: كيف نتمكن من تقليل حوادث الطلاق إذا لم نقيده؟

قلت له: إن التقليل من حوادث الطلاق ليس بتقييده، ولكن بتنمية الوعي الإسلامي في المسلمين؛ لأن المسلم عند ذاك لا يقدم على عمل من الأعمال إلا ويقيسه بمدى موافقته للشريعة الإسلامية أو مخالفته، ويجعل الله رقيباً عليه في كل عمل يقوم به أو يذره. ولهذا لا يقدم من يخاف الله على الطلاق؛ لأن الرسول الحبيب أخبرنا بأن أبغض الحلال إلى الله الطلاق، فهل يفعل المسلم الخائف لله ما هو بغيض إليه تعالى؟

إن الذي لا يخاف الله تهون عليه المحارم، ولا يتردد في سبيل إشباع شهوته أن يتزوج ما يشاء له هواه، ولا يمنعه من هذا أن يقيد حقه في الطلاق فلا يطلق إلا إذا سمح له القاضي؛ لأن التجربة عند الغربيين ماثلة معروفة: فقد غدا الزواج في كثير من الأسر الغربية شكلياً: الرجل يذهب يشبع شهوته بالحرام، والمرأة كذلك ماداما لا يستطيعان فصم عرى الزوجية!

إن خير وسيلة- يا صاحبي- للتقليل من الطلاق هي أن يفهم الرجل دينه وأن تفقه المرأة دينها. فإذا فهم الرجل دينه وأحب المرأة أكرمها، وإذا كرهها فلا يظلمها. أما هي فإذا فقهت دينها عرفت منه حق زوجها عليها

---

(1) مدى حرية الزوجين في الطلاق للدكتور عبد الرحمن الصابوني ص108.

فيعيشان عيشة سعادة وهناء، وينعم أطفالهما في ظلهما بعيش لا كدر فيه ولا تنغيص، وتقل دواعي الطلاق والفراق. ولقد ثبت بما لا يقبل أي شك أن البيئات المتدينة يقل فيها الطلاق بينما يزيد في البيئات الأخرى. وهنا توجه إلي بهذا السؤال: ولكن هل لديك إحصائية تثبت ما تقول؟

قلت له: نعم، وكنت جالساً قريباً من مكتبتي فمددت يدي إلى كتاب (ماذا عن المرأة) للدكتور نور الدين عتر، وفتحت الصفحة 195 فإذا بها هذا الجدول للزواج والطلاق لمدن دمشق، وحلب، وحماه. والمعروف أن حماه أكثر محافظات ذلك القطر تمسكاً بالإسلام، وأن مدينة دمشق التي سماها شوقي (ظئر الإسلام) بما تركز عليها في الأيام الأخيرة من غزو لإفساد الأخلاق صارت أقل من حماه تمسكاً بدينها:

السنة	المنطقة	الزواج	الطلاق	النسبة
1961	مدينة دمشق	5627	1097	%19,49
1965	مدينة دمشق	6125	1095	%17,87
1966	مدينة دمشق	5946	1182	%19,87
1961	مدينة حلب	3460	502	%14,5
1965	مدينة حلب	4023	524	%13
1966	مدينة حلب	3991	517	%12,95

1961	مركز محافظة حماه	1254	133	%10,6
1965	مركز محافظة حماه	2145	149	%6,9
1966	مركز محافظة حماه	1870	108	%5,77

ألا نستطيع بعد هذا يا صاحبي أن نتبين أهمية الإيمان ومكانته في التقليل من الطلاق؟

لا تقل يا صاحبي أن الرجل أساء استعمال حقه في الطلاق فليقيد حقه، فما من حق في الدنيا إلا وقد أسيء استعماله، أفتريد مثلاً قريباً على ذلك؟

إذا كان في البلد- أي بلد- طبيب مشهود له بالكفاية والإخلاص، وجاءه مريض فعرف مرضه، ووصف له دواءه الشافي بإذن اللـه، وعلمه كيف يستعمله، كما علمه ما يأكل وما لا يأكل... ولكن المريض لم يستعمل الدواء كما أشار الطبيب، وأكل ما منعه الطبيب أن يأكله، وترك ما أمره أن يأكله ومات المريض، أفيكون الذنب حينئذ ذنب الطبيب؟ وهل يكون عاقلاً من يقول: ينبغي أن نمنع الأطباء من مزاولة أعمالهم- وبخاصة المخلصين الماهرين منهم- لأن جماعة المرضى يعصون الأطباء ولا يفعلون ما يرشدونهم إليه؟ وهل هذه إلا كتلك؟؟

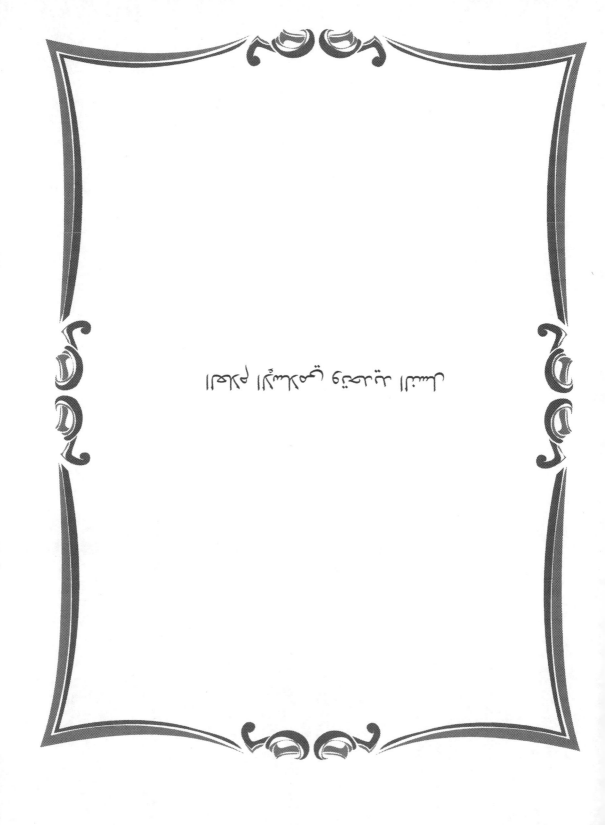

العلام الإسلامي وتحديد النسل

العالم الإسلامي

وتحديد النسل

الحمد لله والصلاة والسلام على رسول الله وعلى آله وأصحابه أجمعين.

مقدمة

المراد بتحديد النسل تقليله، ووضع الحوائل أمام إطلاقه، لكي يكون لكل زوجين عـدد قليل من الأولاد، فيتخذ الزوجان أو أحدهما بعض الوسائل لمنع الحمل منعاً دائماً أو مؤقتاً...!

لقد كثرت عمليات تحديد النسل في دول الغرب كثرة هائلة، وانتشرت انتشاراً مـذهلاً، حتى صار الزوجان قبل الاقتران يتفقان على عدد الأولاد الذين سيكون لهما في المستقبل!

إن مسألة تحديد النسل أو تنظيمه مسألة مهمة، شغلت أذهان الناس فترة طويلـة، وقد اهتم بها الأقدمون والمحدثون... فقد عرفت أنواع كثيرة مـن طرق التحديـد منـذ العصر الجاهلي حتى يوم الناس هذا...!

والذي دعاني إلى كتابة هذا البحث ما لمسته من ذيوع واسع في وسائل تحديد النسـل، وبخاصة حبوب منع الحمل- في هذا الوقت- إذ انتشرت انتشاراً واسعاً، وصارت المستشفيات العامة تزود النساء بهذه الحبوب مجاناً...!

والله أسأل أن يجعل هذا البحث خالصاً لوجهه الكريم وينفع به، والله يقول الحق وهو يهدي السبيل هو نعم المولى ونعم النصير.

تحديد النسل ونظرية (مالثوس)

كان أول من دعا إلى تحديد النسل العالم الإنكليزي (توماس روبرت مالثوس) وكان العامل الاقتصادي هو الذي دفعه لذلك، ثم تبعه (فرانسيس بلاس) في فرنسا. وأيد في أمريكا (هو تشارلس نوروتون) دعوة (بلاس) سنة 1833م. غير أن هذه الحركة ماتت في مهدها ولم تكتب لها الحياة، ثم عادت إلى الظهور سنة 1876م. ولم تمضِ سنة 1881م حتى انتشرت في (هولندا) و(بلجيكا) و(فرنسا) و(ألمانيا) ثم في سائر دول أمريكا وأوربا المتحضرة...

على أن مسألة تحديد النسل انحرفت عن فكرة مؤسسها (مالثوس) التي تتلخص في أن عدد السكان في تزايد مستمر والأرض محدودة المساحة وخيراتها محدودة كذلك! فينظر (مالثوس) إلى مستقبل العالم نظرة مادية قاتمة فاحمة، حيث رأى في هذه الظاهرة خطباً جسيماً ومعضلة معقدة، ولا يرى حلها المعقول إلا بتحديد النسل! وكان (مالثوس) يعني بتحديد النسل أن يمتنع الناس عن الزواج، وأن يضبط المتزوجون أنفسهم في حالة الزواج كيلا تحل بالعالم مجاعة مدمرة!

وقد فند كثير من علماء أوربا هذه النظرية، حيث بينوا خطأها، وأن مضاعفة الإنتاج واستغلال الموارد الطبيعية استغلالاً علمياً يقضي على هذه الأزمة التي توهمها (مالثوس).

ولما منيت هذه النظرية بالهزيمة والخذلان، عمل تلامذته على تعديل نظرية أستاذهم، فدعوا إلى الاكتفاء بالعدد القليل من الأولاد، ليتمكن الآباء من تربية أولادهم تربية عالية، فهم يريدون النوعية لا

الكمية! وهذه النظرية التي جاء بها تلاميذ (مالثوس) عرفت بـ(النيوملتيوتسم). وقد تبنى هذه الفكرة في قرننا العشرين بعض شبابنا الغر ممن تأثر بالحضارة الغربية، فصار يردد المبررات نفسها التي رددها تلاميذ (مالثوس) من قبل!

وأستطيع القول بأن (مالثوس) في نظريته هذه فكك المجتمع الغربي، وأدخل الحقد والبغضاء والشحناء بين أبنائه، بل أحدث تصدعاً لم يلتئم، وميلاً لم يقوّم يوم تركت المرأة مملكتها العظيمة- أعني بيتها- ونزلت تعمل في المعامل... ذلك أن النهضة الصناعية كان من نتائجها ارتفاع مستوى الحاجيات، وصعوبة العيش لمن دخله محدود، وقد اضطرت هذه الظاهرة الجميع إلى العمل! وإذا علمنا أن الوالد صار لا ينفق على ولده، ولا ينفق الزوج على زوجته، أدركنا أن تفكيرهم سيتجه نحو تقليل أفراد عائلاتهم لا محالة!

وكان من نتيجة هذا الوضع المزري والعيشة القاحلة: أن نزلت المرأة الغربية تعمل في المعامل وهي كارهة، لأنها لم تجد من ينفق عليها... ولما كانت المرأة تحتاج إلى فترة ليست بالقليلة بعد وضع حملها ليعود إليها نشاطها لتتمكن- بعد ذلك- من مزاولة عملها، فقد وجد أصحاب الأعمال في هذا طريقاً لهم ليضيقوا الخناق على المرأة، وليمنعوها حتى من هذا الحق، وذلك لعيشهم في مجتمع مادي، ولخلو قلوبهم من الروح... وهكذا اضطرت المرأة لترك بيتها أولاً لتعمل في المعامل، ثم لتحدد نسلها بعد ذلك، وهي في كلا الأمرين مضطرة وكارهة!

هذه هي قصة تحديد النسل في بداية أمرها... غير أن هذه الحركة اتخذت لها منهجاً غير منهجها الأول، وسارت في طريق يتباين تبايناً كبيراً وبواعث تحديد النسل في أول أمره، ذلك أن الفقر كان من أسباب تحديد قسم من العوائل لأنسالها... غير أن مسألة تحديد النسل أمست (موضة) من (الموضات) في المجتمع الغربي، وصار الذين يحددون أنسالهم هم العوائل الغنية وليست الفقيرة كما دلت جميع التقارير التي بحثت موضوع تحديد ا لنسل في إنكلترا وأمريكا كبلدين نموذجيين من البلاد الغربية على ذلك.

على أن هذه الحركة لاقت- فيما بعد- رواجاً كبيراً عند ذوي الوظائف العالية والدخول الكبيرة والمترفين! أما العمال وأصحاب الدخول الضئيلة، فلم تلاقِ حركة تحديد النسل رواجاً فيهم إلا بمقدار، ذلك أن فلسفة الحياة التي كان يعايشها المجتمع الغربي هي فلسفة مادية لا روح فيها، أنانية لا حب للآخرين معها، إذ الغربيون لم يحددوا أنسالهم- فيما بعد- خوفاً من الجوع، إنما فعلوا ذلك كي يزيدوا ثرواتهم، ولئلا تتبدد إلى ثروات صغيرة، ولتحتفظ المرأة بجمالها، وليتمتع الزوجان بحياة شهوانية على أوسع نطاق، إذ إن إنجاب الأولاد وفترة الحمل يحول- في بعض الأحيان- دون هذه المتعة، أو يعكر صفوها، فلا تكون كاملة تامة!

وهذه الظاهرة- ظاهرة كثرة تحديد النسل لدى أصحاب الوظائف العالية والأغنياء، وقلتها بالنسبة لغيرهم- نلمسها في مجتمعاتنا هذه، حيث صار تحديد النسل لدى المثقفين عالياً، في الوقت الذي لم تلاقِ هذه الحركة رواجاً لدى طبقات العمال والفلاحين والكسبة وأصحاب الدخول

الضئيلة. فإذا أخذنا مصر- على سبيل المثال- نجد أن 100 (مائة) زوجة جامعية قد أنجبن 394 طفلاً. وأنجبت الزوجات في التعليم الثانوي 583 طفلاً. والزوجات في مستوى التعليم الابتدائي أنجبن 703 طفلاً، والزوجات الأميات 708 طفلاً.

كما تدل الإحصائيات- أيضاً- على أن نسبة تحديد النسل في المدن أكثر مما في القرى. فنسبة تحديد النسل في المدن 07% أما في المجتمع الزراعي فتبلغ 01% فقط.

على أن الدراسات الحديثة الدقيقة تنفي ما يزعمه بعض هؤلاء من أن كثرة النسل تؤدي إلى انخفاض مستوى المعيشة، بل ثبت غير ذلك وهو أن كثرة النسل يؤدي إلى زيادة الإنتاج، وإذا زاد الإنتاج فلمَ الخوف والوجل من كثرة الاستهلاك؟

ذكرت مجلة حضارة الإسلام في مجلدها الأول صفحة 249 مقالاً للكاتب (كريستوفر هوليس) نشرته مجلة (سبكتيتور) اللندنية ذكر فيه الكاتب الرأي الذي يقول بأن عدد السكان في ازدياد كبير، بينما الإنتاج يرتفع ببطء، وناقش الكاتب هذا الرأي فقال:

(... وبين أيدينا إحصائيات سكرتيرية الأمم المتحدة التي تقول: إن الإنتاج في الشرق الأقصى قد زاد في السنوات العشر الأخيرة بنسبة 03% بينما زاد عدد السكان في المدن ذاتها بنسبة 1,4%). ويقول أيضاً:

(وتقول التقديرات إن نحو 50% من مساحة الأرض صالحة للزراعة، أما المستغل فيها الآن فلا يزيد عن 10% فقط، وفي رأيي أننا لو استصلحنا واستثمرنا كل الأراضي الصالحة للزراعة، فإن الإنتاج

سيكون كافياً لـ28 بليون إنسان (أي عشرة أضعاف سكان الأرض آنذاك) وفي مستوى حياة المواطن في هولندا آنذاك، وهذا الإنتاج نفسه يكفي لـ90 بليون إنسان في المستوى المعاشي الذي عليه سكان آسيا)[1].

ويقول الأستاذ أ.كريسي موريسون الرئيس السابق لأكاديمية العلوم بنيويورك:

(وقد تنبأ (مالثوس) منذ زمن بعيد، بأنه مع تكاثر عدد سكان الكرة الأرضية، واستغلال الأرض في زرع المحصولات دون انقطاع، سوف يستنفد العناصر المخصبة! ولو كان حسابه بشأن تزايد عدد السكان صحيحاً، لوصلنا إلى درجة الندرة في بداية القرن الحالي)[2] ويقول أيضاً:

(إن النتائج الخلقية التي تنجم عن الاضطرار إلى نقص عدد سكان الأرض كي يبقى بعضهم على قيد الحياة هي أفظع من أن يتصورها الإنسان. وقد أمكن تفادي هذه المأساة في نفس اللحظة التي كان يمكن توقعها فيها)[3].

وإذا كان لنظرية (مالثوس) هيل وهيلمان في فترة معينة من الزمن، فقد انكشفت الآن ضحالة تلك النظرية حيث وضع كثير من الأساتذة الأخصائيين هذه النظرية تحت المجهر وبينوا إخفاقها وخطأها الذريع. يقول الأستاذ (كولين كلارك):

---

(1) المرأة بين الفقه والقانون للدكتور مصطفى السباعي ص326، ط1.
(2) العلم يدعو للإيمان تأليف أ.كريسي موريسون ص79، ط5.
(3) العلم يدعو للإيمان ص80.

(يقول هؤلاء- ويعني أتباع مالثوس- إن وجهة نظرهم علمية خالصة، فهي إذا كانت هكذا في واقع الأمر، فمن الحقيقة في الوقت نفسه: أن ليست على وجه الكرة الأرضية طائفة أخرى من علماء العلوم التجريبية تساوي الطائفة (المالثوسية) في ضآلة معلوماتها عن الحقائق التي تأخذها بالبحث والمناقشة. وإن الطائفة (المالثوسية) على جهل تام حتى بالحقائق الأساسية البسيطة عن عدد السكان، والذين من أفرادها عندهم معلومات عن عدد السكان، هم ضحايا الجهل بعلم الاقتصاد على وجه كلي تقريباً)[1].

ويقول الأستاذان (تشارلس جائيد) و(تشارلس وليست):

(يأبى التاريخ أن يؤيد (مالثوس) في نظريته لزيادة السكان وقلة وسائل المعاش، فإن أي قطر من أقطار العالم ما ظهرت فيه الظروف التي يجوز القول على أساسها بأن هذه الأقطار مواجهة لمشكلة زيادة السكان، بل كانت مشكلة زيادة السكان في بعض الأقطار- كفرنسا مثلاً- بطيئة جداً. وأما الأقطار الأخرى فإن كانت زيادة السكان فيها تستحق الذكر فإن نسبتها ما كانت على حال أكبر من نسبة زيادة الإنتاج)[2].

إن حركة تحديد النسل أودت بالمجتمع الغربي إلى قرار سحيق مخيف...! وحتى الذين حملوا لواء هذه الدعوة الشوهاء النكراء عادوا- بعد ذلك- يذوقون ويأكلون ثمر غرسهم المر، بل انقلبوا يحاربون دعوتهم

---

(1) حركة تحديد النسل للأستاذ أبي الأعلى المودودي ص121- 122.
(2) استعراض علمي لحركة تحديد النسل للأستاذ خورشيد أحمد ص166.

التي تحمسوا لها في صباهم. يقول الأستاذ (ليندليس بال) في كتابه المشاكل الاجتماعية ص596- 597:

(إن (مالثوس) لو كان اليوم على قيد الحياة لما وسعه إلا الشعور بأن الإنسان في الغرب قد رمى إلى أبعد من اللازم بصدد وضعه الحد لنسله، بل الحقيقة أنه قد أثبت أن نظره قصير جداً بشأن التفكير في حفظ مستقبل (حضارته))[1].

إن التهويل الشديد الذي أطلقه (مالثوس) وأتباعه حول زيادة السكان ومحدودية الموارد الاقتصادية أثبت الواقع خطأه، فقد كان الإنسان البدائي القديم لا يملك من وسائل العيش إلا القليل، ولما ازدادت الأعداد البشرية على هذه البسيطة ازدادت وسائل المعيشة للإنسان كذلك!

إن الناس لو فكروا قبل مئات أو آلاف من السنين عن الزيادة المرتقبة في العالم، ونظروا إلى هذا الأمر نظراً مادياً خالصاً، وفكروا مثلما فكر (مالثوس)، لقرروا أن خطباً كبيراً ومجاعة قاتلة ستحل بالعالم بعد سنين معدودة... ولذكروا- وهم في سماديرهم- بعض إرهاصات هذا التكهن الذي لم يستند إلى علم ومعرفة. واليوم وبعد آلاف من السنين لم نرَ أثراً لمثل هذه الفكرة المتصورة، ذلك أن وسائل الحياة المعاشية في تقدم وتطور...

على أن الدراسات الحديثة تدلنا على أن الأمة إذا ازداد عدد نفوسها واتجهت نحو تصنيع بلادها واستثمار أراضيها وخيراتها على وفق أنظمة مبنية على العلم والتجارب الصحيحة تتخلص من أزماتها، وتتحسن

---

(1) حركة تحديد النسل ص45.

أحوالها المعاشية. فهذه ألمانيا- مثلاً- كانت تعيش بضائقة مالية وعسر اقتصادي شديد يوم كان عدد نفوسها 45 مليون نسمة في سنة 1880م، وهذه الحياة البائسة القاحلة الكأداء جعلت حركة الهجرة إلى خارج ألمانيا مستمرة بلا انقطاع، تخلصاً من الفقر المدقع الذي كان يعيشه كل الألمان. ويوم ازداد عدد الألمان إلى 68 مليون نسمة حوالي سنة 1914م ازدادت موارد ألمانيا الاقتصادية وذهب عنها العسر الذي كابدت منه الأمة طويلاً، وعم الرفاه والرخاء كل سكان ألمانيا... ولم يكن ذلك فحسب، بل اضطروا- بعد ذلك- لطلب أعداد كبيرة من عمال العالم ليعملوا فيها، حتى بلغ عدد العمال الذين وفدوا من خارج ألمانيا للعمل فيها وعملوا فيها فعلاً سنة 1910 مليوناً وثلاثمائة ألف!

وإذا انتقلنا بنظرنا إلى اليابان رأينا أن أراضيها الصالحة للزراعة قليلة جداً بالنسبة لسكانها، غير أن التقدم الصناعي فيها قد قضى على جميع مشكلات السكان، فقلما تجد أيدي عاطلة، وكان من نتيجة دأبها المتواصل أن غزت صناعاتها أسواق العالم، ولم تستطع أوربا مقاومتها مقاومة فعلية، وصدق الله العظيم حيث يقول:

(وَمَا مِن دَآبَّةٍ فِي الأَرْضِ إِلاَّ عَلَى اللـه رِزْقُهَا وَيَعْلَمُ مُسْتَقَرَّهَا وَمُسْتَوْدَعَهَا كُلٌّ فِي كِتَابٍ مُّبِينٍ)[1].

وإذا ما استعرضنا آراء الاقتصاديين الذين يعتد بآرائهم، وجدنا أنهم يقررون أن كثرة السكان من أهم عوامل تقدم الأمة وازدهارها، وقلتهم

---

(1) سورة هود: 6.

من أهم عوامل انحطاطها، يقول العالم الاقتصادي الشهير (كول. ج د. ج) في كتابه (توجيه الرجل الذكي إلى العالم بعد الحرب):

(إننا إذا كنا نرتكب حماقة المحافظة على قلة السكان، فلنعلم أحسن العلم أن ليست قلة السكان حلاً لمشكلة البطالة في بلادنا، كما أنه من المحال أن يرتفع بها مستوى معيشة بقية السكان. إن مؤثراتها الاقتصادية لابد أن تكون سيئة للغاية، إذ لابد لسببها أن ترفع عندنا نسبة العجائز، وبذلك يضطر المنتجون أن يظلوا يشغلون المتقاعدين. وأما إذا وجدت بين المنتجين أنفسهم طبقة كبيرة مشتملة على العجائز، فإن من المحال عندئذ أن تبقى في نظامنا للإنتاج تلك المرونة التي لابد منها لتحقيق مقتضيات الظروف المتبدلة والوسائل المتجددة، فعلينا- لكل ذلك- أن نستعين بكل طريق ممكن للقيام في وجه خطر قلة السكان)[1].

ويقول الأستاذ ف.ك.أورجانسكي:

(إن التضخم العظيم- مطلق العنان- لعدد السكان كان له التأثير القوي والقول الفصل في الارتفاع بأوربا وجعلها قوة من الدرجة الأولى في العالم.. إنه لم يكن إلا من نتائج انفجار عدد السكان في أوربا أن تهيأت لها الأيدي لتسيير حياتها الاقتصادية الصناعية من جانب، ومن جانب آخر ظل يتهيأ لها المهاجرون والعمال للانتشار في العالم وتسيير مختلف دولها المنتشرة في أصقاعه البعيدة المترامية الأطراف حيث كان قد دخل في حوزتها السياسية نصف مساحة الكرة الأرضية وثلث عدد سكانها)[2].

---

(1) حركة تحديد النسل ص46.
(2) حركة تحديد النسل ص115- 116.

ويقول الاقتصادي الشهير الدكتور (كولين كلارك): (إن الإنسان لو استغل أرضه بالمهارة التي يستغلها الفلاح الهولندي، لأصبح إنتاجه الزراعي من المساحة المزروعة حالياً كافياً لـ28,000 مليون نسمة   - أي لعشرة أضعاف عدد سكان العالم آنذاك- بحيث يعيشون جميعاً على مستوى يوازي المستوى المرتفع في غرب أوربا)[1].

ويقول أيضاً:

(ولعل معظم الصناعات في المجتمع الجديد إنما تستفيد من تضخم السكان المتزايد)[2].

(1) حركة تحديد النسل ص114.
(2) حركة تحديد النسل ص116.

المسلمون وتحديد النسل

يستطيع المتأمل إدراك البواعث الحقيقية أو بعضها من وراء الدعوة إلى تحديد النسل في العالم الإسلامي، حيث ظل العالم الغربي يكتب الكتب وينشر النشرات التي تضخم ما يسمى بمشكلة تزايد السكان، ويعمل على ترويج هذه الفكرة في الشرق الإسلامي؛ لأن كثيراً من مفكري العالم أدركوا أن القوة الغالبة في المستقبل لا تكون إلا للأمة الكثيرة العدد والتي تهتم بالعلم والصناعة في الوقت نفسه؛ لذلك صاروا يعملون على زيادة أعدادهم ولكن على خوف وحذر من أن ينكشف أمرهم، في الوقت الذي تعمل دعاياتهم على إقناع سكان آسيا وإفريقيا بضرورة تحديد نسلهم خوفاً عليهم من المستقبل المظلم!!

وقد حذر بعض مفكري الغرب حكوماتهم من انكشاف هذا الدجل في المستقبل، إذ سيكون الشرق الإسلامي في ريب من كل ما يقوله الغربيون! تقول مجلة (تايم) الأمريكية في عددها الصادر في 11/ 1/ 1961:

(إن هذيان أمريكا وكل ما تبذل من النصائح والمواعظ عن مشكلة السكان، إنما هو نتيجة- إلى حد كبير- لشعورها بتلك النتائج والمؤثرات السياسية المتوقعة على أساس تغير الأحوال في آسيا وإفريقيا وأمريكا اللاتينية، وخاصة على أساس زيادة السكان في هذه المناطق، بحيث يصبحون أغلبية في العالم)[1].

ويقول ميك كارل:

_____

(1) استعراض علمي لحركة تحديد النسل ص174.

238

(إن أهل الشرق لـن يلبثـوا إلا قليلاً حتـى يطلعوا عـلى حقيقة هـذا الـدجل، ثم لا يغتفروه لأهل الغرب؛ لأنه استعمار مـن نـوع جديد، يهـدف إلى دفع الأمم غـير المتقدمة- ولاسيما الأمم السوداء- إلى مزيد من الذل والخسف حتى تتمكن الأمم البيضاء من الاحتفاظ بسيادتها)[1].

ويقول الأستاذ باول شمتز:

(لا يمكن أن يغيب عـن المـرء إذا قارن أسـباب القوة بين الشرق والغرب في الوقت الحاضر، أنه سيتضاعف عدد السكان في العـالم الإسلامي في مـدى عشرات قليلـة مـن السـنين. ولا ينبغي أن ينسى أن الـداعين إلى الأخـذ بأسباب نمـو القوة البشرية عـن طريق تشجيع النسل ومحاربة الـدعوة الداعيـة إلى تحديده يزيدون يوماً بعد يـوم، وإن تفـوق أوربا في (التكنولوجيا) على الشرق ينقص عاماً بعد عام؛ لأن الشعوب الإسلامية اتجهت لتطوير نفسها وبناء حضارتها الحديثة بالوسائل الهندسية الأوربية، وتكـرس جهودها اليوم لزيادة إنتاجها، يساعدها في ذلك وجود المواد الخام بكثرة في بلادها، فلو رتب المرء ما يملك الشرق من أسباب القوة لبدا له أن الخصوبة البشرية التي تسبب النمـو السريع في زيادة عدد السكان تأخذ مكاناً لا يستطيع المرء إغفاله بسهولة، فكثرة السكان لها آثارها البعيـدة؛ لأنها- وإن كانت لا ترى أبعادها في العين المجردة في الوقت الحاضر- ستحدد بطريقة حاسمة المستقبل السياسي

(1) استعراض علمي لحركة تحديد النسل ص175.

العالمي للعالم الإسلامي، وستكون من أهم العوامل التي يرتكز عليها أمنه وسلامته)[1].

ويشير الكاتب نفسه إلى أن كثرة أعداد الأمة الإسلامية سيحدث هـزة في ميزان القـوى بين الشرق والغرب في غضون عشرات السنين فقط، وسيكون النجاح المؤزر حليف هـذا العالم فيقول:

(تشير ظاهرة نمو السكان في أقطار الشرق الإسلامي إلى احتمال وقوع هـزة في ميزان القوى بين الشرق والغرب، فقد دلت الدراسات: على أن لـدى سكان هـذه المنطقة خصوبة بشرية تفوق نسبتها ما لدى الشعوب الأوربية، وسوف تمكن الزيادة في الإنتاج البشري الشرق على نقل السلطة في مدة لا تتجاوز بضعة عقود- أي عشرات قليلة من السنين- وسوف ينجح في ذلك نجاحاً لا نرى من أبعاده اليوم إلا النزر اليسير)[2].

وكان المرحوم الدكتور محمد إقبال من أوائل الذين حذروا العـالم الإسلامـي مـن هـذه النكاية الاستعمارية، حيث كان يتابع النشرات والكتب الداعية إلى تحديد النسل التي يوجههـا الغربيون نحو العالم الإسلامي فقط؛ لأن أوربا ترى في هذه الزيادة خطراً مخيفاً عـلى كيانهـا السياسي، يقول الدكتور محمد إقبال:

---

(1) الإسلام قوة الغد العالمية للأستاذ بـاول شمتز ص189- 190، ط1، 1394هـ/ 1974م، مطبعة الحضارة العربية، القاهرة.
(2) الإسلام قوة الغد العالمية ص181.

(وكل ما هو واقع اليوم أو هو على وشك الوقوع في الغد القريب في بلادنا إنْ هـو إلا من آثار دعاية أوربا. هناك سيل عرم من الكتب والوسائل الأخرى قد تـدفق في بلادنا لـدعوة الناس إلى اتباع خطة منع الحمل، وتشويقهم إلى قبول حركتها، عـلى حـين أن أهـل الغـرب في بلادهم أنفسهم يتابعون الجهود المضنية لرفع نسبة المواليد وزيادة عدد السكان. ومـن أهـم أسباب هذه الحركة عندي: أن عدد السكان في أوربا في تدهور شديد وتناقص مطرد، بناء على الظروف التي ما خلقتها أوربا إلا بنفسها، وقد استعصى عليها اليوم أن توجد لها حـلاً مرضياً، وإن عدد السكان في بلاد الشرق- على العكس من هذا- في زيادة مطردة فهـذا مـا تـرى فيه أوربا خطراً مخيفاً على كيانها السياسي)[1].

---

(1) استعراض علمي لحركة تحديد النسل ص176.

من مساوئ تحديد النسل

هناك أضرار كبيرة نتجت وتنتج من انتشار ظاهرة تحديد النسـل، وكلـما تقدم العلـم ازدادت معلوماتنا عن مساوئ هذه الحركة. فمن مساوئها:

1- التشجيع على الزنا، ذلك أن كـلاً مـن الـزانيين لا يخشيان مـن وقوع العار حين يرتكبان ما يرتكبان وهما في أمن وطمأنينة من عدم وقوع حمل للمرأة، حتى صـارت بعض الجامعات في الولايات المتحدة تقوم بنفسها بتوزيع حبوب منع الحمل على طالباتها! إذا عرفنا هذا أدركنا حقيقة الخطر الأخلاقي مـن وراء هـذه الحبوب. يقـول (ول ديورانـت) في كتابـه مباهج الفلسفة:

(واختراع موانع الحمل وذيوعها هو السبب المباشر في تغير أخلاقنا. فقد كان القانون الأخلاقي قديماً يقيد الصلة الجنسية بالزواج، لأن النكاح يؤدي إلى الأبوة بحيث لا يمكن الفصل بينهما، ولم يكن الوالد مسؤولاً عن ولده إلا بطريق الزواج. أما اليوم فقد انحلت الرابطـة بين الصلة الجنسية وبين التناسل، وخلفت موقفاً لم يكن آباؤنا يتوقعونه، لأن جميع العلاقات بين الرجال والنساء آخذة في التغير نتيجة لهذا العامل)[1].

عـلـى أن شيوع الزنا فـتَّ في عضد المجتمـع الغـربي وفتـك فيـه فتكـاً ذريعـاً حيـث انتشرت فيـه أمـراض خبيثـة لم تكـن فيـه مـن قبـل، ومازالت

---

(1) جاهلية القرن العشرين للأستاذ محمد قطب ص210، ط1، نقلاً عن مباهج الفلسفة 1/ 120.

الاكتشافات بين حين وآخر تعلن عن حدوث أمراض جديدة سببها انتشار الزنا رغم اهتمامهم البالغ بأمور الصحة.

2- كثرة الطلاق: تدل التقارير على أن حوادث طلاق كثيرة وقعت في المجتمع الغربي، وأكثر الذين وقع الطلاق فيهم هم الذين ليست لهم ذرية (ففي محكمة واحدة من محاكم الطلاق بلندن فسخت أكثر من 115 زيجة في دقيقة ونصف دقيقة، وقد كانوا كلهم جميعاً- بدون استثناء- أزواجاً وزوجات لم تكن لهم ذرية)[1].

3- إصابة الأمة بالشلل الاقتصادي والاجتماعي والسياسي، الأمر الذي يؤدي في النهاية إلى التلاشي وربما إلى الفناء. يقول الأستاذ (كولين كلارك):

(إن مؤرخ المستقبل عندما يرقب من نافذة القرون الماضية، لابد أن يعد من أهم حوادث زمننا الجاري ذلك القرار الذي اتخذته فرنسا في أوائل القرن التاسع عشر واتخذته بريطانيا في أواخر القرن التاسع عشر بشأن القيام في وجه زيادة السكان في بلادهم، إذ لم يكن إلا من نتيجة هذا القرار أن أصيب نفوذ الفرنسيين والانكليز وسيادتهم وسيطرتهم في كل أرجاء العالم بالشلل أولاً، وبالزوال والفناء بعده)[2].

وذكر (بيتان) بعد الحرب العالمية الثانية: أن من أسباب انهيار فرنسا وركوعها أمام الطغيان الألماني هو قلة عدد الأطفال والسكان.

---

(1) حركة تحديد النسل ص30.
(2) حركة تحديد النسل ص47- 48.

الغربيون وتحديد النسل

وقد تنبهت حكومات الدول الغربية لهذا الخطر المحـدق الـذي يهـدد الغـرب، حتى تدخلت الحكومة كي تتلافى هذا الخطر الكبير. فهـذا وزيـر داخليـة بريطانيـا المسـتر (هربـرت مارسين) يقول سنة 1943م:

(إن بريطانيا إذا كانت تحب المحافظة على مستواها في الوقت الحاضر والتقدم في سبيل الرقي والازدهار في المستقبل، فمن اللازم أن يتزايد فيها عدد أفراد كل أسرة بنسبة 25% على الأقل)[1].

وقد صارت السويد تشن حرباً ضروساً لا هوادة فيها ضد حركة تحديد النسل، وجاءت بجميع التسهيلات والمغريات لحمل الشعب السـويدي عـلى زيادة نسـله، ومحاربـة فكرة التحديد الحاقدة التي أثبت الواقع خطرها، هذا في الوقت الذي عقدت السـويد اتفاقيـة مـع الباكستان لمساعدتها في تحديد نسل أهالي الباكستان! أليس ذلك يدعونا أن نقـف أمـام هـذه الاتفاقية الساخرة طويلاً!

ولم تكن السويد هي التي تنبهت لهذا الخطر وحدها، فهنـاك إنكلـترا وفرنسا وألمانيـا وإيطاليا... وكتب مفكرو هذه الدول حول أضرار تحديد النسل المخيفة بالنسبة إليهم.

على أن أمريكا نفسها منذ القديم وإلى يوم الناس هذا لم تتخذ قراراً يوصي بتحديد النسل أو يشجع عليه، بل كان موقف بعض رؤساء جمهوريات أمريكا صريحاً كل الصراحـة في منع تحديد النسل: فيوم كانت المعركة الانتخابيـة في أوج اشـتعالها وغليانها بـين المرشح (نيكسون)

---

(1) حركة تحديد النسل ص51.

والمرشح الديمقراطي (جون كندي) وكان كندي كاثوليكي المذهب لا يجيز تحديد النسل، ولما سئل عن موقفه من ذلك جاء جوابه صريحاً واضحاً:

(إنني شخصياً مقتنع تمام الاقتناع على ممر السنين بما أجمع عليه الأساقفة الكاثوليك الأمريكان على تعليمه في هذا الصدد من الناحية الدينية. وأما بالنظر إلى السياسة فأقول: لم يسبق قط لأية حكومة أمريكية أن أوصت بوضع نظام تحديد النسل، أو للرقابة عليه)[1].

أما المجمع المسكوني الفاتيكاني الثاني، فقد أدخل قضية تحديد النسل في منهاجه، فجاء في وثيقة (الكنيسة في عالم اليوم):

(... وفيما يتعلق بتنظيم النسل، لا يجوز لأبناء الكنيسة الأمناء على مبادئها أن يستخدموا وسائل تشجبها السلطة الكنسية في شرحها شريعة الله)[2].

وأوصى البابا (بولس السادس) في خطابه أمام البعثة النسائية الإيطالية عام 1965م النصارى بأن يمتنعوا عن استعمال كل مانع كيمياوي أو آلي.

إن إنكلترا لا تعيش إلا على دماء الشعوب، ولو أحصينا ما تنتجه أراضيها لما وجدناه إلا شيئاً ضئيلاً لا يكاد لا يذكر... ومع ذلك فإن إنكلترا لا تدعو إلى تحديد النسل.

---

(1) تنظيم النسل ص8، سلسلة الفكر المسيحي، الحلقة الرابعة، 1967، الموصل.
(2) تنظيم النسل ص11.

تأمل:

لقد كان من أسباب انقراض الأمة اليونانية انتشار قتلهم لأولادهم ومزاولتهم للإجهاض فوق الحروب الداخلية التي حلت بهم... وهكذا حتى ضعفت هذه الأمة واستولى عليها غيرها.

واستطاعت الصين الوقوف بوجه أمريكا، بل وعكرت عليها صفو حياتها، وأذاقتها الموت في طعوم شتى في حرب (كوريا) مع امتلاك أمريكا لأفتك الأسلحة، وما كانت الصين لتتمكن من القيام بمثل هذا العمل لو لم تكن أعدادها كثرة كاثرة.

إن إسرائيل تعمل على زيادة أفرادها بكل ما تستطيع: بالنسل وبالهجرة (تأمل)!!

ومما يفعله الأطباء اليهود في المرأة المسلمة إذا راجعتهم لمرض ألمّ بها أنهم يعطونها داء يقتلون به القابلية لتكوين المبيض كي لا تنجب، أو تصبح عاقراً قبل وقت عقرها الطبيعي!

إن كتّاب الغرب يوم ارتفع مستواهم الفكري أدركوا خطل هذه الدعوة، فصاروا ينظرون إلى تحديد النسل نظرة ازدراء وسخرية؛ لأن هذا التحديد يتناقض والطبيعة البشرية.

ولربما كان من نعم الله على الأمة الإسلامية انتشار حركة تحديد النسل في الغرب؛ لأنهم ما فتئوا يبذلون كل مساعيهم للسيطرة على العالم الإسلامي. فإذا كانت الأمم الغربية كالسكران أو المجنون الذي يقتل نفسه بخنجره، فهل من الصواب أن تقلد الأمة التي ستزول إذا استمرت في طريقتها تلك؟

لقد وقف العالم كله- وما زال- موقف عداء من العالم الإسلامي، فهو يتربص به الدوائر، ويعمل على النيل منه وإذلاله واستعباده، ونحن الآن أمام حرب مصيرية بين عشية أو ضحاها مع إسرائيل قد تكلفنا الآلاف، بل الملايين من جيوشنا لنعيد الحق إلى أهله... فلو قدر لهذه الدعوة في بلادنا أن تجد آذاناً صاغية لكانت- بلا ريب- سهماً مسموماً يضاف إلى السهام التي ريشت وانتثلت ورمي به العالم الإسلامي، ولكن هذا السهم يختلف عن سابقيه، فهو إن أصاب لا يبقي ولا يذر، ويحطم الأمة تحطيماً أي تحطيم!

وإذا حدث أن أصيبت الأمة الإسلامية بوباء- لا قدر الله- وأضفنا إلى ذلك الخطر الكبير المترتب على تحديد النسل أدركنا مدى الطامة التي تنتظر أمتنا.

وإذا كانت الحياة البشرية محتاجة إلى أجيال متعاقبة كثيرة كي تستمر الحياة وتعمر الأرض، فإن الأمة الإسلامية مطالبة بتكثير عددها لنشر ألوية العدل والسلام في الأرض، ولنشر الأمن في جميع بقاع الدنيا لأنها الأمة الوسط (وَكَذَٰلِكَ جَعَلْنَاكُمْ أُمَّةً وَسَطًا لِّتَكُونُوا شُهَدَاءَ عَلَى النَّاسِ)[1].

لقد أضحت الأعداد البشرية الكبيرة هي التي تتمكن من القيام بما تتطلبه الحياة من التقدم والازدهار والعزة والرفاهية. والأمة الإسلامية أكثر الأمم حاجة إلى الكثرة الكاثرة لتقيم موازين العدل. وإذا كان العلم قد تقدم وخطا خطوات واسعة، ووسائل الحروب قد تطورت تطوراً هائلاً فإن الأعداد البشرية الكبيرة لا يزال لها أثرها الكبير في ميدان الحروب.

---

(1) سورة البقرة: 143.

إن الدول الإسلامية تعتبر في حقيقة الأمر دولة واحدة، وقد وضع هذه الحدود والقيود الاستعمار حين هيمن على بلاد المسلمين بالحديد والنار، فإذا حدثت لدولة إسلامية أن ازداد عدد نفوسها عما تتسعه أراضيها أفلا يمكن لبعض المسلمين أن يهاجروا إلى بلاد إسلامية أخرى نسبة السكان فيها أقل؟

وإذا تأملنا كتاب الله نرى أنه يدعو في بعض الحالات إلى الهجرة، قال تعالى: (يَا عِبَادِيَ الَّذِينَ آمَنُوا إِنَّ أَرْضِي وَاسِعَةٌ)، وقوله: (فَامْشُوا فِي مَنَاكِبِهَا وَكُلُوا مِن رِّزْقِهِ) وهذه الهجرة تساعد كثيراً على استغلال ثروات البلاد الإسلامية.

لقد أثار بعض من تأثر بالفكر الأوربي حول مسألة ما يسمى بتزايد السكان عندنا دخاناً أزرق حتى سموها (القنبلة البشرية) أو (القنبلة السكانية)!! وقد كان على هؤلاء أن يسائلوا أنفسهم قبل كل شيء الأسئلة الآتية ليعلموا أن المشكلة التي في أذهانهم تفتقر إلى رصيد علمي يدعمها:

هل قامت البلاد العربية باستغلال مواردها الطبيعية وأحسنت استخدامها؟

هل قمنا بإصلاح الأرض الموات؟

هل قمنا باستغلال المناجم؟

هل قمنا بالاستفادة من المياه التي تذهب في البحر من غير أن يستفيد منها أحد؟

إن قابليات الناس متفاوتة واستعداداتهم متباينة، فهناك العبقري، وهناك من هو أقل ذكاء... وهكذا... وإذا قلنا بجواز تحديد النسل، فإن

البشرية ستفقد طاقات كبيرة ربما تقوم عمارة الأرض بها. وكم قرأنا وسمعنا عن أفراد استطاعوا بعبقريتهم وألمعيتهم وذكائهم تحويل مجتمعات بأسرها، حيث انتشلوها من الحضيض إلى حياة سامقة عالية؟

إن مشكلة العزوبة بين الشباب مشكلة كبيرة قائمة، والكساد الكبير في البنات مشكلة أخرى كذلك، ولابد لنا أن نعمل على إيجاد حل لهذه المعضلة ليحافظ الشباب على أخلاقه. ومن أحسن وأنجع الحلول تشجيع الزواج... ولكن هل تتفق هذه الدعوة مع الدعوة إلى تحديد النسل في الوقت نفسه؟ فإذا لم نقم بتشجيع الزواج نصير قد ساهمنا في بقاء وديمومة الفساد الخلقي، بل تغذيته أيضاً.

لقد وصف العليم الخبير المال والبنين بأنهما (زينة الحياة الدنيا) غير أن الإنسان بمخالفته لسنة الله الكونية يفقد هذه اللذة- لذة الأولاد- وذلك بتحديد النسل، إذ ربما اخترمت المنية الولد والولدين اللذين اتفق الزوجان عليهما فقط- كما في أوربا- فيفقد الأبوان أعز زينة يملكانها، وتنقلب سعادتهما إلى شقاوة، ويبقى كل منهما مقابلاً للآخر يقلب كفيه ويعض عليهما ألماً وحسرة وشقاوة وندماً (ولات ساعة مندم).

نظرات في تحديد النسل

كان كثير من الفقهاء الأوائل- ومازال المعاصرون منهم- ينظرون إلى مسألة تحديد النسل أو تنظيمه نظرة خاصة، حيث يعتقدونها مسألة اجتهادية؛ إذ لا يجد الفقيه من نصوص الشريعة نصاً قطعي الثبوت والدلالة يجعل الأمر غير قابل للاجتهاد، لذلك اختلفت وجهات نظرهم، وتعددت أقوالهم، وتباين استنباطهم في مسألة تحديد النسل، وكل منهم حريص على الوصول إلى مرضاة الله للوصول إلى الحق وخدمة الأمة.

ويستطيع الباحث أن يجد في بطون الكتب الفقهية مادة غزيرة واسعة حول هذه المسألة، فقد أبدع الفقهاء أيما إبداع وهم يقررون آراءهم فيها واستنباطاتهم منها!!

والمتأمل في كتاب الله- عز وجل- يدرك من سياق الآيات التي يقترن فيها ذكر الزواج بالنسل صراحة أو كناية: أن النسل مقصد من مقاصد الشريعة الإسلامية، حرصت على المحافظة عليه وأولته اهتماماً كبيراً؛ إذ إنه من أهداف الزوجية، أضف إلى ذلك ما ورد عن الرسول ﷺ من أحاديث تؤكد هذا المعنى، قال الله تعالى: (وَهُوَ الَّذِي خَلَقَ مِنَ الْمَاء بَشَرًا فَجَعَلَهُ نَسَبًا وَصِهْرًا)[1].

(يَا أَيُّهَا النَّاسُ اتَّقُواْ رَبَّكُمُ الَّذِي خَلَقَكُم مِّن نَّفْسٍ وَاحِدَةٍ وَخَلَقَ مِنْهَا زَوْجَهَا وَبَثَّ مِنْهُمَا رِجَالاً كَثِيراً وَنِسَاء)[2].

---

(1) سورة الفرقان: 54.

(2) سورة النساء: 1.

(وابتغوا ما كتب الله لكم)[1].

وذكر بعض العلماء أن المقصود من الزواج هو طلب الذرية التي كتبها الله لا اللذة المعهودة.

ومما يؤكد هذه المعاني- أيضاً- ويدعو لكثرة النسل قول الرسول ﷺ:

(تزوجوا الودود الولود فإني مكاثر بكم الأنبياء يوم القيامة)[2]. وقوله:

(سوداء ولود خير من حسناء لا تلد)[3].

ولابد للباحث في مسألة تحديد النسل أو تنظيمه أن يحيط علماً بالأحاديث الواردة في موضوع العزل[4] المجيزة منها والمانعة، إذ إنها من أهم أسباب الاختلاف في أمر تحديد النسل قديماً وحديثاً.

فمن أدلة المجيزين للعزل حديث جابر ﷺ قال: (كنا نعزل على عهد رسول الله والقرآن ينزل)[5]. وفي صحيح مسلم: (فبلغ ذلك رسول الله فلم ينهنا).

وأول ما يتبادر إلى الذهن من هذا الحديث أن الرسول ﷺ لم ينه عن العزل، بل أقره، ولو كان حراماً لنهى عنه!

---

(1) سورة البقرة: 187.
(2) رواه أحمد برقم 12550.
(3) رواه الطبراني حديث 1004.
(4) العزل: هو النزع بعد الإيلاج ليكون القذف خارج الفرج.
(5) رواه ابن ماجه بهذا اللفظ برقم 1927 وهناك روايات أخرى للبخاري ومسلم في هذا المعنى.

وعن جابر أن رجلاً أتى النبي ﷺ فقال: إن لي جارية هي خادمتنا وسـانيتنا في النخـل[1] وأنا أطوف عليها وأكره أن تحمل، فقال:

(اعزل عنها- إن شئت- فإنه سيأتيها ما قُدِّر لها)[2] فقد كان السائل يطلب من الرسول الحكم في أمر العزل فجاءه النص صريحاً في إباحته.

وعن أبي سعيد الخدري قال: قالت اليهود: العزل الموءودة الصغرى. فقال النبي ﷺ:

(كذبت يهود إن اللـه- عز وجل- لو أراد أن يخلق شيئاً لم يستطع أحد أن يصرفه)[3].

وروي عن عمر بن الخطاب ﷺ قال: (نهى رسول اللـه ﷺ أن يعـزل عـن الحـرة إلا بإذنها)[4].

ومن أدلة المجيزين لتحديد النسل أيضاً قول الرسول ﷺ:

(جهد البلاء كثرة العيال مع قلة الشيء)[5].

وقوله:

(قلة العيال أحد اليسارين وكثرتهم أحد الفقرين)[6].

---

(1) سانيتنا: تعمل لنا في سقي النخل.
(2) رواه أحمد ومسلم وأبو داؤد.
(3) رواه أحمد برقم 11227.
(4) رواه أحمد في مسنده وابن ماجه برقم 1928.
(5) رواه الحاكم في تاريخه عن ابن عمر.
(6) رواه القضاعي في مسند الشهاب، وأبو منصور الديلمي في مسند الفردوس، وابن هلال المزني كلاهما بالشطر الأول مرفوعاً.

وقوله:

(**توشك الأمم أن تداعى عليكم كما تداعى الأكلة إلى قصعتها**، فقال قائل: ومن قلة نحن يومئذ؟ قال: **بل أنتم يومئذ كثير ولكنكم غثاء كغثاء السيل**)[1].

أما الذين يقولون بحرمة العزل فلهم أدلة في هذا منها حديث جذامة بنت وهب قالت: (حضرت رسول الله ﷺ في أناس وهو يقول: **لقد هممت أن أنهى عن الغيلة**[2] **فنظرت في الروم وفارس فإذا هم يغيلون أولادهم فلا يضر أولادهم ذلك شيئاً**. ثم سألوه عن العزل فقال رسول الله ﷺ: **ذلك الوأد الخفي**)[3]. ويشير الرسول ﷺ في هذا إلى قوله تعالى من سورة الشمس: (وَإِذَا الْمَوْؤُودَةُ سُئِلَتْ).

وعن أسامة بن زيد (أن رجلاً جاء إلى النبي ﷺ فقال: إني أعزل عن امرأتي. فقال له رسول الله ﷺ: **لِمَ تفعل ذلك؟** فقال الرجل: أشفق على ولدها أو على أولادها. فقال رسول الله ﷺ: **لو كان ذلك ضاراً ضر الفرس والروم**)[4].

---

(1) رواه أبو داؤد في باب تداعي الأمم على الإسلام برقم 4290.
(2) الغيلة: هي مجامعة الرجل امرأته وهي ترضع، أو أن ترضع المرأة وهي حامل.
(3) رواه مسلم برقم 1442، وابن ماجه برقم 2011.
(4) رواه مسلم برقم 1443.

وفي الصحيحين: (خرجنا مع رسول الله في غزوة بني المصطلق، وأحببنا العزل، وسألنا عن ذلك رسول الله فقال: **ما عليكم أن تفعلوا، فإن الله - عز وجل - كتب ما هو خالق إلى يوم القيامة**) وفي رواية البخاري:

(**لا. عليكم أن لا تفعلوا**). وفسر العلماء هذا على أنه حث على عدم العزل حتى قال الحسن بأن قوله: (**لا. عليكم أن لا تفعلوا**) تشبه الزجر.

وقال ابن سيرين: هذا خبر إلى النهي أقرب.

على أن استقراءنا لهذه الأحاديث وغيرها يهدينا إلى أن الذين نقل عنهم إباحة الرسول العزل لهم إنما هم أفراد قلائل... ولربما كان الرسول ﷺ على معرفة بظروفهم، أو هم الذين عرّفوا الرسول بأحوالهم فأفتاهم بإباحة العزل، في الوقت الذي لم يبح العزل لسائلين آخرين إذ لم يجد لعزلهم مبرراً، فقد كان الرسول ﷺ ينظر إلى أحوال السائل ثم يفتيه، فقد يحل الشيء لشخص ويحرمه على آخر، مقدراً المصلحة في ذلك. مثال ذلك أن شاباً جاء إلى النبي ﷺ وسأله عن القبلة في الصيام فنهاه عنها، ثم سأله شيخ فرخص له [1] حيث كان الرسول ﷺ ينظر إلى المصالح التي لا تتعارض وشرع الله ثم يجتهد في إجابة السائل عن سؤاله بما يتبين ويترجح له من علة فارقة... وهكذا جوابه ﷺ بالتحريم أو الكراهة أو الإباحة...

يقول العلامة ولي الله الدهلوي وهو يتحدث عن العزل:

(إن المصالح متعارضة، فالمصلحة الخاصة بنفسه في السبي مثلاً أن يعزل، والمصلحة النوعية ألا يعزل، ليتحقق كثرة الأولاد وقيام النسل،

---

(1) حجة الله البالغة 1 / 293، تحقيق: السيد سابق، دار الكتب الحديثة، القاهرة.

والنظر إلى المصلحة النوعية أرجح من النظر إلى المصلحة الشخصية في عامة أحكام اللـه تعالى التشريعية والتكوينية)[1].

على أن حديث جذامة القاضي بـالتحريم يجوز أن يكون الناسخ لجميع الإباحات المتقدمة. ويقرر ابن حزم أن هذا أمـر متيقن، فهو لـذلك لا يحل العـزل عـن حـرة ولا عـن أمة)[2].

كما يجوز أن تحمل أحاديث الجواز على الإباحة الأصلية. فإذا كانت هـذه الأحاديث محتملة كل هذه الاحتمالات وغيرها فقد بطل استدلال من يستدل بها على جواز العـزل؛ لأن الحديث إذا طرقه الاحتمال بطل الاستدلال به.

وإذا كان العزل من غير مبرر معقول غير جائز، فإن تحديد النسل من غير ضرورة غير جائز من باب أولى.

على أننا إذا قلنا- كما قال كثير من العلماء- بجواز العزل، فإن تحديد النسل باستعمال الحبوب والأدوية والعقاقير المنتشرة الآن في جميع أرجاء العالم غير جائز. ومـن قـاس تحديد النسل على العزل فقد أخطأ، إذ هو قياس مع الفارق. كـما نسـتطيع القـول بتحـريم تحديد النسل إذا أخذنا بقاعدة (سد الذرائع).

وأشير هنا إلى أن النظر الفقهي الدقيق كثيراً مـا يـرجح بوسـاطة رأي الطب الحـديث والتجارب الصحيحة، فما رأي الطب في وسائل منع الحمل الحديثة؟

---

(1) حجة اللـه البالغة 2/ 702.

(2) المحلى 10/ 71، منشورات المكتب التجاري، بيروت.

رأي الطب في تحديد النسل

قرر الطب الحديث: إن ضرراً ليس بالقليل يترتب على استعمال العقاقير والأدوية المانعة للحمل بصحة المرأة، ويكاد يجمع أطباء العالم على أنه لا توجد أية وسيلة من وسائل منع الحمل إلا ويترتب على استعمالها أضرار ليست هينة بصحة المرأة عامة وعلى جهازها العصبي خاصة، وشهادات أطباء العالم قديماً وحديثاً في هذا أكثر من أن تحصى.

وإذا كان قسم من الفقهاء قد ذهب إلى جواز تنظيم النسل بشروطه المحددة؛ فإنهم لم يلزموا أحداً بآرائهم لا في عصرهم ولا بعدهم.

مبررات مقبولة لتحديد النسل

ولكن شريعة الله شريعة سمحة، فهي لم تغلق جميع الأبواب بوجه تحديد النسل أو تنظيمه، إنما فتحته بقدر الضرورة، والضرورات تقدر بقدرها. فمن المبررات المقبولة لتحديد النسل:

1. الخشية على الأم من الحمل أو الوضع إذا كانت عسرة الولادة، أو كان الحمل يلحق بها أضراراً تعرضها للموت.

2. إذا كان بالأب أو الأم مرض سار خطير يعرض المولود لآلام كبيرة طوال حياته أو يجيء المولود مشوهاً.

قالوا في تحديد النسل

بعد هذه الجولة- عزيزي القارئ- التي طفناها معاً حول قضية تحديد النسل، أحب أن نقف وقفة قصيرة؛ لنتعرف على آراء علماء ومفكري العالم الإسلامي بهذا الشأن. فقد كتب كثير من أحبار أمتنا ومفكريها في قرننا العشرين والواحد والعشرين حول ظاهرة تحديد النسل، وأنكروا على دعاتها في بلاد المسلمين دعوتهم، وفندوا حججهم، وخطأوا آراءهم. من هؤلاء الأعلام الشيخ حسنين محمد مخلوف مفتي الديار المصرية السابق فقد قال:

(فكرة تحديد النسل بصفة عامة في الأقطار الإسلامية التي لا يزال للدول المستعمرة نفوذ فيها أو طمع في الاستئثار بخيراتها فكرة غريبة دخيلة، تخفي وراءها كيداً استعمارياً خبيثاً لم يتفطن له الكثير من الناس، ومنهم من يأبى أن يتفطن، والسر عند علام الغيوب، فليس أبغض للمستعمرين، ولا أعود على سياستهم بالفشل من تزايد عدد المسلمين الذي من شأنه أن يحملهم على الكدح في الحياة، والسعي للحرية، وتحطيم أغلال الاستعمار لينعموا بخيرات بلادهم ويعيشوا رافهين...). وقال:

(ومع أننا نعارض بقوة فكرة التحديد بصفة عامة نقرر في صراحة أن الشريعة السمحة تبيح اتخاذ وسائل منع الحمل، بل وسائل الإجهاض قبل نفخ الروح- في بعض الحالات- وهي حالات فردية اضطرارية يكون فيها الضرر محققاً بالحامل، أو غالباً بشهادة الطب الصادقة لا بالوهم والخيال. وهذا كما تبيح للمريض الفطر في رمضان إذا كان الصوم يضره، وقرر الطبيب الحاذق ذلك، أو دلت عليه تجربة صحيحة،

أو ظهرت له أمارة صادقة، وكما تبيح للحامل والمرضع الفطر إذا خافتا على نفسيهما أو ولدهما على التفصيل المبين في الفقه)[1].

وقال فضيلة الشيخ محمد الخضر حسين شيخ الجامع الأزهر السابق:

(التفكير في تحديد النسل لأفراد الأمة كلها لا يجيزه الدين بحال، ولا ترضاه الشريعة الإسلامية السمحة، ولا يمكن تحقيقه بقانون عام يطبق على جميع الأفراد).

(إن دعوة تحديد النسل هدم لكيان الأمة، وجريمة في حقها)[2].

وسئل الشيخ محمد أبو زهرة: لقد تكاثر عدد الأمة المصرية إذ بلغ عددها نحو 23 مليوناً. فهل يسوغ على ضوء ما ذكرت أن يوضع نظام يمنع الحمل لأكثر من عدد معين من كل زوجين على أن ينظم ذلك بقانون مانع يضع عقوبات لمن يخالفه؟

فقال:

(عندما يفكر عالم مسلم في أمر وضع نظام لمنع الحمل، أو عقوبة لمن يزيد نسله على عدد معين، يجب أن يضع نصب عينيه أمرين:

الأمـــر الأول: إن النصـــوص العامـــة الإسلامية تحـــث علــى ضرورة تكاثر الأمة الإسلامية في مثـل قولــه ﷺ: (تنـاكحوا تناسلوا تكـثروا، فإني

---

(1) فتاوى شرعية وبحوث إسلامية لفضيلة العلامة حسنين محمد مخلوف 1/ 173- 174، ط2، 1385هـ/ 1965م، مطبعة مصطفى البابي الحلبي، القاهرة.
(2) منع الحمل للدكتور محمد فتحي ص30 وما بعدها، ط3.

مباه بكم الأمم يوم القيامة) فكل قانون يوضع للحد من هذه الكثرة يصادم هـذه النصوص الثابتة.

الأمر الثاني: إن العالم المسلم عندما يفكر يجب أن يكون تفكيره مـن أسـاس أن المسلمين جميعاً أمة واحدة، لا على أساس النظرة الإقليمية فليس وطن العالم المسلم مصر فقط، وإنما وطنه الأكبر والأجل هو: البلاد الإسلامية كلها.

ولو درسنا الموضوع على ضوء هذا، لوجدنا أن البلاد الإسلامية في مشارق الأرض ومغاربها لا تضيق عن سكانها. بل إن أكثرها مقفر من السكان: ففي العراق ثمانية عشر مليوناً من الأراضي الزراعية لا يسكنه إلا بضعة ملايين، في حين أنه في صـدر الدولة العباسية، كان يسكنه أكثر من أربعين مليوناً. وسوريا كذلك، مواردها أكثر مـن سكانها، وباكستان وغيرها. وعلى ذلك فإنه لا يسوغ لي أن أقول إنه يصح أن يوضع قانون يحد من الحمـل ويعاقب مـن يخالفه)[1].

وكتب الشيخ أبو زهرة بحثاً قيماً في مجلة لـواء الإسـلام في قضية تنظيـم النسـل سـنة 1962 جاء في آخره:

(وأخيراً: إن النسل قوة بشرية، وهي دعامـة الثروة في البـلاد، فالنسـل ذاتـه ثروة، وكثير من البـلاد يعتمـد في ثروتـه على مهارة سكانه، وقوة السكان تحوّل القاحل خصباً، وموات الأراضي عامراً. والغريب في الأمر أن الذين يتكلمون داعين إلى تحديد النسل، مـن الـذين يزعمون

---

(1) منع الحمل للدكتور محمد فتحي ص72- 73.

لأنفسهم علماً بالاقتصاد والاجتماع، بدل أن يتجهوا إلى تنظيم القوى، وتدبير الثروة يتجهون إلى التخريب والإفساد بتحديد النسل...

إذن لم تضق موارد مصر عن السكان، ولكن ضاقت العقول، وفسدت القلوب...

والآن نعود إلى السؤال... لماذا كانت تلك الدعاية إلى تحديد النسل في سورياً، والعراق، ومصر، مع أن الأولين يحتاجان إلى زيادة؟

والجواب عن ذلك هو إسرائيل... إنّ إسرائيل إنْ تجمَّع لها يهود العالم، والعرب ينمون ويزدادون، فمآلها الزوال لا محالة، وأمريكا - صاحبة الدعاية إلى تحديد النسل في بلاد العرب- هي التي يهمها بقاء إسرائيل، وعلى ذلك نقول في غير مواربة، ولا التواء: إن الدعوة إلى تحديد النسل صهيونية في انبعاثها، وصهيونية في نتائجها)[1].

(1) مجلة لواء الإسلام، العدد الحادي عشر، السنة السادسة عشرة ص68.

صرخة مؤمنة

الى كل فتاة مسلمة

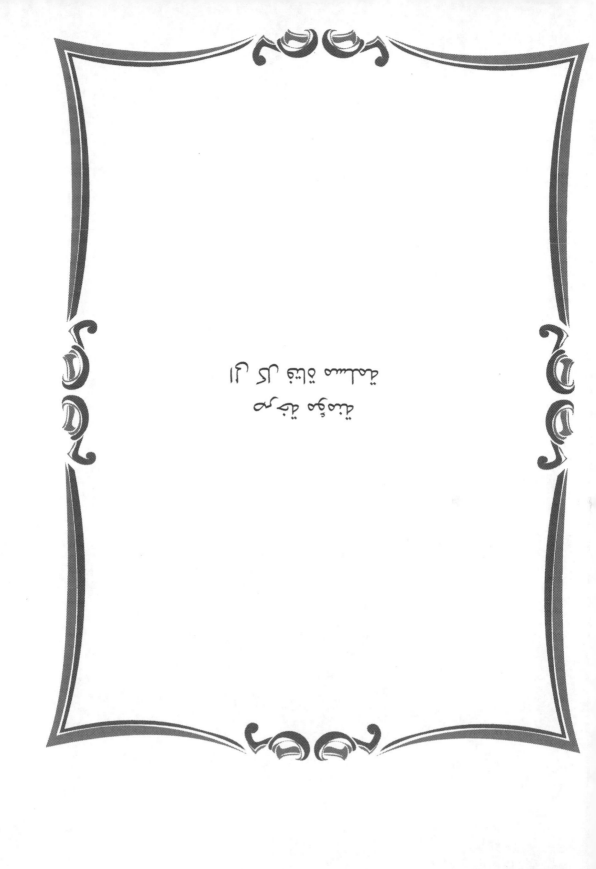

صرخة مؤمنة

إلى كل فتاة مسلمة

مقدمة

الحمد لله حمداً يبلغني رضاه، والصلاة والسلام على عبده ورسوله محمد، وعلى سائر أنبيائه ورسله، وآله الطيبين وصحبه المخلصين، ومن اتبع هداه إلى يوم الدين!

أما بعد:

فهذه صرخة مؤمنة أبعثها من أعماق قلبي إلى كل امرأة وفتاة مسلمة تؤمن بالله واليوم الأخر... كتبتها وقد تملكني من الأسى ما أقض مضجعي، وجعلني أتقلب على جمر الغضى! إذ أنظر بأسى إلى وضع المرأة المسلمة في العالمين العربي والإسلامي، وقد نزلت (المرأة) أو أنزلت من عليائها، مؤثرة سفساف الأمور على معاليها، مستبدلة الذي هو أدنى بالذي هو خير! لقد ركضت وراء السراب تحسبه ماءاً فخابت ظنونها، وذهبت آمالها، وطارت أحلامها، وارتدت خاسئة حسيرة؛ إذ لم تجد ما كانت تتطلع إليه وتأمله...!

هكذا تاهت (المرأة المسلمة) وسط تيارات كانت تتجاذبها هنا وهناك. حصل ذلك كله بعد أن خدعها الخادعون، ولعب بها وبعواطفها الفاسدون... أولئك الذين ارتطمت أرجلهم بمفاسد الحضارة الغربية، وانغمست حياتهم بالفساد والانحلال إلى الأذقان، وما أسرع ما تنخدع الغواني بألفاظ المدح، وكلمات الثناء، وعبارات الإعجاب !! ولم يجانب أمير الشعراء الصواب حين قال:

خدعوها بقولهم حسناء

والغواني يغرهـن الثنـاء

وهكذا صارت المرأة المخدوعة بسراب الغرب تتردى في مهاوي الضلال سنة بعد سنة، بل نزلت إلى حضيض آسن تمجه الأذواق السليمة، وتنفر منه الطباع الصحيحة...! وأعود بذاكرتي إلى ما خططه الأعداء لامتنا، وما بيتوه لها مـن شر وسوء وفساد، فيعتصر الألم قلبي، وتنكأ تلك الجراح التي عمل المبضع فيها عمله! فكم مـن مؤتمرات عُقدت! وكم مـن دسائس حيكت في الليالي الليـلاء بغية إفسادها بشعارات براقة، ولافتـات اخاذه، وكلمات رنانة، وعبارات طنانة، وأماني معسولة... والغاية مـن ذلك لا تخفى عـلى اللبيب! وكيف تخفى وقد صرحوا –هم- بما دبجوه مـن قرارات في مؤتمراتهم، وما تواصوا بـه مـن وصايا في اجتماعاتهم مـن حرصهم بـل حضهم عـلى إفساد (المرأة المسلمة)، ليحطموا أسرنا، ويفككوا كياننا، ويفتـوا في عضدنا....!! وقد نجح هـؤلاء في إفسادهم نجاحاً ليـس بالقليل؛ إذ أرادوا مـن المـرأة المسلمة أن تتسـاوى بـالمرأة الغربيـة في التحرر مـن قيود الخلق، والتسيب من قيود الطهر والنقاء ....!! بيد أن تباشير (الصحوة المباركة) قد لاحت في الأفق، وأرسلت بإشعاعاتها إلى الـدنيا لتزيل تلك الظلمات، وكـان نصيب (المـرأة المسلمة) منها ليس بالقليل: نرى ذلك واضحا في فتياتنا المثقفات، وبناتنا المتعلمات وغير المتعلمات في كل مرفق من مرافق الحياة. وهكذا يعود لامتنا الأمل الباسم حين تعـود (الأمة) إلى منبع عزها ومصدر عظمتها، طارحة بسفالات الغرب وضلالاته في مزابل التاريخ، متمسكة

بهذا الدين الذي به -وحده- سادت أمتنا وقادت، بعد ذلك التيه الذي أخذ بتلابيبها وضيق عليها الخناق...!

ولعل هذه الصرخة المؤمنة تأخذ طريقها إلى القلوب، فتكون سبباً في عودة الوعي إلى فتياتنا الراكضات وراء السراب! سائلاً الله عز وجل أن ينفعني بها يوم الدين والله يقول الحق، ومنه الهداية، وعليه التوكل، وهو حسبي ونعم النصير!!

المرأة المسلمة أمام المؤامرات

تشغل المرأة المسلمة في كثير مـن أقطار العـالم الإسلامي بمـا يسمونه (تحريـر المـرأة المسلمة)، وتجند لذلك أقلام، ويحشد له كتّاب، وتسخر له وسائل شتى! هكذا أريد للمرأة في شرقنا العربي وعالمنا الإسلامي أن تكون لها قضية، وأن يجند لهذا الغرض ما يجند خـلال قرن كامل من الزمن. يدل على صحة ذلك ما جاء في كتاب (الغارة على العالم الإسلامي)[1] فقد جاء فيه:

(والنتيجة الأولى لمساعي هؤلاء (المبشرين): هـو تنصير قليل مـن الشبان والفتيـات، والثانية: تعويد كل طبقات المسلمين أن يقتبسوا بالتدرج الأفكار المسيحية)[2].

وجاء في الكتاب نفسه:

(ينبغي للمبشرين أن لا يقنطوا إذا رأوا نتيجة تبشيرهم للمسلمين ضعيفة؛ إذ من المحقق أن المسلمين قد نما في قلوبهم الميل الشديد إلى علوم الأوربيين وتحرير النساء)[3].

وقـد جـاء في الكتـاب نفسـه تقريـر عـن أعـمال وقـرارات مـؤتمرين تنصيريين، عقـد أحـدهما في الهنـد، وعقـد الآخـر في القـاهرة. أمـا مـؤتمر

---

(1) كتاب مهم ألفه أ. ل. شاتليه، ولخصه ونقله إلى اللغة العربية: مساعد اليافي ومحب الـدين الخطيب، ط2، 1384هـ المطبعة العربية، بغداد. وهذا الكتاب هو عدد خاص من مجلة (العالم الإسلامي) التي تصدرها دوائر التنصير في فرنسا.
(2) الغارة على العالم الإسلامي ص39.
(3) الغارة على العالم الإسلامي ص38.

الهند، فقد وضع في برنامجه أموراً عدة (أولها: درس الحالة الحاضرة. ثانيها: استنهاض الهمم لتوسيع نطاق تعليم المبشرين، والتعليم النسائي)[1].

وأما لجنة مواصلة أعمال مؤتمر القاهرة، فقد وضعت هي الأخرى برنامجاً يحتوي على عدة مواد، منها:

(المادة السابعة: الارتقاء الاجتماعي والنفسي بين النساء المسلمات)[2].

أما (اللورد كرومر)، فقد أفصح عن جهوده في هدم الأسرة المسلمة يوم كان توجيه التعليم في مصر قد هيمن عليه بقضه وقضيضه؛ فيقول في تقريراته: (لن أترك مصر حتى أهدم فيها ثلاثاً: القرآن، والكعبة، والأسرة المسلمة)[3].

وهكذا نجد البدايات الأولى لما يسمى بتحرير المرأة المسلمة وتمدينها في العالمين العربي والإسلامي قد بدأ في مؤتمرات المنصرين: فهم الذين دعوا إلى ذلك ونفخوا في بوقه، وعملوا على أن تحرر المرأة المسلمة من حجابها وحيائها! فهل أن هؤلاء مكسورة ظهورهم على المرأة المسلمة، حتى لتكاد تزهق نفوسهم حسرات عليها وعلى حالها؟!!.

---

(1) الغارة على العالم الإسلامي ص70.

(2) الغارة على العالم الإسلامي ص71.

(3) المرأة في الفكر الأسلامي للأستاذ جمال محمد تقي رسول 10/1، مطبعة دار الكتاب في جامعة الموصل، 1406هـ/ 1986م.

إن دعوتهم إلى (تمدينها) فضح الغاية منه الكاتب اليهودي (مورو بيرجر) الذي قال في كتابه (العالم العربي اليوم)[1].

(إن المرأة المسلمة المتعلمة هي أبعد أفراد المجتمع عن تعاليم الدين، وأقدر أفراد المجتمع على جر المجتمع كله بعيداً عن الدين).

فلم يدع الاستعمار الصليبي والصهيوني إلى تعليم المرأة المسلمة لتكون مسلمة متعلمة، بل لتكون متحررة من إسلامها، بعيدة عن تعاليم دينها، مقتدية بالمرأة الغربية في السفالة الخلقية وفيما يضر ولا ينفع. وإذا فعلت ذلك تكون الأجيال التي تنشئها فاسدة متمردة على الإسلام! وهذا الذي كان في معظم البلاد العربية والإسلامية! وبذلك تكون الجهود الصليبية واليهودية قد أثمرت ثمراتها المرة، وحققت من النجاح ما كانت ترجوه وتأمله!!!

---

(1) يعتبر هذا الكتاب من أدق الكتب التي تتحدث عن العالم العربي في الفترة الأخيرة وأخطرها.

إلى كل مسلم...

إنك- أخي المسلم- إذا مررت عامداً- أو غير عامد- ببعض مناطق هذه العاصمة أو تلك، يروعك ويذهلك ما قد تراه من تبذل الفتيات- طالبات وغير طالبات- وتبرجهن بالزينة، حتى لتحسبهن ذاهبات إلى مواكب زفاف لا إلى دور علم ومعاهد درس! كذلك يروعك ويذهلك ما قد تجده من استهتار أعداد من الشباب، وخروجهم على ما عرفت به أمتنا من خلق الحياء وغض البصر والترفع عن الدنايا وسفساف الأمور! تراهم يمدون أعينهم إلى ما حرم الله عليهم، ويقعدون للفتيات كل مرصد: على أبواب المدارس، ومحطات انتظار سيارات المصلحة، وفي الأمكنة التي تزدحم فيها الفتيات والنساء لشراء ما يحتجنه من أشياء وحاجات!

وقد لا يتورعون عن إسماعهن ما لا يجمل أن يذكر!

أقول لهؤلاء الشباب:

أتعرفون ما أنتم من شعبكم وأمتكم؟!

إن الفتيات اللاتي تتعرضون لهن أخوات لأناس، أو أمهات لآخرين، أو بنات أو قريبات... أفترضون لبنات لكم أو أخوات أو قريبات أن يتعرض لهن نزقون طائشون كما تتعرضون أنتم لبناتهم أو أخواتهم أو أمهاتهم أو قريباتهم؟!

يا هؤلاء:

إن من عف تعف نساؤه، ومن زل تزل نساؤه كذلك- والعياذ بالله- ومن يزن يُزن به ولو بحائطه كما أخبرنا المعصوم الأعظم ﷺ، وأن من يحرص على عرضه فليحرص على أعراض الناس، ومَنْ يستهن

بأعراض الناس فليس لعرضه- نعوذ بالله- من عاصم! وما أحسن ما قاله (الأمام الشافعي) ﵁ في هذا المعنى:

عفوا تعف نساؤكم في المحرم

وتجنبوا ما لا يليق بمسلم

إن الزنا دين فإن أقرضته

كان الوفا من أهل بيتك فاعلم

يا هاتكا حرم الرجال وقاطعا

سبل المودة عشت غير مكرم

لو كنت حرا من سلالة ماجد

ما كنت هتاكا لحرمة مسلم

من يزن يزن به ولو بجداره

إن كنت يا هذا لبيباً فافهم!

يا هؤلاء:

إن الله أمر حبيبه ﷺ فقال:

(قُل لِّلْمُؤْمِنِينَ يَغُضُّوا مِنْ أَبْصَارِهِمْ وَيَحْفَظُوا فُرُوجَهُمْ ذَلِكَ أَزْكَى لَهُمْ إِنَّ اللَّهَ خَبِيرٌ بِمَا يَصْنَعُونَ) [سورة النور].

ومن معنى ذلك أنه لا يحل لرجل أن ينظر إلى امرأة غير زوجته ومحارمه من النساء. أما النظرة المفاجئة مرة واحدة، فلا مؤاخذة عليها، ولكن لا يحل لأحد إذا نظر إلى شيء نظرة مفاجئة، وأحس منه اللذة والاجتذاب أن يعود إلى النظر إليه بعد نظرة الفجأة هذه، وقد عبر عنه النبي ﷺ بزنا العين فقال:

(**كتب على ابن أدم نصيبه من الزنا مدرك ذلك لا محالة، فالعينان زناهما النظر، والأذنان زناهما الاستماع، واللسان زناه الكلام، واليد زناها البطش، والرجل زناها الخطا والقلب يهوى ويتمنى، ويصدق ذلك، الفرج ويكذبه**) متفق عليه. وهذا لفظ مسلم[1] ورواية البخاري مختصرة.

ولقد قال رسول الله ﷺ لسيدنا علي بن أبي طالب رضي الله عنه:

(**يا علي، لا تتبع النظرة النظرة، فإن لك الأولى وليست لك الآخرة**) رواه أحمد وأبو داؤد والترمذي والحاكم.

ولقد قال رسول الله ﷺ في الحديث القدسي قال تعالى:

(**النظرة سهم مسموم من سهام إبليس: من تركها من مخافتي أبدلته إيمانا يجد حلاوته في قلبه**) رواه الطبراني والحاكم.

لقد كان من أهل الجاهلية- عبدة الأوثان والأصنام والأحجار والأشجار- من يترفع عن النظر إلى جارته، ويترفع عن التسمع لأحاديث جاره، فمن تكونون، أيها الشباب الممسوخ، إن لم تتأدبوا بما كرم من آداب العرب، وتتخلقوا بأخلاق الإسلام؟! أما والله- يا هؤلاء- (قَالَ لَوْ أَنَّ لِي بِكُمْ قُوَّةً أَوْ آوِي إِلَى رُكْنٍ شَدِيدٍ) لضاعفت لكم العقوبة، وجعلتكم نكالا وعبرة!

وان كنت أنحو باللائمة الشديدة على الشباب النزق الطائش، فما أنا بناس جريمة الفتيات الكاسيات العاريات، المائلات المميلات، المقتديات باليهوديات والنصرانيات والملحدات الحريصات على الأخذ بكل جديد من

---

(1) رواه مسلم في كتاب القدر (باب: قدّر على ابن آدم حظه من الزنى وغيره) حديث 2657.

الأزياء الفاضحة التي تظهر من جسم المرأة ما أمر الله أن يستر، الصابغات وجوههن- سودها الله يوم تبيض وجوه وتسود وجوه- بما يغري ويفتن، المتعطرات حتى يلفتن إليهن الرجال.

يا نساء المسلمين ويا أيتها الفتيات: لمن تتزين إحداكن إذا خرجت من بيتها تعصف رائحتها؟

إن المحارم- وحدهم- يجوز أن تظهرن الزينة أمامهم من غير تبرج. أما التصنع، فلا يكون إلا للأزواج!

إن رسولنا الكريم ﷺ حرم على الزوجة أن تصف لزوجها امرأة من النساء أياً كانت لغرض مشروع! فأين هذا من الاختلاط الفاضح في جو لا تظلله الفضيلة ولا تسوده حشمة الدين وجلال الخلق الكريم؟!

أين ما أنتم فيه مما أوجبه دينكم عليكم؟!!

إن الرسول الكريم صلوات الله وسلامه عليه يحذركن فيقول:

(**كل عين زانية. والمرأة إذا استعطرت فمرت بالمجلس فهي كذا وكذا**)- يعني زانية-[1].

فهل ترضين لأنفسكن ذلك؟!

إن المرأة التي تخرج إلى المسجد لتصلي وهي متعطرة لا يقبل الله صلاتها حتى ترجع إلى بيتها فتغتسل كما تغتسل من الجنابة، فعن أبي هريرة رضي الله عنه أنه رأى امرأة تنضخ طيبا لذيلها إعصار قال: يا

---

(1) رواه الترمذي في كتاب الآداب (باب: ما جاء في كراهية خروج المرأة متعطرة) رقم 2786.

امة الجبار: من المسجد جئت؟ قالت: نعم، قال: وله تطيبت؟ قالت: نعم، قال فارجعي، فاني سمعت أبا القاسم يقول:

(لا يقبل الله لامرأة صلاة تطيبت للمسجد أو لهذا المسجد حتى تغتسل غسلها من الجنابة)[1].

هذا وهي ذاهبة إلى المسجد لتعبد الله، عليها أن ترجع إلى بيتها فتغتسل كما تغتسل من الجنابة، فكيف بالطالبة التي تتزين وتتعطر لتذهب إلى الجامعة! لتلفت إليها نظر الشباب؟!

كيف بالمرأة التي تذهب إلى الحفلات والسينمات، وهي كاسية عارية، بصحبة زوجها أو منفردة؟

كيف بالمرأة التي تجلس بين الموظفين كأنها في يوم زفافها، والرجال من المراجعين داخلون خارجون؟!

يا أيتها الغاويات: (إن لكل دين خلقاً وخلق الإسلام الحياء) فأين أنتن من الحياء وأين الحياء منكن؟

أية قيمة للمرأة إذا نزعت عن وجهها برقع الحياء؟

من جعلتن قدوة لكن بدل (خديجة) و(فاطمة) و(أمهات المؤمنين)؟!

وإن كنت نحوت باللائمة الشديدة على الشباب النزق الطائش، وإن كنت صببت اللوم الشديد على الفتيات الكاسيات العاريات، فلست بناس الرجال أولياء الأمور من آباء وإخوان وأقارب! إن للرجولة علائم وثمرات وخصائص، ومن أولها غيرته على عرضه ونخوته فيما يتعلق

(1) رواه الإمام احمد برقم 9899، وأبو داؤد برقم 4170.

بنسائه وبناته وأخواته، والرجل الرجل هو الذي لا يفضل شهوته على نخوته، والشهوة قد تكون لمنصب، وقد تكون لراتب تأتي به البنت أو الزوجة أو الأخت، أو أي عرض كان من أعراض الدنيا!

فيا أيها الأب، ويا أيها الأخ، ويا أيها الزوج:

كيف تطوِّع لك نفسك أن تخرج بنتك أو أختك أو زوجتك كاسية عارية، مائلة مميلة، قد أثقلت وجهها بالأصباغ والمساحيق، وأنفقت من وقتها الكثير لتتجمل وتتزين؛ حتى تذهب إلى محل عملها: كأنها ذاهبة إلى زفافها؟!! ثيابها قصيرة شفافة، مكشوفة الرأس، بادية الصدر والعنق، مكشوفة الساقين، وهي في محل عملها غالباً ما تكون بين رجال فقدوا الدين والخلق، حتى غدوا ذئاباً في صورة بشر ... ألا يعرف الآباء والأخوة والأزواج ما يدور في نفوس الفساق الفجار، وما يجري على ألسنتهم؟!

ما قيمة المال إذا خدش الشرف؟

ما غناء الراتب والمنصب إذا لم يصن العرض؟

أيها الآباء، أيها الأخوة، أيها الأزواج:

ليست السعادة بالمال، فالمال عرض زائل. ولو كانت السعادة بالمال، فما يجوز لمسلم أن ينال المال بالتهاون في قيم العرض والشرف. لقد كان أسلافكم- أيها الناس- يقولون: (تجوع الحرة ولا تأكل بثدييها) أي لا تكون مرضعة فكيف إذا كان الأكل مما ألمح إليه ولا أصرح؟!

ماذا تقول يا من تغض الطرف عن أبنتك أو أختك أو قريبتك، فتترك حبلها على غاربها من أجل أن تأتيك براتب، لا يهمك كيف تسير، وكيف تلبس، ومن تخالط وأين تعمل، وهل يرضي ذلك الله ورسوله؟!!

يا أيها المسلم: ما يجوز في الإسلام أن تبدل شهوتك بنخوتك، فهل أنت سامع؟

ومن مظاهر الرجولة وخصائصها الغيرة على الأعراض! إن الله يغار، وإن رسول الله يغار، وإن المؤمن يغار!! فكن- أيها المسلم- غيورا.

لا تبع دينك بدراهم معدودة.

لا تلق ببناتك إلى النار؛ فإن الله سائلك ومحاسبك!

أستمع إلى قول الله يقرع الأسماع:

(يَا أَيُّهَا الَّذِينَ آمَنُوا قُوا أَنفُسَكُمْ وَأَهْلِيكُمْ نَارًا وَقُودُهَا النَّاسُ وَالْحِجَارَةُ عَلَيْهَا مَلَائِكَةٌ غِلَاظٌ شِدَادٌ لَا يَعْصُونَ اللَّه مَا أَمَرَهُمْ وَيَفْعَلُونَ مَا يُؤْمَرُونَ) [سورة التحريم].

أترتاح- أيها المسلم- إذ تمشي ابنتك كاسية عارية في الشوارع أو في الجامعة تتخطفها الأبصار، وتلوك سمعتها وسمعتك الألسن؟!

ماذا تقول غداً لربك؟

ماذا تقول غداً لرسول الله؟

(رَبَّنَا لاَ تُزِغْ قُلُوبَنَا بَعْدَ إِذْ هَدَيْتَنَا وَهَبْ لَنَا مِن لَّدُنكَ رَحْمَةً إِنَّكَ أَنتَ الْوَهَّابُ).

(أحذري يا أختاه)

قالت امرأة إندونيسية- وهي تدرس في مركز من مراكز تحفيظ القرآن الكريم- كلاماً يألم له كل غيور، وأتمنى لو تقرؤه أو تسمعه فتعيه كل فتاة عربية! قالت: نحن المسلمات غير العربيات، كنا في بلداننا قبل أن نأتي إلى البلدان العربية نحسب أن المرأة العربية المسلمة قدوة ومثل تحتذيه النساء المسلمات في غير العالم العربي! كنا ننظر للنساء العربيات المسلمات، كما ينظرن هن إلى نساء صحابة رسول الله ﷺ من حيث الالتزام بتعاليم الإسلام، والتفقه بعلوم القرآن...! لكننا لما جئنا إلى بلاد العرب صدمنا أي صدمة! لقد وجدنا أغلب النساء العربيات كأنهن من نساء الغرب، فلا ثقافة في الدين، ولا علم بالقرآن ولا حجاب ولا عباءة، سافرات، رؤوسهن كأسنمة البخت كما وصفهن رسول الله ﷺ!

ثم تقول:

نحن في إندونيسيا- الرجال والنساء- إذا وجدنا حرفاً عربياً مكتوباً ساقطاً على الأرض، نرفعه ونقبله من شدة حبنا واحترامنا للغة القرآن. أما عن احترامنا للمتحدثين بهذه اللغة وأهلها من قوم محمد ومحمد من أنفسهم فشيء عظيم!!

ثم تحذر هذه المرأة الإندونيسية المرأة العربية المسلمة إن استمرت تخل بإسلامها وتهجر قرآنها بأنها تسيء بذلك إلى الإسلام، فوق إساءتها لنفسها، حيث ستكون مثلاً سيئاً لغير العربية. إن المرأة في استراليا وأمريكا تقول: لو كان هذا الدين دين حق لالتزمت به المرأة العربية ولما تخلت عنه!!

هذا بعض ما قالته المرأة الإندونيسية، فهل تعي الحريصات على الدنيا من فتياتنا ونسائنا، الصارفات كثيراً من جهودهن وأموالهن في الزينة والتبرج، وتسقط أخبار دور الأزياء؛ لكيلا يفوتهن زي جديد، والعاكفات على اللهو، المزينات لغيرهن أن يتمردن على دينهن، الخالعات براقع الحياء، لا يتحرجن من مخالطة الرجال- في أجواء كل ما فيها مبعد عن الله- هل يعين ما قالته هذه المرأة الإندونيسية؟

يا سليلة خديجة الكبرى!

يا بنت فاطمة الزهراء!

لا تسمعي للذي ينزلك من عليائك، ويفقدك المكانة التي أنزلك دينك فيها! انهم يريدونك معولاً يهدمون به الإسلام ومجتمعات المسلمين باسم التحرر والتمدن، ونبذ القديم والمساواة، وسواها من الكلمات التي تزين لك الأخذ بما يغضب الله ورسوله!

يا أختاه! إن في اتباعك للإسلام كرامتك وحياءك وتصونك ورفعة لمكانتك؛ فلا تفرطي فيه فتخسري الدنيا والآخرة! إن الذي يريد بك وبدينك وأمتك الشر خادع أو مخدوع! إنه شيطان يفتنك كما فتن الشيطان أبويك من قبل: آدم وحواء! إنه قال لهما:

(مَا نَهَاكُمَا رَبُّكُمَا عَنْ هَذِهِ الشَّجَرَةِ إِلاَّ أَن تَكُونَا مَلَكَيْنِ أَوْ تَكُونَا مِنَ الْخَالِدِينَ {20/7} وَقَاسَمَهُمَا إِنِّي لَكُمَا لَمِنَ النَّاصِحِينَ {21/7} فَدَلاَّهُمَا بِغُرُورٍ فَلَمَّا ذَاقَا الشَّجَرَةَ بَدَتْ لَهُمَا سَوْءَاتُهُمَا وَطَفِقَا يَخْصِفَانِ عَلَيْهِمَا مِن وَرَقِ الْجَنَّةِ وَنَادَاهُمَا رَبُّهُمَا أَلَمْ أَنْهَكُمَا عَن تِلْكُمَا الشَّجَرَةِ وَأَقُل لَّكُمَا إِنَّ الشَّيْطَآنَ لَكُمَا عَدُوٌّ مُّبِينٌ)؟ [سورة الأعراف].

أسمعي يا أختاه تحذير الله:

(يَا بَنِي آدَمَ لاَ يَفْتِنَنَّكُمُ الشَّيْطَانُ كَمَا أَخْرَجَ أَبَوَيْكُم مِّنَ الْجَنَّةِ يَنزِعُ عَنْهُمَا لِبَاسَهُمَا لِيُرِيَهُمَا سَوْءَاتِهِمَا إِنَّهُ يَرَاكُمْ هُوَ وَقَبِيلُهُ مِنْ حَيْثُ لاَ تَرَوْنَهُمْ إِنَّا جَعَلْنَا الشَّيَاطِينَ أَوْلِيَاءَ لِلَّذِينَ لاَ يُؤْمِنُونَ) [سورة الأعراف].

احذري يا أختاه!

أحذري الشياطين! إنهم (يُوحِي بَعْضُهُمْ إِلَى بَعْضٍ زُخْرُفَ الْقَوْلِ غُرُورًا)!

إن حبيبنا رسول الله ﷺ يريدك أن تكوني من المسلمات المؤمنات، القانتات التائبات، العابدات السائحات، فلا تعصيه وتكوني من الخبيثات الكاسيات العاريات المائلات المميلات!!

يا أختاه! إن الله صانك وأنت بنت، وكرمك وأنت زوجة، وأوصى بك وأنت أم، ورفعك وأنت جدة بركة للبيت ومن في البيت.

يا أختاه! لقد زينك الله بالحياء، وجملك بالأدب، وطهرك بالإسلام، وحلاك بالتقوى، وصفى قلبك بالورع؛ فعضي على دينك بالنواجذ، وربي للإسلام رجالا كالذين صدقوا ما عاهدوا الله عليه من صحابة محمد ﷺ!

يا أختاه! ربي لنا فتيات يقتدين بعائشة في علمها، وبفاطمة البتول في طهرها، وبخديجة في بذلها وسخائها، وبالخنساء في تضحيتها!

يا أختاه! تالله كم أجرت دموعي حالة المرأة المسلمة اليوم!؟

يا أختاه! بيدك- بعد الله- إصلاح المنحرفات التائهات الغافلات... تعلمي دينك ولا تتواني عن إرشاد، ولا تقصري في التربية، ولا ترددي عن نصح! فأنت أقدر منا- معشر الرجال- على إصلاح الفتيات التائهات الجاهلات! فلا تستبدلي الذي هو أدنى بالذي هو خير!

صلى اللـه على محمد القائل: (استوصوا بالنساء خيراً)[1].

صلى اللـه على محمد القائل:

(خيركم خيركم لأهله وأنا خيركم لأهلي)[2].

اللـهم أجعل نساءنا وبناتنا وأمهاتنا مقتديات بأمهات المؤمنين!

اللـهم أجعل القرآن ربيع قلوبنا وقلوبهن، وجلاء همنا وهمهن. وأحزاننا وأحزانهن!!

---

(1) متفق عليه.
(2) رواه الترمذي برقم 3904، وابن حبان برقم 4165.

خاتمة

إننا- ولله الحمد- نلمح بوادر خير وبوارق أمل فيما نراه من اتجاه كثير من بناتنا المؤمنات إلى لبس الحجاب الساتر والثياب السابغة، وثباتهن على ذلك. إننا نبارك لكنّ ولآبائكن وأمهاتكن.

أيتها الأخوات المؤمنات، وأدعوكن إلى الاستمرار على لبس هذه الثياب الساترة، وأُهيب بكنّ أن تدعون زميلاتكن من الطالبات، وأن تدعون زميلاتكن وقريباتكن وجاراتكن إلى هذا الستر والاحتشام، ولا تلتفت منكن واحدة إلى الناعقات القائلات: إن هذا اللباس رجعية! بل إن ما هي فيه وما يلبسنه وما يفعلنه هو الرجعية. وما أنتن عليه- بارك الله فيكن- من التستر والاحتشام هو التقدم وهو التحضر، وحسبكن أنكن أطعتن الله ورسوله، وحسبكن رضا الله ورسوله والمؤمنين عنكن!

أما أولئك الجاهلات الغافلات المخدوعات؛ فنسأل الله لهن الهداية والرجوع إلى التمسك بالإسلام، محلات لما أحل الله، ومحرمات ما حرّم الله ومتساميات بأنفسهن أن يكن معاول هدم لدينهن بأيدي الصليبية العالمية واليهودية الحاقدة من حيث يشعرون أو لا يشعرون!!

وأخيراً أهدي إلى المرأة التي لا تلبس الثياب الساترة هذه القصيدة التي أفاضتها قريحة الشاعر محمد عبد الله غالي:

أما استحييت يوماً يا فتاتي

إذا أيقنت أنك للممات

ظننت الحسن لا يأتيه يوم

يشيب بلى ورب الكون آتي

أحــذرك التشــبه والتعالــي

وأنصحـك الحفاظ على الصلاة

أترضـين الإلـه لكنَّ ربّــاً

ويــأبى الـلـه زيَّ المشـركات؟

وأهمس للبنــات أليس حقــاً

جمــال النفس أبــهى للفتـاة

تبرجكــن يـؤلم كـل حــر

وزيك لـيس زي المســلمات

أظافركـن طـالت لسـت أدري

ســباع أو وحوش في الفـلاة

واثار الدمــاء تبين فيـهـا

تنبيء عن وحوش قاتــلات

ويا أختـاه رب الكـون نـادى

دعانــا للأمور المنجيــات

فتوبي يا ابنـة الإســلام ربي

سـيعفو عن نســاء مذنبات

ألا من توبـة تمحو ذنوبــاً

وأيــن التائبات مـن البنـات؟

تشـبهكن بالغلمان فســق

تبرجكن صـنع الجاهــلات

أخبـركن أن النــار حــق

لمــن كفــرت وللمتبرجــات

وإن كان التبرج مســتحباً

فليس محــلاً للمؤمنـــات

ثيابـك يا فتاتـي شــر ثوب

مثال الكاســيات العاريــات

أقول لك الحقيقــة يا فتاتــي

لأني رمـت خيراً غيـر عاتــي

ألا أهديك طوقاً فيــه غـوث؟

تحجبكـن طــوق للنجـاة

أطيعي اللــه واتبعي رســولاً

دعـا للباقيـات الصــالحات

فما للبنت غير الدين خـــلّ

وما خـــل لغيـر محجبـات

فنور القلب يطفأ بالتمـادي

وذا نصــحي إلى المتبـرجات

دعوت اللــه يمنحكـن عقــلاً

فجســم دون عقلٍ للشـــتات

وأنصحكِ التستر في حيـــاء

لأن الســتر ارض للنـــواة

المحتـــــوى

ଶ୍ରୀଜଗନ୍ନାଥ ରଥଯାତ୍ରା ଟ୍ରଷ୍ଟ
2009-1430

قضايا المرأة المسلمة

في مواجهة التحديات